INHALTSVERZEICHNIS

Vorwort 9

1. Die Excel-Arbeitsumgebung 11

1.1. Der Excel-Arbeitsbildschirm 11

1.2. Das Menüband 12

1.3. Symbolleiste für den Schnellzugriff 14

1.4. Weitere Möglichkeiten der Befehlseingabe 15

1.5. Arbeitsmappe und Tabellenblätter 15

Arbeitsmappen 15

Tabellenblätter 15

Zellen 16

1.6. Bildschirmeinstellungen 16

Zoom 16

Ansichten 17

1.7. Zusammenfassung 17

2. Arbeitsmappen verwalten 18

2.1. Arbeitsmappe speichern 18

Dateityp 19

Speichern unter 20

Nicht gespeicherte Mappe wiederherstellen 20

Arbeitsmappe mit einem Kennwort versehen 22

2.2. Neue Arbeitsmappe erstellen 23

2.3. Arbeitsmappe öffnen 24

Öffnen 24

Zuletzt verwendet 24

Kompatibilitätsmodus 25

2.4. Zusammenfassung 25

3. Daten eingeben und ändern 26

3.1. Daten eingeben 26

Grundlegendes 26

Text eingeben 27

Zahlen eingeben 28

Datum und Uhrzeit 29

3.2. Zellinhalte nachträglich bearbeiten 29

Überschreiben 29

Zellinhalte ändern 29

Zellinhalte löschen 30

Befehle rückgängig machen 31

Vorwort

Was ist Excel?

Die Tabellenkalkulation Microsoft Excel 2010 ist Bestandteil des Programmpakets Microsoft Office 2010. Tabellenkalkulationsprogramme verwalten nicht nur verschiedenste Daten in Form von Tabellen, sondern unterstützen auch Berechnungen aller Art, angefangen von einfachen Formeln bis hin zu komplexen statistischen und mathematischen Funktionen. Für die grafische Darstellung der Ergebnisse stellt Excel Werkzeuge zur Erstellung und Bearbeitung von Diagrammen zur Verfügung. Darüber hinaus lassen sich mit Excel auch größere Datenmengen (Datenbanken) verwalten.

Die wichtigsten Excel-Einsatzbereiche im Überblick:

- **Tabellen-Kalkulation**
  Eingabe und Bearbeitung von Tabellen, Berechnungen und Auswertungen

- **Diagramme**
  Grafische Darstellung von Zahlen und Zusammenhängen

- **Datenbanken**
  Verwalten umfangreicher Datenmengen, Datenbanken

An wen wendet sich dieses Buch?

Dieses Buch ist als begleitende Schulungsunterlage konzipiert und vermittelt vor allem Excel-Einsteigern das nötige Grundlagenwissen, um die vielfältigen Möglichkeiten dieses Programms im Alltag sicher und effizient einzusetzen.

Welche Kenntnisse sollten Sie mitbringen?

Die Schulungsunterlage setzt allgemeine Kenntnisse im Umgang mit Maus und Tastatur, sowie mit der Benutzeroberfläche des Windows-Betriebssystems voraus. Dazu gehört auch der Umgang mit Dateien und Ordnern. Sie sollten wissen, wie Sie Programme starten und beenden, den Umgang mit Fenstern und Taskleiste beherrschen, und Dateien speichern und wieder öffnen können.

Schreibweise

Befehle, Schaltflächen und die Beschriftung von Dialogfenstern sind zur besseren Unterscheidung in Kapitälchen gesetzt, Beispiel: Register START , Gruppe ZELLEN.

Verwendete Symbole:

ℹ️	Dieses Symbol steht für allgemeine und zusammenfassende Informationen
☞	Wichtige Sachverhalte, die Sie beachten sollten sind mit diesem Symbol gekennzeichnet
🔍	Die Lupe vermittelt Ihnen detaillierte Informationen sowie besondere Tipps für fortgeschrittene Benutzer
🔧	Bei diesem Symbol finden Sie kleine Übungsaufgaben einschließlich einer Lösungsbeschreibung
⚠️	Dieses Symbol warnt Sie vor möglichen Fehlern

1. Die Excel-Arbeitsumgebung

In dieser Lektion lernen Sie

- Arbeitsumgebung und Befehlseingabe
- Aufbau einer Excel-Arbeitsmappe

Was Sie für diese Lektion wissen sollten

- Grundlagen des Betriebssystems Windows (Windows 7, Vista oder XP)
- Texteingabe und –korrektur am Computer

Nach dem Starten von Microsoft Excel 2010 wird ein Fenster geöffnet und Sie sehen die Benutzeroberfläche des Programms vor sich. Gleichzeitig finden Sie eine neue, leere Arbeitsmappe vor, in die Sie sofort Daten eingeben können. Bevor Sie mit der Bearbeitung beginnen, sollten Sie sich mit dem Aufbau einer Excel-Tabelle und den wichtigsten Elementen der Arbeitsumgebung vertraut machen.

1.1. Der Excel-Arbeitsbildschirm

Fensterdarstellung

Die Titelleiste des Anwendungsfensters enthält den Namen des Programms und der Arbeitsmappe sowie ganz rechts die Schaltflächen zum Steuern der Fensterdarstellung und zum Schließen des Fensters.

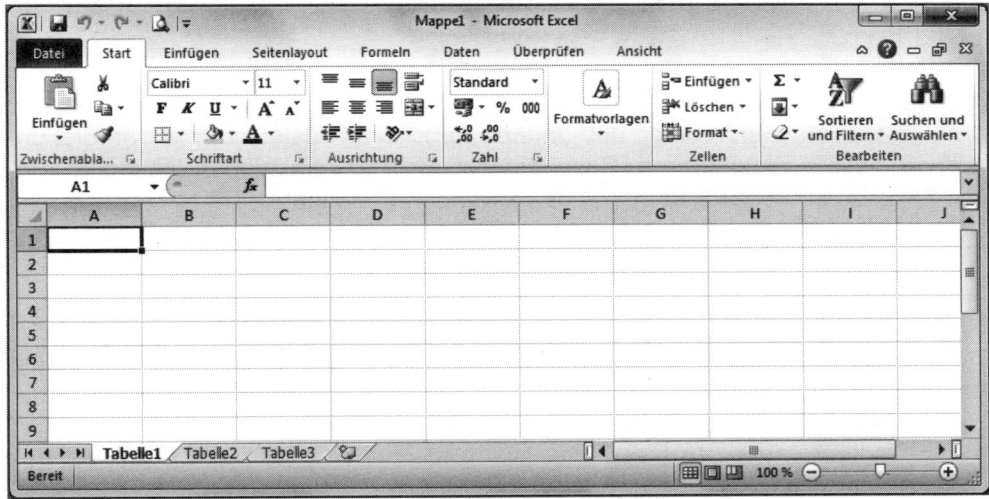

Die Bedeutung der Symbole:

Mit einem Mausklick auf das Symbol SCHLIEßEN beenden Sie Excel. Nicht gespeicherte Daten gehen dabei verloren, speichern Sie daher Ihre Eingaben.

Excel wieder beenden

Mit einem Mausklick auf dieses Symbol wechselt das gesamte Fenster zwischen beliebiger Fenstergröße (Verkleinern) und Vollbildmodus (MAXIMIEREN). Maximieren bedeutet, die Größe des Fensters wird automatisch an die Größe des Bildschirms angepasst.

Mit dem Symbol MINIMIEREN können Sie das geöffnete Fenster auf die Größe einer Schaltfläche in der Taskleiste reduzieren. Mit einem Mausklick auf die Schaltfläche stellen Sie das ursprüngliche Fenster wieder her, die Anwendung wird nicht geschlossen, Ihre Daten gehen dabei also nicht verloren.

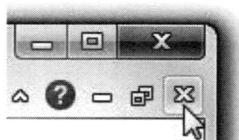

Unterhalb dieser Schaltflächen im Titel des Fensters finden Sie in Excel weitere Symbole, über die Sie die Fensterdarstellung der geöffneten Arbeitsmappe steuern können oder die Arbeitsmappe schließen, ohne gleichzeitig Excel zu beenden

Die Fenstergröße der Excel-Arbeitsmappe können Sie unabhängig vom Anwendungsfenster festlegen

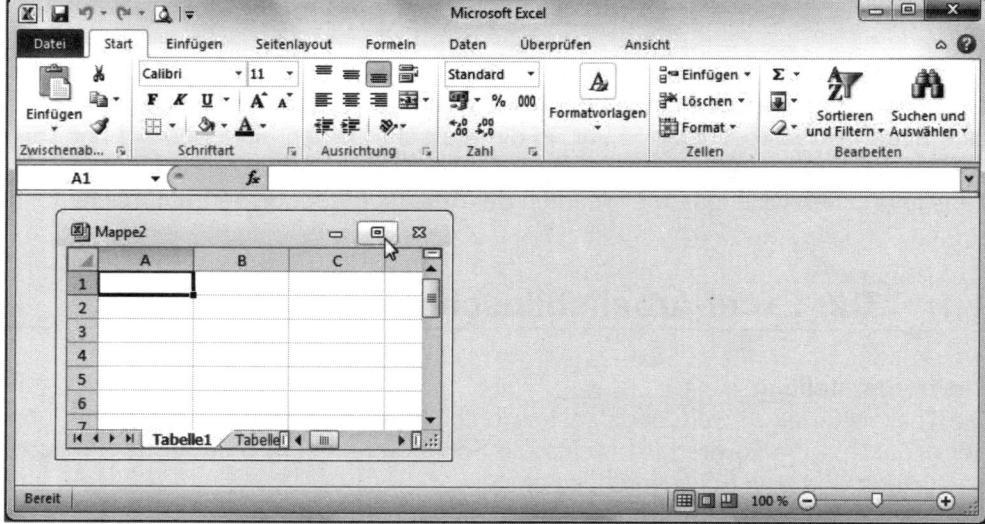

Beispiel: Das Fenster der Arbeitsmappe ist verkleinert.

Bildlaufleisten

Scrollen: den sichtbaren Bildschirmausschnitt verschieben

Die Bildlaufleisten am rechten und unteren Rand des Fensters verwenden Sie, um in der Tabelle den sichtbaren Bildschirmausschnitt zu verschieben. Alternativ können Sie dazu auch das Rad der Maus verwenden (Scrollen).

Statuszeile

Am unteren Rand des Fensters befindet sich die Statuszeile. Sie zeigt den aktuellen Arbeitsstatus an und erlaubt schnelles Zoomen der Bildschirmansicht sowie Wechseln zwischen verschiedenen Ansichten.

1.2.   Das Menüband

Das Menüband fasst Aufgaben zu Gruppen zusammen

Im Gegensatz zu den Versionen 2002/2003 unterscheidet Excel 2010 nicht mehr zwischen Menüzeile und Symbolleisten. Wie bereits bei Excel 2007 erfolgt die Befehlseingabe über Befehlsschaltflächen in einem Menüband (engl. ribbon) unterhalb des Fenstertitels. Das Menüband fasst Befehle nach Aufgaben zusammen, diese können über Registerkarten schnell aufgerufen werden. So enthält beispielsweise das Register START grundlegende, allgemeine Befehle wie beispielsweise das Formatieren von Zellen. Zum Anzeigen der Befehle klicken Sie mit der Maus auf das entsprechende Register.

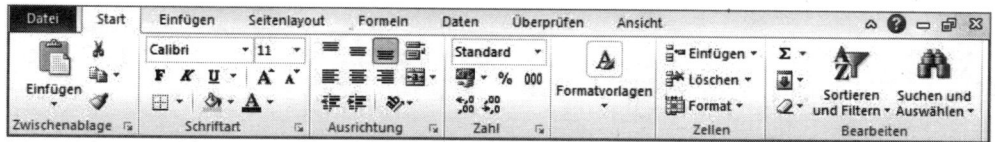

Neben den Standardregistern verfügt Excel auch noch über weitere Register, etwa zur Bearbeitung von Diagrammen. Diese sind nur dann sichtbar, wenn Sie ein entsprechendes Objekt markiert haben.

Innerhalb der Register sind die Schaltflächen nochmals nach Gruppen geordnet, so finden Sie etwa im Register START die Gruppe SCHRIFTART zur Schriftgestaltung. Benötigen Sie nähere Informationen zu den einzelnen Schaltflächen, dann zeigen Sie mit der Maus auf das Symbol und ein kurzer Infotext wird eingeblendet. Über einige der Schaltflächen sind weitere Befehle verfügbar. Sie erkennen diese Schaltflächen an einem kleinen, nach unten weisenden Dreieck. (DropDown- oder Auswahlpfeil). Als Beispiel die Schaltfläche LÖSCHEN:

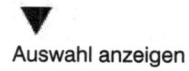

Einige Register werden nur bei Bedarf angezeigt

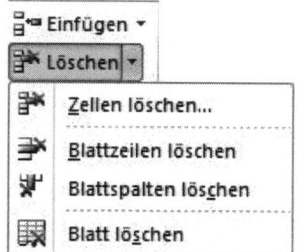

Auswahl anzeigen

Klicken Sie direkt auf die Schaltfläche, so wird die markierte Zelle gelöscht. Klicken Sie dagegen auf den Auswahlpfeil, so können Sie unter verschiedenen Möglichkeiten wählen.

Beachten Sie auch noch, dass die Darstellung und Größe der Schaltflächen einiger Gruppen von der Größe des Excel-Fensters abhängig ist. So werden auf kleineren Bildschirmen, bzw. bei einem kleineren Fenster die Befehle einer Gruppe, beispielsweise ZAHL oder FORMATVORLAGEN unter einer einzigen Schaltfläche zusammengefasst und erscheinen erst nach einem Mausklick auf den DropDown-Pfeil.

In einem maximierten Fenster, bzw. bei einem größeren Bildschirm sind dagegen wesentlich mehr Schaltflächen auf den ersten Blick sichtbar.

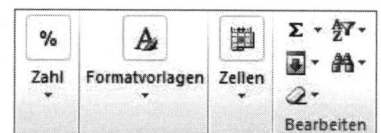

Alle Befehle in einem Dialogfenster öffnen

Neben manchen Gruppenbezeichnungen finden Sie dieses Symbol ⌐. Hier können Sie mit einem Mausklick alle Befehle der Gruppe, zusammengefasst in einem Dialogfeld aufrufen.

über dieses Symbol öffnen Sie ein Dialogfenster mit allen Befehlen

Das Menüband minimieren

Sie können bei Bedarf das Menüband minimieren um mehr Platz für den Arbeitsbereich zu schaffen. Damit sind nur noch die Registerkartennamen sichtbar, die dazugehörigen Schaltflächen erscheinen erst, wenn Sie auf das Register klicken.

Klicken Sie dazu auf die Schaltfläche MENÜBAND MINIMIEREN.

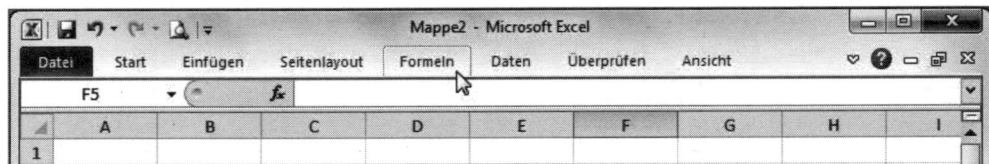

Soll das Menüband wieder dauerhaft eingeblendet werden, so genügt ein Doppel-klick auf ein beliebiges Register oder ein erneuter Mausklick auf die Schaltfläche, mit der Sie das Menüband minimiert haben. Als Alternative kann das Menüband auch über das Kontextmenü minimiert werden: klicken Sie dazu mit der rechten Maustaste auf ein beliebiges Register.

Tastenkombinationen verwenden

Alt-Taste zeigt die Tasten an

Als Alternative zur Maus können die Register und die Befehlsschaltflächen auch über die Tastatur aufgerufen werden. Durch Drücken der Alt-Taste zeigt das Me-nüband die entsprechenden Tasten an. Mit dem Buchstaben R können Sie nun zum Beispiel das Register START aktivieren. Zum Ausblenden drücken Sie entwe-der erneut die Alt-Taste oder die Esc-Taste.

Nach dem Aufruf eines Registers erscheinen weitere Tasten, über die Sie nun die Befehle des Registers aufrufen können, beispielsweise X zum Ausschneiden oder 1, um den Inhalt der markierten Zelle fett zu formatieren.

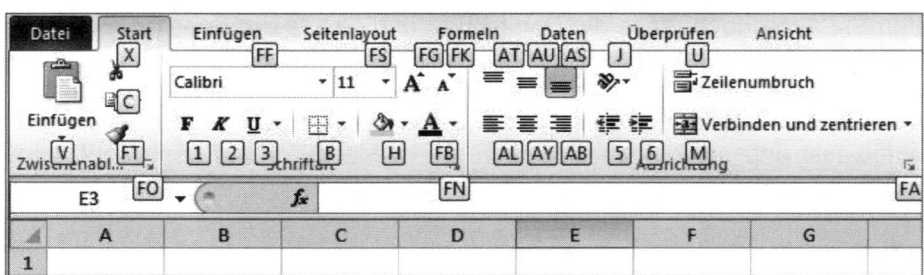

1.3.   Symbolleiste für den Schnellzugriff

Die Symbolleiste für Schnellzugriff kann bei Bedarf um Symbole erweitert werden

Zusätzlich zum Menüband steht Ihnen im oberen linken Bereich des Fensters die SYMBOLLEISTE FÜR DEN SCHNELLZUGRIFF zur Verfügung, die Sie nach Belieben an-passen, d.h. um weitere Schalflächen ergänzen können. Klicken Sie dazu auf die Schaltfläche SYMBOLLEISTE FÜR DEN SCHNELLZUGRIFF ANPASSEN und wählen Sie die gewünschten Befehle.

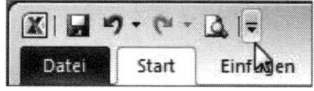

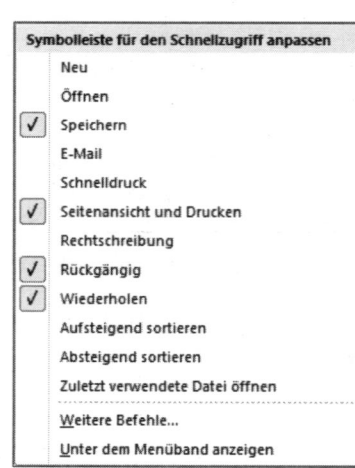

Mit einem Mausklick auf den Eintrag WEITERE BEFEHLE öffnen Sie ein Dialogfeld mit allen verfügbaren Schaltflächen.

Zum Entfernen aus der Symbolleiste deakti-vieren Sie den Befehl wieder.

1.4.   Weitere Möglichkeiten der Befehlseingabe

Weitere Möglichkeiten der Befehlseingabe sind das Kontextmenü, sowie Tasten-kombinationen (Shortcuts).

Kontextmenü

Das Kontextmenü erscheint, wenn Sie mit der rechten Maustaste klicken. Die Be-fehle des Menüs beziehen sich ausschließlich auf den markierten Bereich.

Tastenkombinationen

Funktionstasten und Tastenkombinationen sind für fortgeschrittene Benutzer eine schnelle Möglichkeit, bestimmte Befehle auszuführen. Welche Tastenkombinatio-nen Sie verwenden können, erfahren Sie am einfachsten in der Excel-Hilfe: klicken Sie in der rechten oberen Ecke des Excel-Fensters auf das Hilfe-Symbol. Geben Sie anschließend den Suchbegriff "Tasten" oder "Tastenkombination" in das Su-chen-Feld ein und klicken Sie auf SUCHEN.

Hilfe zu Tastenkombi-nationen aufrufen

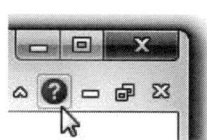

Smarttags

Unmittelbar nach bestimmten Aktionen, bei-spielsweise dem Einfügen von zuvor kopierten Elementen erscheint am Zielort im Arbeitsblatt ein kleines Symbol, ein Smarttag, und bietet ver-schiedene Optionen zur letzten Aktion an. Zum Anzeigen der Optionen klicken Sie einfach auf das Symbol. Smarttags verschwinden automa-tisch wieder nach dem nächsten Befehl.

Smarttags bieten Opti-onen zu gerade ausge-führten Befehlen an

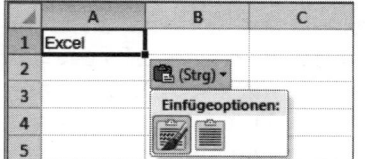

1.5.   Arbeitsmappe und Tabellenblätter

Arbeitsmappen

Excel-Dateien werden als Arbeitsmappen bezeichnet. Eine Arbeitsmappe ist eine Zusammenstellung mehrerer Arbeits- oder Tabellenblätter, die in einer einzigen Datei unter einem gemeinsamen Dateinamen gespeichert werden. Damit sind zusammengehörige Daten schnell verfügbar.

Eine Excel Arbeits-mappe besteht aus mehreren Tabellenblät-tern

Nach dem Starten von Excel finden Sie im Arbeitsbereich eine neue, leere Ar-beitsmappe mit dem Namen Mappe1 vor sich. Standardmäßig besteht eine neue Arbeitsmappe zunächst aus drei Tabellenblättern, weitere Blätter können bei Be-darf eingefügt werden. Das Blattregister am unteren Bildschirmrand dient zur Auswahl und Anzeige der Tabellenblätter. Klicken Sie einfach auf den Namen der gewünschten Tabelle.

Wechseln Sie über das Blattregister zwischen den Blättern

Tabellenblätter

Alle Tabellenblätter verfügen über eine einheitliche Tabellenstruktur mit 1.048.576 Zeilen und 16.384 Spalten. Am linken Rand des Tabellenblattes befindet sich die fortlaufende Zeilennummerierung von 1 bis 1.048.576. Die Spalten sind von links nach rechts mit den Buchstaben A bis Z nummeriert, danach wird die Nummerierung fortgesetzt mit AA, AB, AC bis zur Spalte XFD. Sie haben also insgesamt 16.384 Spalten im Tabellenblatt zur Verfügung.

Das aktuelle Tabellenblatt zeigt nur einen Ausschnitt der gesamten Tabelle an. Wie viele Zeilen und Spalten in diesem Bereich sichtbar sind, hängt ab von der Größe und Auflösung Ihres Bildschirms, von der Breite und Höhe der Zellen sowie vom eingestellten Zoomfaktor. Zum Verschieben des sichtbaren Bildschirmbereichs verwenden Sie die Bildlaufleisten am rechten und unteren Bildschirmrand. Alternativ können Sie dazu auch das Rädchen der Maus verwenden (Scrollen).

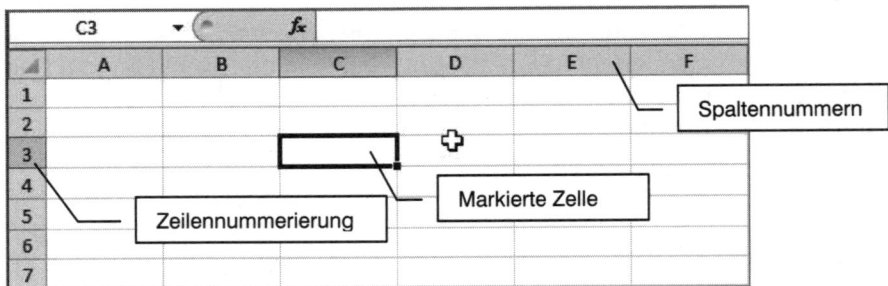

Zellen

Eingaben erfolgen in Zellen

Die grundlegende Einheit einer Tabelle ist die Zelle. Jede Zelle verfügt über eine eindeutige Adresse, zusammengesetzt aus Spalten- und Zeilennummer. Die Adresse der ersten Zelle eines Arbeitsblattes lautet also A1. Mindestens eine Zelle ist immer markiert, Sie erkennen dies an der Umrandung der Zelle oder des Zellbereichs. Zum Markieren einer Zelle klicken Sie entweder mit der Maus auf die Zelle oder verwenden die Pfeiltasten der Tastatur.

Bearbeitungsleiste

Unmittelbar über dem Tabellenblatt befindet sich die Bearbeitungsleiste. Sie zeigt den Inhalt und den Namen, bzw. die Adresse der markierten Zelle an.

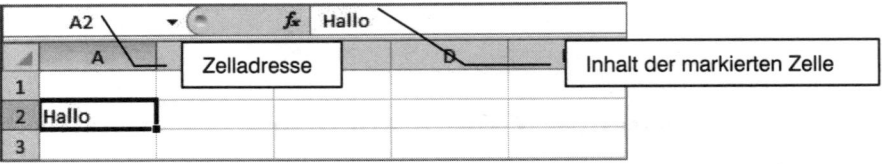

1.6.   Bildschirmeinstellungen

Zoom

Wollen Sie die Tabelle im eigentlichen Arbeitsbereich auf dem Bildschirm vergrößert, bzw. verkleinert darstellen (zoomen), so finden Sie dazu am rechten unteren Rand des Bildschirms in der Statusleiste einen kleinen Schieberegler. Standardmäßig wird ein Tabellenblatt mit 100% dargestellt, zum Vergrößern oder Verkleinern ziehen Sie den Regler mit gedrückter linker Maustaste in die gewünschte Richtung oder klicken mehrmals auf die Symbole + oder -.

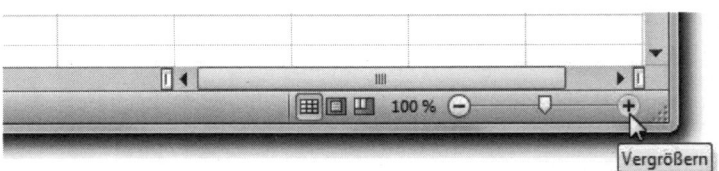

Tipp: Sie können auch mit der Maus zoomen: drücken Sie dazu die Strg-Taste und halten Sie die Taste gedrückt, während Sie das Mausrad drehen.

Mit der Maus zoomen

Ansichten

Zusätzlich zur normalen Ansicht unterstützt Excel 2010 auch die Darstellung Ihrer Tabelle, wie sie auf dem Ausdruck erscheint. Diese Ansicht bezeichnet Excel als Seitenlayout. Im Gegensatz zu älteren Excel-Versionen ist in dieser Ansicht auch eine Bearbeitung der Tabellen möglich. Verwenden Sie zum Wechseln zwischen den Ansichten die drei Symbole rechts unten in der Statusleiste.

Die Excel-Ansichten

Die gleichen Ansichten finden Sie auch im Register ANSICHT, Gruppe ARBEITSMAP-PENANSICHTEN. Hier steht mit der Ansicht GANZER BILDSCHIRM noch eine weitere Möglichkeit zur Verfügung.

Die Ansichten in der Statusleiste

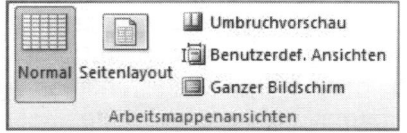

Register Ansicht

- Die Ansicht NORMAL ist die Standardansicht von Excel, in der Sie Ihre Tabellen erstellen und bearbeiten.

Die Ansicht NORMAL ist die Standardansicht von Excel

- Die Ansicht SEITENLAYOUT zeigt Ihre Tabelle so an, wie sie später gedruckt wird. In dieser Ansicht können Sie neben der Dateneingabe und –bearbeitung auch Kopf- oder Fußzeilen einfügen oder Zeichnungselemente und Diagramme platzieren.

Siehe Lektion 6

- Die dritte Ansicht UMBRUCHVORSCHAU benötigen Sie nur beim Drucken umfangreicher Tabellen. Hier können Sie den Seitenumbruch steuern.

- Die Ansicht GANZER BILDSCHIRM zeigt ausschließlich das aktuelle Arbeitsblatt, alle Befehlsschaltflächen sowie die Statusleiste sind ausgeblendet. Drücken Sie die Esc-Taste, um die Ansicht GANZER BILDSCHIRM wieder zu schließen.

Esc-Taste beendet die Ansicht GANZER BILD-SCHIRM

1.7.   Zusammenfassung

- Eine Excel-Arbeitsmappe speichert mehrere Tabellenblätter in einer einzigen Datei. Das Blattregister am unteren Bildschirmrand zeigt alle verfügbaren Blätter an und ermöglicht ein schnelles Wechseln zwischen den Blättern. Innerhalb eines Tabellen- oder Arbeitsblattes sind die Zeilen mit Zahlen, die Spalten mit Buchstaben fortlaufend nummeriert. Aus dieser Nummerierung wird der Name bzw. die Adresse jeder einzelnen Zelle gebildet. Mit einem Mausklick kann jede beliebige Zelle markiert werden.

- Im Arbeitsbereich ist immer nur ein Ausschnitt aus einem Tabellenblatt sichtbar. Mit Hilfe der Bildlaufleisten oder des Mausrades können Sie diesen Ausschnitt verschieben.

- Im Menüband können alle Befehle nach logischen Gruppen geordnet über Register aufgerufen werden. Ein weiterer Bereich, die SYMBOLLEISTE FÜR DEN SCHNELLZUGRIFF kann vom Benutzer individuell um Befehle erweitert werden. Weitere Möglichkeiten der Befehlseingabe sind das Kontextmenü der rechten Maustaste sowie Tastenkombinationen.

- Excel unterscheidet zwischen verschiedenen Ansichten, zwischen denen Sie schnell über die Statusleiste wechseln können. Die Ansicht NORMAL stellt die Standardansicht von Excel dar.

2. Arbeitsmappen verwalten

In dieser Lektion lernen Sie

- Arbeitsmappen speichern und öffnen
- Dateiformate von Excel
- Neue Arbeitsmappe erstellen

Was Sie für diese Lektion wissen sollten

- Excel-Arbeitsumgebung
- Grundlagen der Dateiverwaltung (Windows)

Mit einem Mausklick auf das Register DATEI zeigt Excel alle Befehle an, die Sie zum Speichern, Öffnen und Drucken von Arbeitsmappen benötigen. Im Gegensatz zu den übrigen Registerkarten füllt das Register DATEI mit den dazugehörigen Informationen das gesamte Excel-Fenster aus. Zum Schließen klicken Sie entweder erneut auf das Register DATEI und kehren so zum vorherigen Register zurück oder klicken Sie auf ein beliebiges anderes Register.

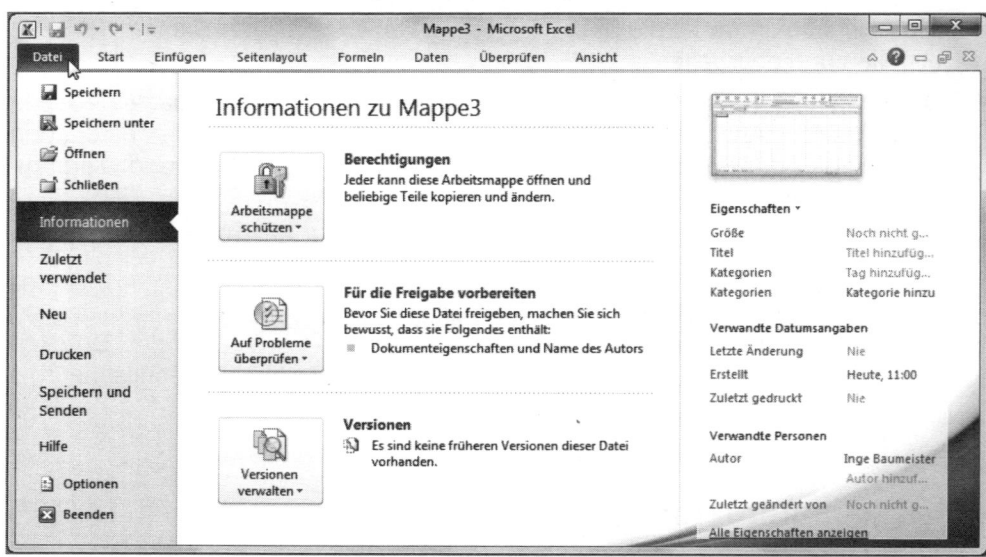

2.1. Arbeitsmappe speichern

Arbeitsmappe speichern.

Bevor Sie Excel beenden, sollten Sie nicht vergessen Ihre Daten zu speichern. Klicken Sie dazu entweder in der SYMBOLLEISTE FÜR DEN SCHNELLZUGRIFF auf das Symbol SPEICHERN oder klicken Sie auf das Register DATEI und wählen hier den Befehl SPEICHERN.

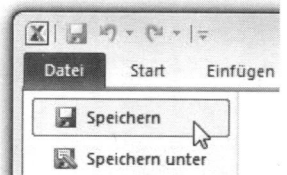

Register Datei

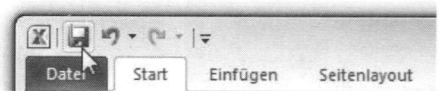

Symbolleiste für den Schnellzugriff

Wurde die Arbeitsmappe noch nicht gespeichert, so öffnet Excel in beiden Fällen anschließend das Dialogfenster SPEICHERN UNTER.

1. Geben Sie im Feld DATEINAME einen aussagekräftigen Dateinamen ein.

2. Im nächsten Schritt wählen Sie den Speicherort. Wenn das Betriebssystem Windows 7 auf Ihrem PC installiert ist, dann erscheint standardmäßig die Bibliothek DOKUMENTE, bzw. der Ordner EIGENE DOKUMENTE als Speicherort. Verwenden Sie den Navigationsbereich im linken Bereich des Dialogfensters, um ggf. einen anderen Speicherort auszuwählen.

3. Benötigen Sie zum Speichern einen neuen Ordner, dann klicken Sie auf die Schaltfläche NEUER ORDNER, um einen neuen Ordner zu erstellen.

4. Zuletzt klicken Sie auf die Schaltfläche SPEICHERN.

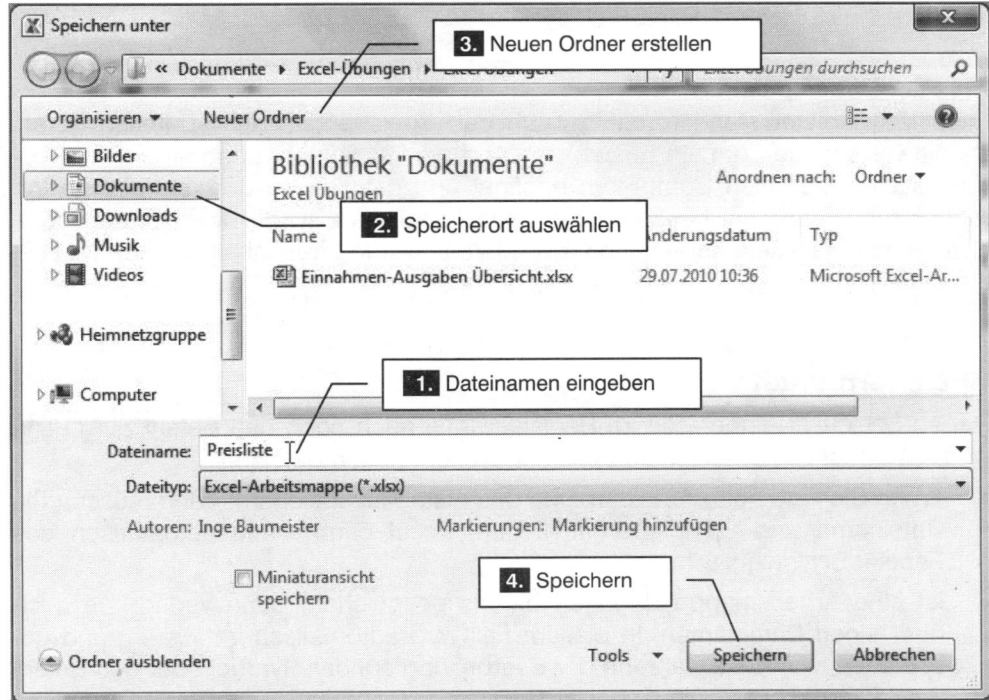

Sollte der Navigationsbereich im Dialogfenster SPEICHERN UNTER nicht sichtbar sein, dann klicken Sie auf den Befehl ORDNER DURCHSUCHEN.

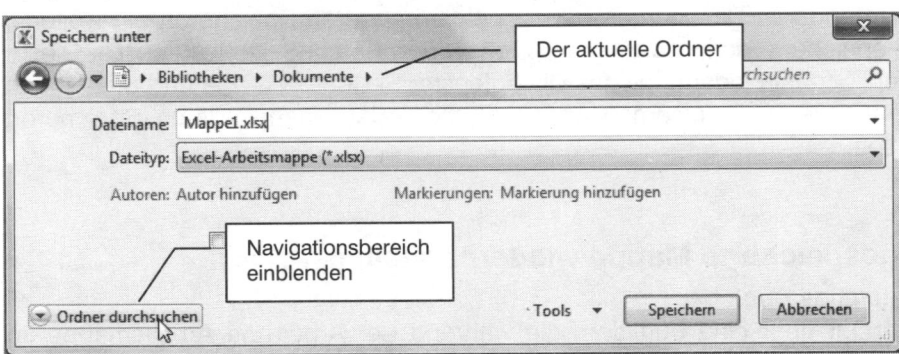

Dateityp

Standardmäßig speichert Excel 2010 eine Arbeitsmappe im Excel-2010-Dateiformat mit der Dateinamenserweiterung .xlsx. Dieses Dateiformat ist neu seit der Version 2007 und wird als Standardformat verwendet, wenn Sie eine Excel-Arbeitsmappe speichern. Allerdings können Arbeitsmappen in diesem Format nicht mit älteren Versionen von Excel geöffnet werden. Um sicherzustellen, dass eine Mappe auch mit Excel 2003 geöffnet werden kann, müssen Sie beim Speichern den entsprechenden Dateityp auswählen. Klicken Sie dazu im Dialogfenster SPEICHERN UNTER unterhalb des Dateinamens auf den DropDown-Pfeil im Feld

XLSX ist das XML-basierte Office 2010 Dateiformat

Mit älteren Excel-Versionen öffnen

DATEITYP und wählen Sie Excel 97-2003-Arbeitsmappe. Beachten Sie aber, dass älteren Versionen nicht alle Funktionen von Excel 2010 unterstützen, so dass beim Speichern in einem anderen Dateityp Informationen verloren gehen können.

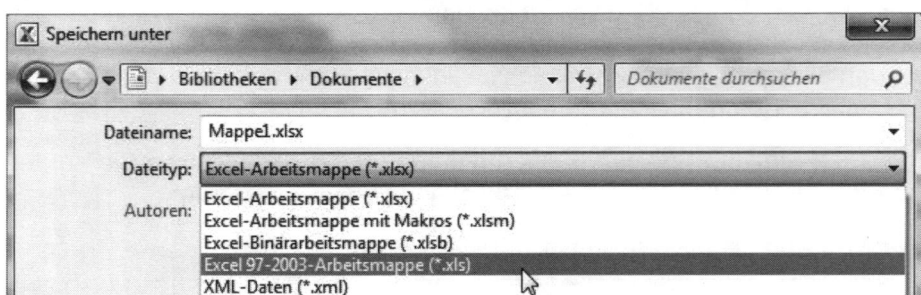

Als PDF-Datei speichern

PDF = Portable Document Format

Excel 2010 bietet standardmäßig auch das Speichern im PDF-Dateiformat an. Damit werden alle Formate beibehalten und die Datei kann, unabhängig vom Betriebssystem auf allen Computern geöffnet und gelesen werden, als einzige Voraussetzung muss ein Leseprogramm wie beispielsweise der kostenlose Adobe Reader installiert sein. Eine nachträgliche Veränderung des Inhalts ist nur mit spezieller Software möglich.

Speichern unter

Beim ersten Speichern muss ein Dateiname angegeben werden

Neben SPEICHERN finden Sie im Register DATEI auch noch den Befehl SPEICHERN UNTER. Was ist der Unterschied zwischen diesen beiden Befehlen?

- Wenn Sie eine neue Arbeitsmappe das erste Mal speichern, dann müssen Sie Dateiname und Speicherort festlegen, Excel öffnet dazu automatisch das Fenster SPEICHERN UNTER.

- Ist eine Arbeitsmappe dagegen bereits gespeichert, dann verfügt sie auch über einen Dateinamen. In diesem Fall wird automatisch im Hintergrund gespeichert, wenn Sie während der Bearbeitung auf das Symbol oder den Befehl SPEICHERN klicken. Die Angabe des Dateinamens ist dazu nicht erforderlich, daher wird auch das Dialogfenster SPEICHERN UNTER nicht geöffnet.

Eine gespeicherte Arbeitsmappe erneut unter anderem Namen speichern

- Möchten Sie die geöffnete und zuvor bereits gespeicherte Arbeitsmappe unter einem anderen Dateinamen oder an einem anderen Speicherort ein weiteres Mal speichern, dann benötigen Sie dazu den Befehl SPEICHERN UNTER. Dieser Befehl öffnet in jedem Fall das Dialogfenster SPEICHERN UNTER und Sie können einen anderen Dateinamen angeben und/ oder einen anderen Speicherort wählen.

Nicht gespeicherte Mappe wiederherstellen

AutoWiederherstellen

Automatisches Speichern

Excel verfügt über eine Funktion, die während der Arbeit die Arbeitsmappe im Hintergrund in bestimmten Intervallen automatisch speichert. Im Fall eines Programmabsturzes oder wenn Sie versehentlich die Mappe geschlossen haben, ohne zuvor zu speichern, dann können Sie beim nächsten Öffnen auf die automatisch gespeicherte Version zugreifen.

DATEI - OPTIONEN

Hinweis: Voraussetzung ist, dass die AutoWiederherstellen-Funktion aktiviert ist. Die Einstellungen dazu finden Sie im Register DATEI. Klicken Sie im linken Bereich unten auf den Befehl OPTIONEN.

- Das Fenster OPTIONEN wird geöffnet, klicken Sie im linken Bereich des Fensters auf die Kategorie SPEICHERN.

- Achten Sie darauf, dass das Kontrollkästchen AUTOWIEDERHERSTELLEN-INFORMATIONEN SPEICHERN aktiviert ist, im Feld daneben können Sie die Intervalle in Minuten festlegen.

- Die automatische Speicherung erfolgt in eine temporäre Datei, die beim Beenden von Excel wieder gelöscht wird und im Fall eines Programmabsturzes erhalten bleibt. Damit Sie auf diese Datei auch zugreifen können, wenn Sie die Mappe versehentlich ohne vorheriges Speichern schließen, muss auch noch das Kontrollkästchen BEIM SCHLIEßEN OHNE SPEICHERN DIE LETZTE AUTOMATISCH GESPEICHERTE VERSION BEIBEHALTEN aktiviert sein.

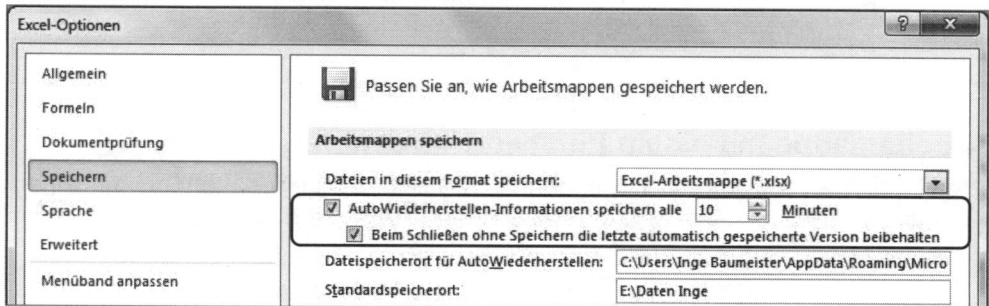

Mappe wiederherstellen

Öffnen Sie die Registerkarte DATEI und klicken Sie auf ZULETZT VERWENDET. Klicken Sie anschließend auf NICHT GESPEICHERTE ARBEITSMAPPEN WIEDERHERSTELLEN.

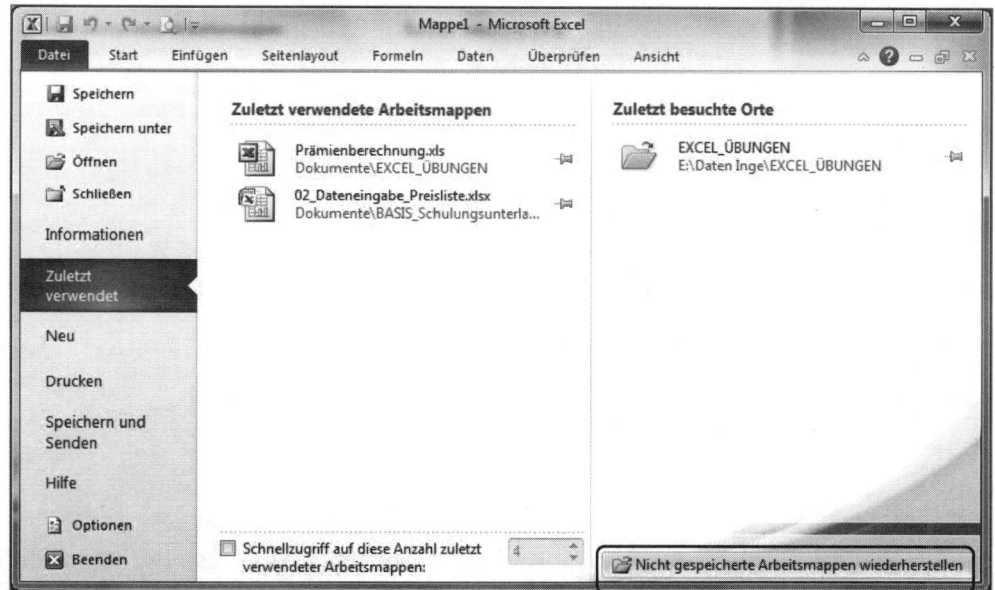

Wählen Sie die Mappe aus, die Sie wiederherstellen möchten und klicken Sie auf ÖFFNEN. Oberhalb der Bearbeitungsleiste erscheint eine Infozeile, die Sie daran erinnert, dass die wiederhergestellte Arbeitsmappe nur temporär gespeichert wurde. Sie sollten daher nicht vergessen, jetzt die Mappe dauerhaft zu speichern. Klicken Sie dazu auf die Schaltfläche SPEICHERN UNTER.

Mappe speichern!

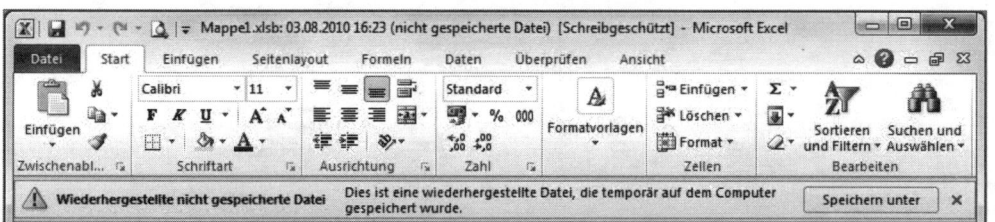

Weitere Speichern-Optionen

Im Fenster EXCEL-OPTIONEN finden Sie in der Kategorie SPEICHERN auch noch die folgenden Optionen:

Standarddateiformat	Sie können in der Kategorie SPEICHERN das Dateiformat festlegen, in dem Excel-Arbeitsmappen standardmäßig gespeichert werden. Wählen Sie im Feld DATEIEN IN DIESEM FORMAT SPEICHERN den gewünschten Dateityp aus.
Standardspeicherort	An dieser Stelle können Sie auch den Standardspeicherort für Ihre Excel-Arbeitsmappen ändern. Standardmäßig schlägt Excel beim Speichern den Ordner Dokumente vor, falls erforderlich, geben Sie im Feld STANDARDSPEICHERORT den entsprechenden Pfad zusammen mit dem Laufwerksbuchstaben ein.

Arbeitsmappe mit einem Kennwort versehen

Arbeitsmappen mit persönlichen oder vertraulichen Inhalten können mit einem Kennwort versehen werden, um zu verhindern, dass die Mappe durch Unbefugte geöffnet wird.

Wenn Sie auf das Register DATEI klicken, so zeigt Excel automatisch Informationen zur aktuellen Arbeitsmappe an. Um die Mappe mit einem Kennwort zu schützen, klicken Sie unter BERECHTIGUNGEN auf die Schaltfläche ARBEITSMAPPE SCHÜTZEN. Wählen Sie dann MIT KENNWORT VERSCHLÜSSELN.

Arbeitsmappe mit einem Kennwort vor unbefugtem Öffnen schützen

Geben Sie anschließend Ihr Kennwort ein und beachten Sie, dass bei Kennwörtern zwischen Groß- und Kleinschreibung unterschieden wird. Aus Sicherheitsgründen werden Sie aufgefordert, Ihr Kennwort ein zweites Mal einzugeben.

Anschließend erscheint unter BERECHTIGUNGEN der Hinweis, dass zum Öffnen dieser Arbeitsmappe ein Kennwort erforderlich ist.

Kennwörter unterscheiden zwischen Groß- und Kleinschreibung

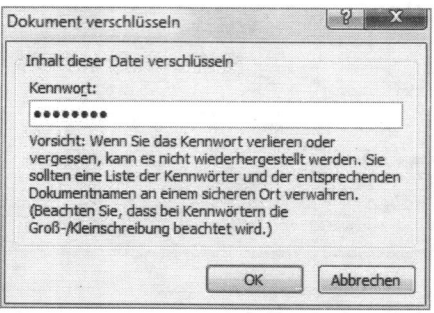

Kennwort eingeben

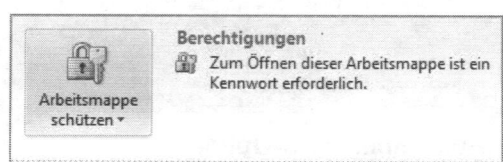

Die Arbeitsmappe ist mit einem Kennwort geschützt

Kennwort entfernen

Wenn Sie eine kennwortgeschützte Arbeitsmappe wieder freigeben möchten, bzw. das Kennwort wieder entfernen möchten, dann müssen Sie zuerst die Mappe unter Angabe des Kennwortes öffnen. Klicken Sie dann unter BERECHTIGUNGEN erneut auf MIT KENNWORT VERSCHLÜSSELN. Löschen Sie das Kennwort und bestätigen Sie mit OK.

2.2. Neue Arbeitsmappe erstellen

Standardmäßig wird beim Starten von Excel eine neue Arbeitsmappe geöffnet und Sie können mit der Eingabe beginnen. Sie können aber auch aus Excel heraus eine neue Arbeitsmappe beginnen, ohne Excel neu zu starten. Sie können dabei wählen, ob Sie eine leere Arbeitsmappe erstellen möchten oder eine Vorlage verwenden wollen.

Was ist eine Vorlage?

Vorlagen lassen sich mit Vordrucken vergleichen, beispielsweise einem Rechnungsformular oder einem Formular zur Reisekostenabrechnung. Sie enthalten bereits Texte, Formatierungen sowie alle nötigen Formeln zur Berechnung, Sie brauchen also nur noch Ihre Daten eingeben und die Arbeitsmappe speichern. Sie können auch eigene Vorlagen erstellen und speichern.

Eigene Vorlagen erstellen, siehe Lektion 11.3

Zum Erstellen einer neuen Arbeitsmappe klicken Sie auf das Register DATEI und auf den Befehl NEU. Im mittleren Bereich des Fensters erscheint eine Übersicht über die verfügbaren Vorlagen, der rechte Bereich zeigt eine Vorschau auf die markierte Vorlage. Ist Ihr Computer mit dem Internet verbunden, dann stehen Ihnen unter dem Abschnitt OFFICE.COM-VORLAGEN noch weitere Vorlagen zum Download zur Auswahl.

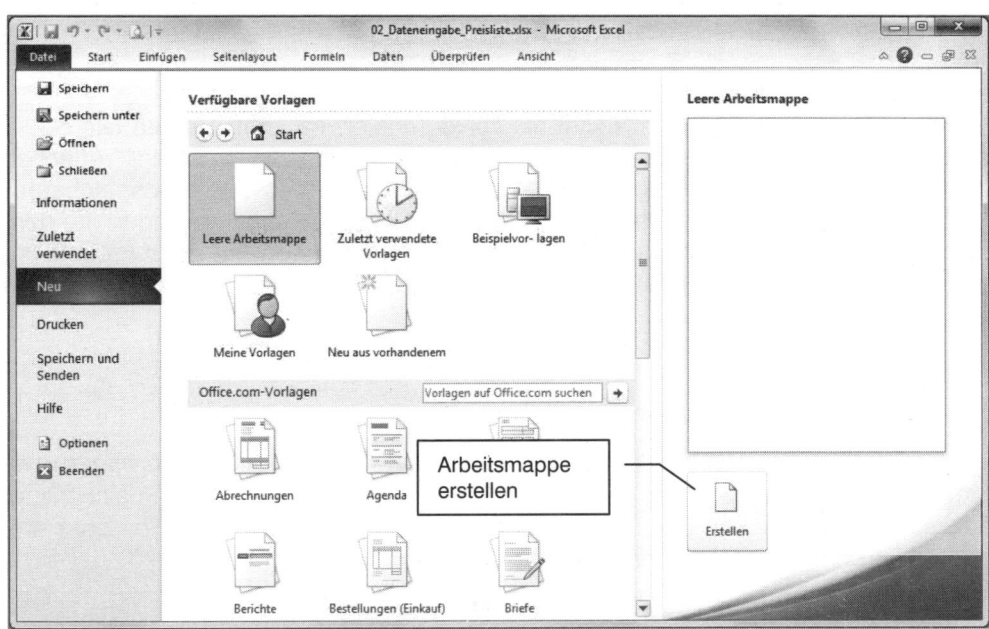

Leere Arbeitsmappe

Möchten Sie mit einer leeren Arbeitsmappe beginnen, so klicken Sie auf die Schaltfläche LEERE ARBEITSMAPPE und anschließend auf die Schaltfläche ERSTELLEN.

Leere Arbeitsmappe

Vorlage verwenden

Möchten Sie eine Vorlage verwenden, dann klicken Sie auf die Schaltfläche BEISPIELVORLAGEN. Excel zeigt eine Reihe verfügbarer Vorlagen an. Klicken Sie auf eine der Vorlagen, so erscheint im rechten Bereich des Fensters eine Vorschau. Markieren Sie nun die gewünschte Vorlage und klicken Sie auf ERSTELLEN. Andernfalls gelangen Sie mit der Schaltfläche ZURÜCK wieder zum vorherigen Fenster zurück.

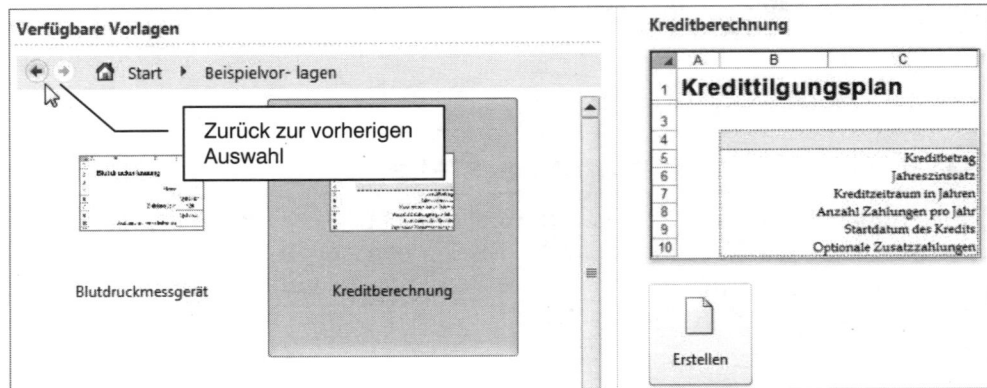

2.3.   Arbeitsmappe öffnen

Sollten Sie eine Datei gelöscht oder umbenannt haben, so erhalten Sie beim Öffnen eine Fehlermeldung

Zum Öffnen von Arbeitsmappen stehen Ihnen im Register DATEI zwei Möglichkeiten zur Verfügung. Welche Sie verwenden, hängt davon ab, wann die Mappe zum letzten Mal mit Excel 2010 geöffnet wurde.

- Klicken Sie auf ÖFFNEN, wenn die Arbeitsmappe noch nie oder bereits vor längerer Zeit zum letzten Mal geöffnet wurde.

- Klicken Sie auf ZULETZT VERWENDET, wenn die Arbeitsmappe in der letzten Zeit von Ihnen bereits verwendet wurde.

Öffnen

Öffnen

Mit dem Befehl ÖFFNEN öffnet Excel ein Dialogfenster, mit dem Sie auf alle Speicherorte Ihres Computers zugreifen können. Standardmäßig erscheint zunächst der Inhalt der Bibliothek DOKUMENTE (Windows 7), bzw. des Standardspeicherortes. Befindet sich die gesuchte Datei an einem anderen Ort, so verwenden Sie den Navigationsbereich, um den Ordner auszuwählen. Markieren Sie dann im Inhaltsbereich die gewünschte Arbeitsmappe und klicken Sie auf die Schaltfläche ÖFFNEN.

Zuletzt verwendet

Zuletzt besuchte Speicherorte

Unter ZULETZT VERWENDET können Sie nicht nur schnell Arbeitsmappen öffnen, die Sie zuletzt verwendet haben, Excel listet hier auch zuletzt besuchte Speicherorte auf. Zum Öffnen klicken Sie entweder auf den Namen der Arbeitsmappe oder auf den entsprechenden Speicherort.

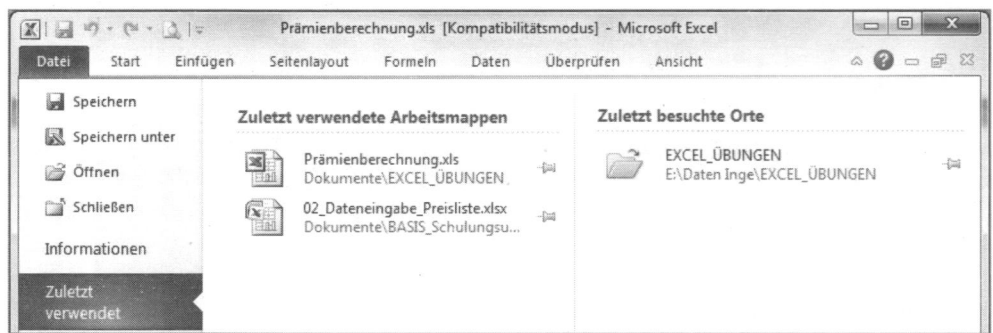

An die Liste der zuletzt verwendeten Arbeitsmappen anheften

Standardmäßig zeigt die Liste nur die zuletzt verwendeten Arbeitsmappen und Orte an. Sollen eine häufig benötigte Mappe und ein wichtiger Speicherort dauerhaft in der Liste enthalten sein, dann verwenden Sie dazu die kleinen Symbole daneben. Ein Mausklick wechselt zwischen angeheftet und nicht angeheftet. Eine andere Möglichkeit finden Sie im Kontextmenü der rechten Maustaste.

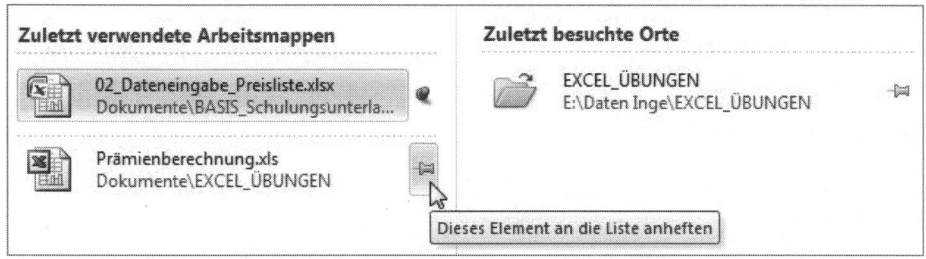

Symbol	Bedeutung
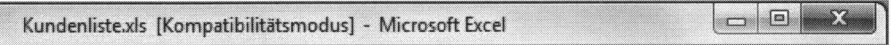	Die Arbeitsmappe oder der Speicherort sind nicht angeheftet, also kein fester Bestandteil der Liste
	Die Arbeitsmappe oder der Speicherort wurde dauerhaft hinzugefügt

Kompatibilitätsmodus

Arbeitsmappen mit der Dateinamenserweiterung .xls, die mit einer älteren Version von Excel, beispielsweise Excel 2003, erstellt wurden, werden im so genannten Kompatibilitätsmodus geöffnet. Ein entsprechender Hinweis erscheint zusammen mit dem Dateinamen in der Titelleiste des Anwendungsfensters. Im Kompatibilitätsmodus stehen Ihnen nicht alle Funktionen von Excel 2010 zur Verfügung!

Im Kompatibilitäts-modus öffnen

Kundenliste.xls [Kompatibilitätsmodus] - Microsoft Excel

2.4. Zusammenfassung

- Allgemeine Befehle wie Speichern, Öffnen oder eine neue leere Arbeitsmappe erstellen, stehen in der Registerkarte DATEI zur Verfügung. Das Standard-Dateiformat von Excel 2010 ist das XML-basierte Dateiformat mit der Dateinamenserweiterung .xlsx. Wenn Excel-2010-Arbeitsmappen auch mit früheren Versionen von Excel geöffnet werden sollen, dann müssen Sie beim Speichern ein anderes Dateiformat wählen. Arbeitsmappen, die mit einer früheren Version von Excel erstellt und gespeichert wurden, werden von Excel 2010 im Kompatibilitätsmodus geöffnet.

- Sollten Sie einmal das Speichern Ihrer Mappe versehentlich vergessen haben, so ist die AutoWiederherstellen Funktion von Excel sehr nützlich. Wenn diese Funktion aktiviert ist, erfolgt im Hintergrund in regelmäßigen Intervallen eine automatische Speicherung und Sie können im Bedarfsfall auf diese Dateien zurückgreifen.

- Arbeitsmappen mit vertraulichen Inhalten können durch ein Kennwort vor unbefugtem Öffnen geschützt werden. Auch diese Möglichkeit finden Sie im Register DATEI.

- Zum schnellen Öffnen von Arbeitsmappen verwenden Sie im Register DATEI die Kategorie ZULETZT VERWENDET. Excel listet hier nicht nur alle zuletzt verwendeten Arbeitsmappen, sondern auch alle dazugehörigen Speicherorte auf.

3. Daten eingeben und ändern

In dieser Lektion lernen Sie

- Text, Zahlen und Datum in ein Tabellenblatt eingeben
- Zellinhalte löschen und überschreiben
- Nachträgliche Korrekturen an Zellinhalten vornehmen
- Reihen ausfüllen

Was Sie für diese Lektion wissen sollten

- Die Excel-Arbeitsumgebung

Vor der Eingabe bzw. dem Anlegen einer Tabelle sollten Sie überlegen, wie die Tabelle aufgebaut sein soll und welche Spalten Sie benötigen. Beachten Sie dabei nach Möglichkeit die folgenden Grundregeln:

- Eine Tabelle kann in jeder beliebigen Zeile und Spalte beginnen, die Ausrichtung auf einer Druckseite können Sie gesondert vornehmen.
- Die Breite einer Spalte, sowie die Zeilenhöhe können jederzeit geändert und an den Inhalt angepasst werden. Innerhalb von zusammenhängenden Tabellenbereichen sollten Sie daher leere Zeilen und Spalten vermeiden.

3.1. Daten eingeben

Grundlegendes

Eine markierte Zelle erkennen Sie am Markierungsrahmen

Die Eingabe erfolgt immer in der markierten Zelle. Beim Öffnen einer neuen Arbeitsmappe ist standardmäßig die Zelle A1 markiert. Sie erkennen die markierte Zelle am Markierungsrahmen.

	A	B	C	D	E	F
1	⊹					
2						
3						
4						

Der Mauszeiger zum Markieren

Solange Sie sich innerhalb des Tabellenblattes bewegen, wird der Mauszeiger normalerweise als weißes Kreuz dargestellt. Zum Markieren einer Zelle genügt ein einfacher Mausklick auf die Zelle. Wenn Sie mit Hilfe der Tastatur Zellen markieren möchten, dann verwenden Sie die Pfeiltasten, um den Markierungsrahmen in die entsprechende Richtung zu bewegen.

Mit den Pfeiltasten der Tastatur markieren

Die Spaltenbreite kann später an den Inhalt angepasst werden

Nach Eingabe des ersten Zeichens wird in der Zelle auch der Cursor (Einfügemarke) sichtbar, gleichzeitig erscheint der eingegebene Text in der Bearbeitungsleiste darüber. Sie brauchen bei der Eingabe keine Rücksicht auf die Spaltenbreite nehmen, da die Breite einer Spalte jederzeit geändert werden kann.

A1		X ✓ ƒx	Eine kleine Preisliste als erste Excel-Übung		
	A	B	C	D	E	F
1	Eine kleine Preisliste als erste Excel-Übung					
2						
3						
4						

Eingabe übernehmen

Die Eingabe wird automatisch abgeschlossen, wenn Sie die nächste Zelle markieren. In der Bearbeitungsleiste finden Sie zwei Schaltflächen, mit denen Sie die Eingabe abschließen oder abbrechen können, die Zelle bleibt markiert. Beachten Sie, dass die Symbole in der Bearbeitungsleiste nur dann erscheinen, wenn Sie Daten eingeben oder ändern!

Eingabe übernehmen

Abbrechen

| A1 | ▼ | × | ✓ | ƒx | Eine kleine Preisliste als erste Excel-Übung |

Über die Tastatur stehen Ihnen weitere Möglichkeiten zur Verfügung, abhängig davon, welche Zelle Sie als nächste markieren wollen.

Taste	Beschreibung
Eingabe- (Return-) Taste	Markiert standardmäßig die Zelle unterhalb (diese Einstellung kann geändert werden)
Tab- (Tabulator-) Taste	Markiert die Zelle rechts
Pfeiltasten	Markiert die Zelle entsprechend der verwendeten Taste
Esc (Escape)	Abbrechen, die Eingabe wird nicht übernommen

Tipps zur schnellen Eingabe

Häufig erfolgt die Eingabe in Tabellen zeilenweise. Dann können Sie die Eingabe vereinfachen, indem Sie innerhalb der Zeile die Eingabe jeweils mit der Tab-Taste abschließen und somit gleichzeitig die Zelle rechts markieren. Drücken Sie dann am Ende der Zeile die Eingabe-Taste, so markiert Excel automatisch die Zelle in der ersten Spalte der darunterliegenden Zeile.

Kombinieren Sie Tab-Taste und Eingabe-Taste

Eine andere Möglichkeit besteht darin, dass Sie mit gedrückter linker Maustaste zuerst den Tabellenbereich für die Eingabe markieren, im Beispiel unten ist dies der Bereich von A2 bis C6, und anschließend mit der Eingabe beginnen. Verwenden Sie immer die Tab-Taste, um in die nächste Zelle zu gelangen. Am Ende einer Zeile gelangen Sie damit automatisch in die erste Zelle der nächsten Zeile.

Markieren Sie den Zellbereich

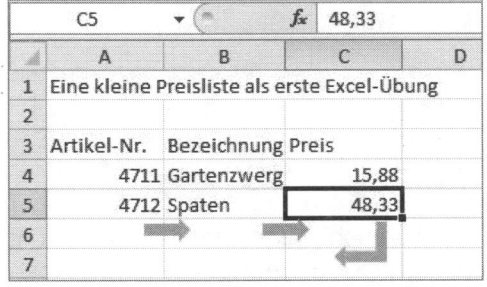

| C5 | ▼ | ƒx | 48,33 |

	A	B	C	D
1	Eine kleine Preisliste als erste Excel-Übung			
2				
3	Artikel-Nr.	Bezeichnung	Preis	
4	4711	Gartenzwerg	15,88	
5	4712	Spaten	48,33	
6				
7				

Tab-Taste und Eingabe-Taste

	A	B	C	D
1				
2	Name	Vorname	Telefon	
3	Binder	Ulrike	089-7788912	
4	Rother	Jan		
5				
6				
7				

Zellbereich zuvor markieren

Text eingeben

Excel unterscheidet bei der Eingabe zwischen Text und Zahlen. Als Text wird von Excel jede beliebige Kombination aus Buchstaben, Zahlen oder Sonderzeichen interpretiert. Text erscheint wie eingegeben und wird automatisch am linken Zellrand linksbündig ausgerichtet. Reicht die Spaltenbreite zur vollständigen Anzeige nicht aus, so wird Text nur dann vollständig angezeigt, wenn die rechts angrenzende Zelle leer ist. Andernfalls erscheint der Text zunächst abgeschnitten und wird erst wieder vollständig angezeigt, wenn Sie die Spaltenbreite entsprechend anpassen.

Text wird linksbündig ausgerichtet

Spaltenbreite ändern, siehe Lektion 4.2

Zahlen eingeben

Zahlen werden automatisch rechtsbündig ausgerichtet. Als Dezimaltrennzeichen verwendet Excel standardmäßig das Komma, allerdings hängen die Verwendung von Punkt und Komma auch davon ab, welche Ländereinstellungen unter Windows vorgenommen wurden. Da spätere Berechnungen nur mit gültigen Zahlen möglich sind, sollten Sie berücksichtigen, dass bei der Eingabe von Zahlen ausschließlich die folgenden Zeichen zulässig sind.

Diese Zeichen sind bei der Eingabe von Zahlen zulässig

Zeichen	Beispiel
Die Ziffern von 0 bis 9	299
Die Vorzeichen + -	-100
Komma als Dezimalzeichen	45,99
Punkt als Tausendertrennzeichen	1.000.000
Klammern	-(20)
Prozentzeichen	15%

Spätere Berechnungen sind nur mit gültigen Zahlen möglich! Geben Sie daher Text und Zahlen nicht zusammen in eine einzige Zelle ein, wenn Sie die Zahlen später in Formeln verwenden möchten.

Wenn die Spaltenbreite nicht ausreicht...

Zahlen werden automatisch gerundet angezeigt

Zahlen werden nicht abgeschnitten: sobald die Spaltenbreite nicht ausreicht, um eine Zahl vollständig anzuzeigen, werden sehr große Zahlen in Exponentialschreibweise angezeigt, Dezimalzahlen werden automatisch gerundet. In einigen Fällen erscheinen anstelle der Zahl auch Platzhalterzeichen (####). Die ursprünglich eingegebene Zahl bleibt in jedem Fall erhalten, dies können Sie mit einem Blick in die Bearbeitungsleiste feststellen.

B1	▼	f_x	1254,12312312312	
	A	B	C	D	E
1	1,23568E+12	1254,123	####		
2					

Nachkommastellen anzeigen

Die Anzeige der Nachkommastellen wird über Zahlenformate festgelegt, siehe Lektion 5.3

Bei der Eingabe von Dezimalzahlen haben Sie wahrscheinlich bemerkt, dass nicht benötigte Nachkommastellen von Excel zunächst nicht angezeigt werden. Haben Sie beispielsweise die Zahl 12,50 eingegeben, so erscheint nach Abschluss der Eingabe 12,5. Die Anzeige der Dezimalstellen wird in Excel über die Formatierung festgelegt.

Eingabe	Anzeige	
25,123566	25,123566	
25,90	25,9	
19,00	19	
01234	1234	
100,--	100,--	Linksbündig, da keine Zahl!

Beispiele

Datum und Uhrzeit

Auch Datum und Uhrzeit werden von Excel wie Zahlen behandelt, d.h. sie werden automatisch rechtsbündig ausgerichtet und können später für Berechnungen herangezogen werden. Beachten Sie, dass Excel erst Datumswerte ab dem 01.01.1900 als Datum erkennt, ein früheres Datum wird als Text behandelt.

Nützliche Tastenkombinationen bei der Datumseingabe:

Strg + Punkt (.)	Fügt das aktuelle Datum ein
Strg + Umschalt + Punkt (.)	Fügt die aktuelle Uhrzeit ein

Datumswerte verwenden standardmäßig den Punkt als Trennzeichen, Uhrzeitangaben den Doppelpunkt, bei der Eingabe sind folgende Schreibweisen zulässig:

Eingabe	Ergebnis
1.1.08	01.01.2008
22-2-08	22.02.2008
1/1/99	01.01.1999
14:3	14:03
17:	17:00

Unabhängig von der Schreibweise bei der Eingabe zeigt Excel Datum und Uhrzeit zunächst immer in der Standard-Schreibweise an. Diese kann später über eine entsprechende Formatierung geändert werden.

Siehe Lektion 5.3

Wichtig: Excel interpretiert zweistellige Jahresangaben zwischen 00 und 29 als die Jahre 2000 bis 2029. Alle Jahreszahlen vor 1930 müssen daher unbedingt bei der Eingabe vierstellig eingegeben werden!

3.2.   Zellinhalte nachträglich bearbeiten

Überschreiben

Um den Inhalt einer Zelle zu überschreiben, markieren Sie einfach die Zelle, geben den neuen Wert ein und übernehmen die Eingabe mit der Eingabe- oder der Tab-Taste. Damit wird der Inhalt der Zelle automatisch und ohne Rückfrage überschrieben. Möchten Sie also beispielsweise für einen Artikel einen anderen Preis eingeben, so markieren Sie einfach die Zelle, geben über die Tastatur den neuen Preis ein und bestätigen anschließend Ihre Eingabe.

Eine Eingabe überschreibt vorhandene Inhalte

Zellinhalte ändern

Möchten Sie dagegen den Zellinhalt nur korrigieren, beispielsweise einzelne Zeichen löschen oder einfügen, dann verwenden Sie dazu eine der folgenden Möglichkeiten:

Bearbeiten Sie Inhalte in der Bearbeitungsleiste oder ...

• Markieren Sie die Zelle, damit wird der Inhalt in der Bearbeitungsleiste angezeigt. Klicken Sie nun in die Bearbeitungsleiste und nehmen Sie hier Ihre Änderungen vor.

Editieren Sie Zellinhalte
mit Doppelklick

- Oder markieren Sie die Zelle und drücken Sie die Funktionstaste F2 oder doppelklicken Sie in die Zelle. In der Zelle erscheint wieder der Cursor und Sie können die Änderungen direkt in der Zelle vornehmen.

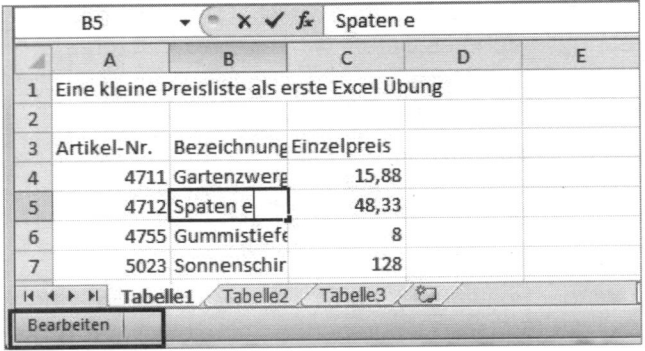

In beiden Fällen zeigt die Statusleiste am unteren Bildschirmrand an, dass sich Excel gerade im Bearbeiten-Modus befindet. Im Bearbeiten-Modus können Sie die Maus oder die Pfeiltasten verwenden, um den Cursor innerhalb des Zellinhalts zu bewegen. Sie können an der Cursorposition Zeichen einfügen oder mit der Korrekturtaste oder der Entf-Taste Zeichen löschen. Im Bearbeiten-Modus sind die meisten Symbole und Befehle deaktiviert. Sie müssen also immer zuerst den Bearbeiten-Modus beenden, bevor Sie mit der weiteren Tabellenbearbeitung fortfahren.

Genau wie die Eingabe müssen Sie auch die Bearbeitung wieder beenden.

Diese Tasten können Sie zur nachträglichen Korrektur verwenden:

Tasten im Bearbeiten-Modus

Taste	Beschreibung
Pos1	Setzt den Cursor an den Anfang des Zellinhalts
Ende	Setzt den Cursor an das Ende des Zellinhalts
Pfeiltaste rechts/ links	Bewegt den Cursor um ein Zeichen nach rechts oder links
Korrektur- (Rückschritt-) Taste	Löscht Zeichen links vom Cursor
Entf- (Del-) Taste	Löscht Zeichen rechts vom Cursor

Zellinhalte löschen

Die Entf-Taste löscht den Inhalt einer Zelle

Um den gesamten Inhalt einer Zelle zu löschen, markieren Sie die Zelle und verwenden auf der Tastatur die Entf-Taste. Allerdings löschen Sie damit nur den Inhalt, nicht aber die Formatierung der Zelle. Daraus können möglicherweise Probleme entstehen.

Die Entf-Taste löscht ausschließlich den Inhalt der markierten Zellen, die Formatierung bleibt erhalten!

Formatierung bleibt erhalten!

Beispiel: Sie haben in eine Zelle ein Datum eingegeben, möchten aber später in dieser Zelle anstelle des Datums eine Zahl eingeben. Nach der Eingabe erscheint immer wieder ein Datum, auch wenn Sie das Datum zuvor mit der Entf-Taste gelöscht haben. So wird beispielsweise aus der Zahl 5 nach der Eingabe das Datum 05.01.1900.

In diesen Fällen müssen Sie nicht nur den Inhalt, sondern auch das Format löschen.

Löschen

- Markieren Sie die Zelle und klicken Sie im Register START, Gruppe BEARBEITEN auf das Symbol LÖSCHEN.

- Wählen Sie anschließend, ob Sie nur die Formate, nur die Inhalte oder beides (ALLE LÖSCHEN) entfernen möchten.

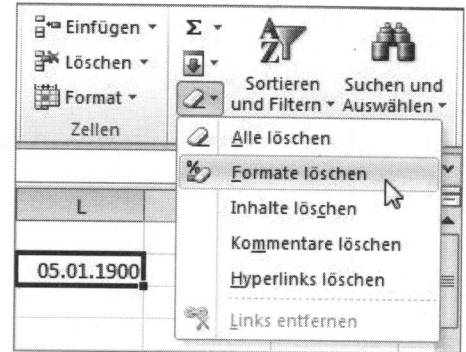

Befehle rückgängig machen

Aktionen wie Eingeben, Löschen oder nachträgliche Korrekturen können Sie auch wieder rückgängig machen. Das Symbol dazu finden Sie in der SYMBOLLEISTE FÜR DEN SCHNELLZUGRIFF in der oberen linken Ecke des Excel-Fensters. Ein Mausklick auf das Symbol RÜCKGÄNGIG macht die zuletzt ausgeführte Aktion rückgängig, mit jedem weiteren Mausklick machen Sie einen weiteren Bearbeitungsschritt rückgängig.

Aktionen rückgängig machen

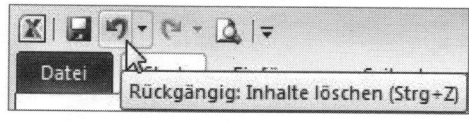

⤺ ▾	Mit diesem Symbol machen Sie die letzte Bearbeitung rückgängig. Klicken Sie auf das kleine Dreieck rechts neben dem Symbol, um mehrere Aktionen anzuzeigen.
⤻ ▾	Haben Sie versehentlich zu viele Schritte rückgängig gemacht, so können Sie mit diesem Symbol (Wiederholen) die Rücknahme wieder rückgängig machen.

3.3.   Erweiterte Funktionen der Dateneingabe

AutoEingabe

Bei der Eingabe von Text innerhalb einer Spalte erkennt Excel wiederkehrende Inhalte und schlägt diese automatisch nach Eingabe der Anfangsbuchstaben vor. Möchten Sie den Text übernehmen, dann drücken Sie die Eingabetaste oder die Tabulator-Taste, ansonsten ignorieren Sie den Vorschlag und tippen einfach weiter. Eine Auswahlliste erscheint, wenn Sie anstelle einer Eingabe mit der rechten Maustaste in die Zelle klicken und im Kontextmenü die DROPDOWN-AUSWAHLLISTE… anklicken. Mit einem Mausklick übernehmen Sie den gewünschten Text.

Wiederkehrende Texte innerhalb einer Spalte übernehmen

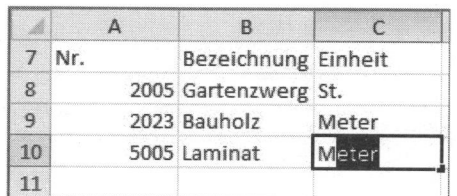

Inhalt übernehmen

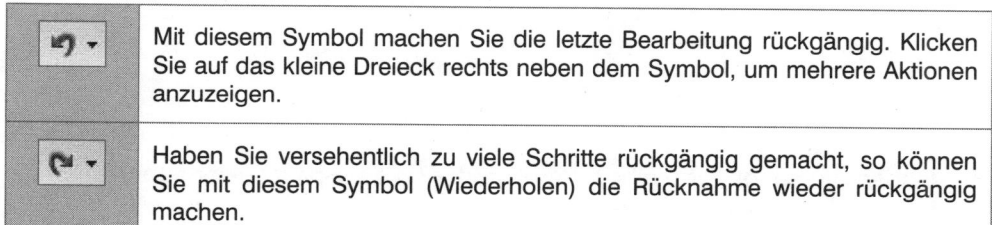

Auswahlliste

Alt + Pfeil nach unten
öffnet die Auswahlliste

Tipp: Die Auswahlliste erscheint auch mit der Tastenkombination Alt + Pfeil nach unten. In diesem Fall verwenden Sie anschließend die Pfeiltasten nach oben oder unten, um den gewünschten Text auszuwählen und übernehmen die Auswahl mit der Eingabe-Taste.

Automatisches Ausfüllen von Zellen

Reihen ausfüllen

In vielen Tabellen benötigen Sie Reihen mit fortlaufendem Inhalt. Beispielsweise die Monate eines Jahres als Spaltenüberschriften oder zur Nummerierung von Zeilen, möglicherweise möchten Sie auch mehrere angrenzende Zellen mit dem gleichen Wert füllen.

Füllbereich verwenden

Füllbereich

Im Menüband, Register START finden Sie in der Gruppe BEARBEITEN die Schaltfläche FÜLLBEREICH:

1. Geben Sie in die erste Zelle den Anfangswert der Reihe ein und markieren Sie diese Zelle.

2. Klicken Sie auf die Schaltfläche FÜLLBEREICH und wählen Sie REIHE…

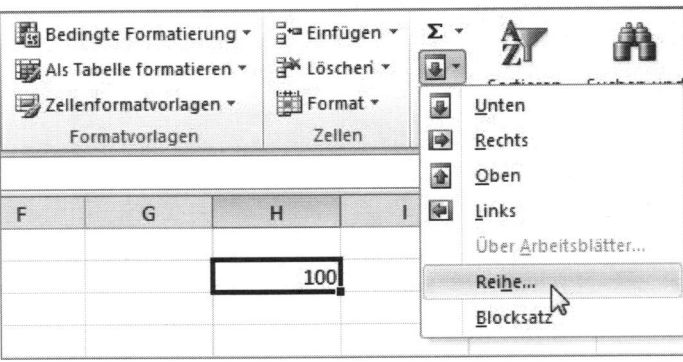

3. Geben Sie an, ob die Reihe untereinander (in der Spalte) oder nebeneinander in einer Zeile fortgeführt werden soll.

   Geben Sie im Feld INKREMENT an, um welchen Wert jeweils erhöht werden soll (in abgebildeten Beispiel 100). Geben Sie noch den Endwert der Reihe an und bestätigen Sie mit OK.

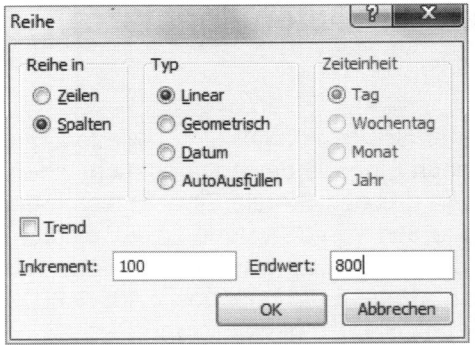

Reihe ausfüllen

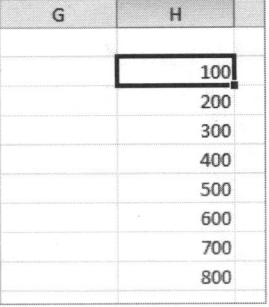

Das Ergebnis

Automatisches Ausfüllen mit der Maus

Das Ausfüllkästchen

Einfacher geht es, wenn Sie die Reihen mit der Maus ausfüllen. Zu diesem Zweck verwenden Sie das Ausfüllkästchen. Dieses Kästchen befindet sich in der unteren rechten Ecke des Markierungsrahmens. Sobald Sie mit der Maus auf das Kästchen zeigen, ändert sich die Form des Mauszeigers in ein +. Das bedeutet, dass Sie jetzt durch Ziehen mit gedrückter Maustaste eine Reihe ausfüllen können.

So gehen Sie vor:

1. Geben Sie in den beiden ersten Zellen Ihrer Reihe die ersten zwei Werte ein. Damit haben Sie ein Muster vorgegeben, nach dem die Reihe weitergeführt werden soll.

2. Markieren Sie nun die beiden Zellen mit dem Beginn der Reihe. Zeigen Sie mit der Maus auf das Ausfüllkästchen. Wenn der Mauszeiger als + erscheint ziehen Sie mit gedrückter linker Maustaste in die gewünschte Richtung.

+
Der Mauszeiger beim AutoAusfüllen

◢	A	B	C	D	E
1	2	4			
2					

◢	A	B	C	D	E
1	2	4	6	8	
2					
3					

3. Sobald Sie die Maustaste loslassen, erscheint der SmartTag AUTO-AUSFÜLLOPTIONEN. Über dieses Symbol bietet Excel an, die Reihe auch ohne Formatierung auszufüllen oder bei Bedarf den Inhalt der Zelle zu kopieren.

Ausfülloptionen

◢	A	B	C	D	E	F	G
1	2	4	6	8			
2							
3				○	Zellen kopieren		
4				⊙	Datenreihe ausfüllen		
5				○	Nur Formate ausfüllen		
6				○	Ohne Formatierung ausfüllen		
7							

Einige Werte, darunter Datumswerte, werden von Excel automatisch als Anfang einer Reihe erkannt. Dann genügt die Eingabe eines einzigen Wertes.

Datumswerte werden von Excel automatisch als Reihe fortgeführt

Beispiele

Eingabe	Reihe
15.01.2010	15.01.2010, 16.01.2010, 17.01.2010, …
Januar	Januar, Februar, März, …
Jan	Jan, Feb, Mrz, …
Montag	Montag, Dienstag, Mittwoch, …
Mo	Mo, Di, Mi, …
1. Quartal	1. Quartal, 2. Quartal, …
Reihe 1	Reihe 1, Reihe 2, Reihe 3, …
1.	1., 2., 3., …
1. Tag	1. Tag, 2. Tag, 3. Tag, … (Achten Sie unbedingt darauf, dass sich zwischen der Zahl mit dem Punkt und dem restlichen Text unbedingt ein Leerzeichen befinden muss!)

Zeilenumbruch einfügen

Alt + Eingabe

Bei der Eingabe von Text erfolgt im Gegensatz zu einem Textverarbeitungsprogramm kein automatischer Zeilenumbruch innerhalb einer Zelle. Benötigen Sie einen Zeilenumbruch, so müssen Sie diesen manuell einfügen: drücken Sie dazu während der Eingabe an der gewünschten Stelle die Tastenkombination Alt+Eingabetaste. Sie können einen manuellen Zeilenumbruch natürlich auch nachträglich über die Bearbeitungsleiste einfügen.

	A	B	C	D	E
3	Best.-Nr.	Bezeichnung	Einzelpreis		
4	4711	Gartenzwerg Balduin, extra wetterfest	15,88		
5	4712	Spaten	48,33		
6	4755	Gummistiefel	8		

Bearbeitungsleiste erweitern

Tipp: Die Bearbeitungsleiste zeigt immer nur eine einzige Zeile des Zelleninhalts an. Die zweite Zeile erscheint, wenn Sie am rechten Rand der Bearbeitungsleiste auf den kleinen Pfeil nach unten, bzw. nach oben klicken. Wenn Sie beide Zeilen anzeigen möchten, dann klicken Sie auf die Schaltfläche BEARBEITUNGSLEISTE ERWEITERN.

3.4. Zusammenfassung

- Eine Zelle kann Text, Zahlen, ein Datum oder Formeln enthalten. Text umfasst beliebige Zeichen und wird bei der Eingabe automatisch linksbündig ausgerichtet. Wenn die Spaltenbreite nicht ausreicht, dann wird der Text abgeschnitten angezeigt. Ist die angrenzende Zelle dagegen leer, dann erscheint der Text einfach über der nächsten Zelle.

- Bei der Eingabe von Zahlen muss standardmäßig das Komma als Dezimalzeichen verwendet werden, mit Ausnahme von Vorzeichen, Klammern und Prozentzeichen sind keine weiteren Zeichen bei der Eingabe zulässig. Dies ist wichtig, da Berechnungen nur mit Zahlen möglich sind. Reicht die Spaltenbreite für die Anzeige einer Zahl nicht aus, so wird diese entweder automatisch gerundet oder in Exponentialschreibweise angezeigt. In manchen Fällen erscheint das #-Zeichen als Platzhalter.

- Zellinhalte werden durch eine Eingabe automatisch überschrieben. Änderungen und Korrekturen nehmen Sie entweder in der Bearbeitungsleiste oder mit einem Doppelklick in der Zelle vor. Sowohl die Eingabe als auch Änderungen müssen Sie erst abschließen, bevor Sie mit der weiteren Bearbeitung fortfahren können.

- Das Ausfüllkästchen ist Teil des Markierungsrahmens und kann verwendet werden, um schnell durch Ziehen mit der Maus Reihen auszufüllen oder Daten in angrenzende Zellen zu kopieren. Einige Werte, wie z.B. Datumswerte, werden von Excel automatisch als Beginn einer Reihe erkannt, andernfalls ist die Eingabe von zwei Werten als Muster für die Reihe erforderlich.

3.5. Übung

Aufgabe

Starten Sie Excel mit einer neuen leeren Arbeitsmappe und erstellen Sie im Tabellenblatt 1 einen Belegungsplan für eine Ferienwohnung nach dem unten abgebildeten Muster. Nutzen Sie zur Eingabe die AutoAusfüllen-Funktion von Excel.

Übungsaufgabe

	A	B	C	D	E	F	G	H
1	Belegungsplan Ferienwohnung					01.01.2010		
2								
3	Woche	Montag	Dienstag	Mittwoch	Donnerstag	Freitag	Samstag	Sonntag
4	KW 10	B	B	B	B			
5	KW 11	Res.	Res.	Res.	Res.	Res.	Res.	Res.
6	KW 12							
7	KW 13		B	B	B	B	B	B
8	KW 14	B	B	B	Res.	Res.	Res.	Res.
9	KW 15							
10								
11	B = Belegt							
12	Res. = Reserviert							
13								

Lösungshinweise

- Nutzen Sie AutoAusfüllen zur Eingabe der Kalenderwoche: Geben Sie in A4 als erste Kalenderwoche KW 10 ein. Anschließend markieren Sie diese Zelle und ziehen das Ausfüllkästchen in der unteren rechten Ecke der Markierung nach unten. Lassen Sie die Maustaste wieder los, wenn die letzte benötigte Kalenderwoche angezeigt wird.

- Genauso gehen Sie beim Ausfüllen der Wochentage vor.

- AutoAusfüllen können Sie auch verwenden, um für die einzelnen Tage Belegt oder Reserviert einzugeben. Hierbei handelt es sich um keine Reihe, daher werden die Inhalte automatisch kopiert.

Bemerkungen:

_____

_____

_____

_____

_____

_____

_____

_____

4. Tabellen und Tabellenblätter bearbeiten

In dieser Lektion lernen Sie

- Zellbereiche markieren
- Spaltenbreite und Zeilenhöhe ändern
- Nachträglich Zeilen und Spalten einfügen
- Zellen und Zellbereiche verschieben oder kopieren und wieder einfügen
- Die Office-Zwischenablage verwenden
- Tabellenblätter einfügen, verschieben, löschen und umbenennen

Was Sie für diese Lektion wissen sollten

- Dateneingabe

Die Spaltenbreite sowie die Höhe der Zeilen eines Tabellenblattes können jederzeit an den Inhalt angepasst werden. Außerdem können Sie nachträglich Spalten und Zeilen, sowie einzelne Zellen in ein Tabellenblatt einfügen. Auch das Verschieben oder Kopieren von einzelnen Zellen oder Zellbereichen ist jederzeit möglich, entweder mit der Maus oder auf dem Weg über die Zwischenablage. Die Zwischenablage kann auch zum Datenaustausch mit anderen Anwendungen benutzt werden.

Eine Excel-Arbeitsmappe umfasst meist gleich mehrere Tabellenblätter, auch Blätter können jederzeit eingefügt, verschoben, kopiert, gelöscht oder umbenannt werden.

4.1. Zellbereiche markieren

Wie Sie eine einzelne Zelle markieren, haben Sie bereits in Zusammenhang mit der Eingabe kennen gelernt. Für zahlreiche Aufgaben und Bearbeitungsschritte ist es jedoch nützlich, gleich mehrere Zellen gleichzeitig zu markieren.

Achten Sie beim Markieren auf diesen Mauszeiger!

Mehrere zusammenhängende Zellen markieren Sie am einfachsten mit der Maus: drücken Sie über der ersten zu markierenden Zelle die linke Maustaste und halten Sie die Taste gedrückt, während Sie die Maus über den gewünschten Zellbereich bewegen. Danach lassen Sie die Maustaste wieder los.

A3		f_x	Artikel-Nr.		
	A	B	C	D	E
1	Eine kleine Preisliste als erste Excel-Übung				
2					
3	Artikel-Nr.	Bezeichnung	Preis		
4	4711	Gartenzwerg Balduin	15,88		
5	4712	Spaten	45		
6					

Der markierte Zellbereich ist von einem Rahmen umgeben

Der Markierungsrahmen erstreckt sich nun über den gesamten Zellbereich, die markierten Zellen selbst erscheinen mit Ausnahme der ersten Zelle farblich hervorgehoben. Die Markierung wird aufgehoben, sobald Sie mit der Maus an eine andere beliebige Stelle des Tabellenblattes klicken.

Weitere Möglichkeiten der Markierung:

Markierung	So gehen Sie vor:
Eine Spalte	Klicken Sie mit der Maus in den Spaltenkopf. Der Mauszeiger erscheint als schwarzer Pfeil nach unten.
Eine Zeile	Klicken Sie mit der Maus in den Zeilenkopf. Der Mauszeiger erscheint als schwarzer Pfeil nach rechts.
Das gesamte Tabellenblatt	Klicken Sie mit der Maus in das Kästchen zwischen den Spalten- und Zeilenköpfen.
Mehrere nicht zusammenhängende Zellbereiche	Markieren Sie den ersten Zellbereich. Drücken Sie dann die Strg-Taste der Tastatur und halten Sie sie gedrückt während Sie mit der Maus die restlichen Zellen nacheinander markieren.

Nicht zusammenhängende Zellbereiche markieren Sie mit gedrückter Strg-Taste

Tastatur zum Markieren verwenden

Um mit der Tastatur einen Zellbereich zu markieren, verwenden Sie die Pfeiltasten zusammen mit der Umschalt- (Shift-) Taste. Eine andere Alternative stellt der Erweiterungsmodus dar, den Sie mit der Funktionstaste F8 aktivieren. Im Erweiterungsmodus können Sie Zellen mit den Pfeiltasten markieren. In der Statuszeile erscheint nach dem Drücken der Taste F8 der Hinweis AUSWAHL ERWEITERN.

F8 aktiviert den Erweiterungsmodus

4.2. Tabellenzeilen und -spalten

Spaltenbreite ändern

Die Breite einer Spalte ändern Sie am einfachsten und schnellsten mit der Maus, dabei spielt es keine Rolle, welche Zelle gerade markiert ist:

Verschieben Sie die rechte Trennlinie in den Spaltenköpfen

1. Zeigen Sie im Bereich der Spaltennummerierung (Spaltenköpfe) mit der Maus auf die rechte Trennlinie derjenigen Spalte, deren Breite Sie ändern möchten.

2. Sobald der Mauszeiger als Doppelpfeil sichtbar wird, verschieben Sie die Linie mit gedrückter linker Maustaste nach rechts oder links.

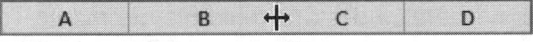

Sollen gleich mehrere Spalten die gleiche Breite erhalten, dann müssen Sie zuvor alle entsprechenden Spalten markieren. Verwenden Sie die Spaltenköpfe zum Markieren der Spalten und ziehen Sie die Trennlinie einer beliebigen Spalte innerhalb der Markierung in die gewünschte Breite.

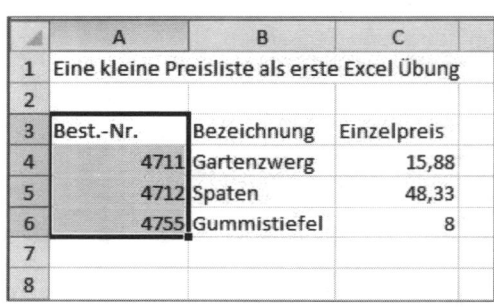

Spaltenbreite anpassen

Doppelklick = optimale Spaltenbreite

Mit einem Doppelklick auf die rechte Trennlinie im Spaltenkopf können Sie Breite der Spalte automatisch an den Inhalt anpassen (Optimale Spaltenbreite), die Spalte kann dadurch breiter oder schmäler werden.

Spaltenbreite an markierten Zellbereich anpassen

In manchen Fällen soll sich die Spaltenbreite nicht nach dem Inhalt der gesamten Spalte, sondern nur nach dem Inhalt eines Zellbereichs richten. Im Beispiel unten würde sich die optimale Breite für die gesamte Spalte A an der Überschrift in Zeile 1 orientieren. Die Breite soll sich aber ausschließlich nach dem Inhalt des Zellbereichs A3 bis A6 richten. In diesem Fall markieren Sie diesen Zellbereich und klicken in der Gruppe ZELLEN (Register START) auf die Schaltfläche FORMAT. Wählen Sie dann SPALTENBREITE AUTOMATISCH ANPASSEN.

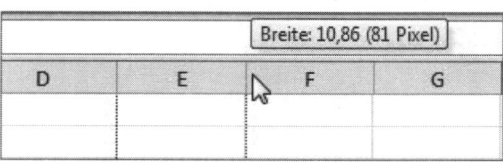

Zellbereich markieren

Genaue Spaltenbreite festlegen

Die Breite einer Spalte entspricht der Anzahl der angezeigten Zeichen (max. 255), als Standardbreite verwendet Excel 10,71. Die Spaltenbreite wird sichtbar, wenn Sie mit der Maus die Trennlinie verschieben. Eine zweite Möglichkeit, um für die Breite einer Spalte einen festen Wert anzugeben, finden Sie in der Gruppe ZELLEN, Schaltfläche FORMAT. Klicken Sie auf den Befehl SPALTENBREITE… und geben Sie den gewünschten Wert ein.

Die Spaltenbreite wird in Zeichen angegeben

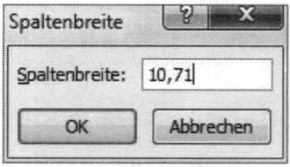

Angezeigte Spaltenbreite   Spaltenbreite eingeben

Spalte aus- und einblenden

Spaltenbreite 0

Wenn eine Spalte vorübergehend nicht sichtbar sein soll, dann blenden Sie die Spalte aus, genauer gesagt, die Spalte erhält Spaltenbreite 0. Zum Ausblenden einer Spalte brauchen Sie also nur im Bereich der Spaltenköpfe die rechte Trennlinie mit gedrückter linker Maustaste nach links ziehen, bis die Spalte nicht mehr sichtbar ist. Sie können aber auch eine beliebige Zelle in der auszublendenden Spalte markieren und in der Gruppe ZELLEN auf die Schaltfläche FORMAT klicken. Zeigen Sie auf AUSBLENDEN & EINBLENDEN und klicken Sie auf den Befehl SPALTEN AUSBLENDEN.

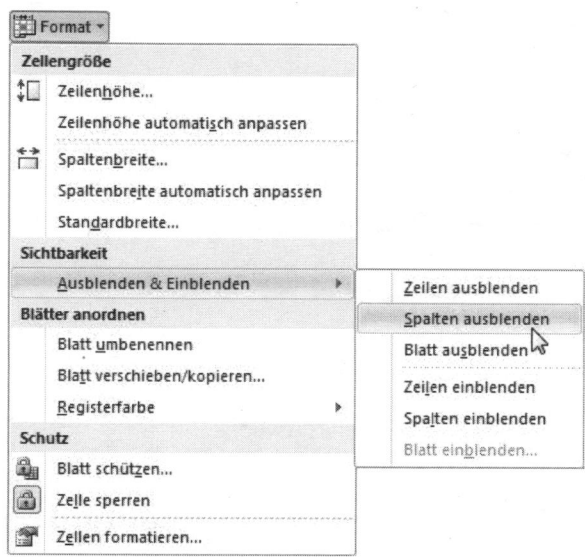

Zum Einblenden können Sie ebenfalls wieder die Maus verwenden: positionieren Sie den Mauszeiger im Bereich der Spaltenköpfe etwas rechts von der Trennlinie. Eine doppelte senkrechte Linie zeigt an, dass hier eine Spalte, im unten abgebildeten Beispiel die Spalte B, ausgeblendet ist.

Spalte einblenden

Ziehen Sie nun die Spalte wieder in die gewünschte Breite. Mit einem Doppelklick stellen Sie die optimale Spaltenbreite her.

	A	C	D
1	Eine kleine Preisliste als erste Excel Übung		
2			
3	Best.-Nr.	Einzelpreis	
4	4711	15,88	
5	4712	48,33	
6	4755	8	

Als zweite Möglichkeit können Sie auch die Schaltfläche FORMAT - AUSBLENDEN & EINBLENDEN verwenden und auf den Befehl SPALTEN EINBLENDEN klicken. Allerdings müsste eine Zelle in der ausgeblendeten Spalte markiert sein. Da kaum möglich ist, markieren Sie einfach einen Zellbereich, der eine Zelle der ausgeblendeten Spalte einschließt. Um im abgebildeten Beispiel oben die Spalte B wieder einzublenden, könnten Sie also beispielsweise den Bereich A2 bis C2 markieren, bevor Sie auf die Schaltfläche FORMAT klicken.

Markieren Sie einen Zellbereich der die ausgeblendete Spalte einschließt

Zeilenhöhe ändern

Die Zeilenhöhe wird in einigen Fällen automatisch angepasst, beispielsweise wenn Sie eine Zelle mit größerer Schrift formatieren. Beim Ändern der Zeilenhöhe verfahren Sie wie bei der Änderung der Spaltenbreite:

Meist erfolgt die Anpassung der Zeilenhöhe automatisch

1. Zeigen Sie mit der Maus im Zeilenkopf am linken Rand des Tabellenblattes auf die untere Trennlinie der Zeile.

2. Der Mauszeiger wird als Doppelpfeil sichtbar und Sie können die Trennlinie nach unten (Zeile wird höher) oder nach oben (Zeilenhöhe wird geringer) verschieben.

	A	B	C	D
1	Eine kleine Preisliste als erste Excel Übung			
2				
3	Best.-Nr.	Bezeichnung	Einzelpreis	
4	4711	Gartenzwerg	15,88	
5	4712	Spaten	48,33	

Gleiche Höhe für mehrere Zeilen

Sollen mehrere Zeilen die gleiche Höhe erhalten, dann markieren Sie diese Zeilen in den Zeilenköpfen und ziehen innerhalb der Markierung eine der Zeilen mit der Maus in die gewünschte Höhe. Die Zeilenhöhe bezieht sich automatisch auf alle markierten Zeilen.

	A	B	C	D
1	Eine kleine Preisliste als erste Excel Übung			
2				
3	Best.-Nr.	Bezeichnung	Einzelpreis	
4	4711	Gartenzwerg	15,88	
5	4712	Spaten	48,33	
6	4755	Gummistiefel	8	
7				

Die weiteren Möglichkeiten:

Optimale Zeilenhöhe	Doppelklick auf die untere Trennlinie
Genaue Zeilenhöhe bestimmen	Register START - ZELLEN - FORMAT - ZEILENHÖHE… Geben Sie die Zeilenhöhe in Punkt an (siehe Schriftgröße)
Zeile ausblenden	Ziehen Sie die Trennlinie der Zeile soweit nach oben, bis die Zeilenhöhe 0 beträgt Alternative: Register START - ZELLEN - FORMAT - AUSBLENDEN & EINBLENDEN
Zeile einblenden	Ziehen Sie die Trennlinie der Zeile wieder nach unten auf die gewünschte Höhe Alternative: Markieren Sie einen Zellbereich der die ausgeblendete Zeile einschließt und rufen Sie folgenden Befehl auf: Register START - ZELLEN - FORMAT - AUSBLENDEN & EINBLENDEN

Zeilen und Spalten einfügen

Zum nachträglichen Einfügen von einzelnen Zellen, Zeilen oder Spalten finden Sie im Register START, Gruppe ZELLEN die Schaltfläche EINFÜGEN. Ein Mausklick auf die Schaltfläche fügt Zellen, Zeilen oder Spalten ein, abhängig von der Markierung. Die Nummerierung wird automatisch angepasst.

Wichtig: Spalten werden immer links von der aktuellen Spalte eingefügt. Zeilen werden immer über der aktuellen Zeile eingefügt.

Mit einem Mausklick auf den DropDown-Pfeil der Schaltfläche können Sie auswählen, ob Sie einzelne Zellen, Zeilen oder Spalten einfügen möchten.

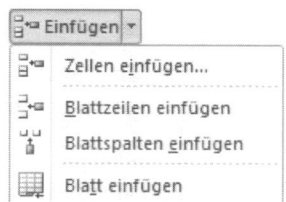

Eine Zeile einfügen

* Markieren Sie eine beliebige Zelle der Zeile, über der Sie die neue Zeile einfügen möchten. Klicken Sie auf den DropDown-Pfeil der Schaltfläche EINFÜGEN und wählen Sie BLATTZEILEN EINFÜGEN.

- Oder klicken Sie auf den Zeilenkopf am linken Rand des Blattes, damit wird die gesamte Zeile markiert. Klicken Sie anschließend direkt auf die Schaltfläche EINFÜGEN.

Im unten abgebildeten Beispiel wird in beiden Fällen eine neue Zeile oberhalb der Zeile 5 eingefügt.

	A	B	C
3	Best.-Nr.	Bezeichnung	Einzelpreis
4	4711	Gartenzwerg	15,88
5	4712	Spaten	48,33
6	4755	Gummistiefel	8
7			

Zelle markieren

	A	B	C
3	Best.-Nr.	Bezeichnung	Einzelpreis
4	4711	Gartenzwerg	15,88
5	4712	Spaten	48,33
6	4755	Gummistiefel	8
7			

Zeile markieren

Mehrere Zeilen einfügen

Sollen gleich mehrere Zeilen mit einem einzigen Befehl eingefügt werden, dann markieren Sie einfach die entsprechende Anzahl Zeilen. Die Zeilen werden ebenfalls oberhalb der Markierung eingefügt.

Markieren Sie die gewünschte Anzahl Zeilen

- Um beispielsweise drei Zeilen einzufügen, markieren Sie drei Zellen untereinander und wählen Sie bei der Schaltfläche EINFÜGEN den Befehl BLATTZEILEN EINFÜGEN.

- Oder markieren Sie in den Zeilenköpfen drei Tabellenzeilen und klicken Sie auf EINFÜGEN.

Spalten einfügen

- Markieren Sie eine beliebige Zelle der Spalte rechts von der Stelle, an der Sie eine neue Spalte einfügen möchten. Klicken Sie auf den DropDown-Pfeil der Schaltfläche EINFÜGEN und wählen Sie BLATTSPALTEN EINFÜGEN.

- Oder klicken Sie auf den Spaltenkopf über dem Tabellenblatt, um die gesamte Spalte zu markieren. Klicken Sie dann auf die Schaltfläche EINFÜGEN.

Im unten abgebildeten Beispiel wird in beiden Fällen eine weitere Spalte links von Spalte C eingefügt und die Spaltennummerierung automatisch angepasst.

	A	B	C
3	Best.-Nr.	Bezeichnung	Einzelpreis
4	4711	Gartenzwerg	15,88
5	4712	Spaten	48,33
6	4755	Gummistiefel	8
7			

Zelle markieren

	A	B	↓ C
3	Best.-Nr.	Bezeichnung	Einzelpreis
4	4711	Gartenzwerg	15,88
5	4712	Spaten	48,33
6	4755	Gummistiefel	8
7			

Spalte markieren

Mehrere Spalten einfügen

Sie können auch mehrere Spalten gleichzeitig einfügen. Markieren Sie dazu einfach die benötigte Anzahl Spalten, diese werden links von der Markierung eingefügt. Auch hier stehen zwei Möglichkeiten zur Auswahl:

- Markieren Sie die entsprechende Anzahl Zellen nebeneinander und wählen Sie bei der Schaltfläche EINFÜGEN den Befehl BLATTSPALTEN EINFÜGEN.

- Oder markieren Sie mehrere Spalten in den Spaltenköpfen und klicken Sie direkt auf die Schaltfläche EINFÜGEN.

Zellen einfügen

Haben Sie nur einzelne Zellen markiert, dann fügt Excel nach einem Mausklick auf die Schaltfläche Einfügen immer nur die entsprechende Anzahl Zellen ein, die übrigen Zellen werden nach unten oder nach rechts verschoben. Allerdings ist dies nicht immer erwünscht und kann zu Fehlern in der Tabelle führen, wie im Beispiel unten. Hier wurden nach dem Einfügen einer einzelnen Zelle die übrigen Zellen nach unten verschoben.

Zellen werden verschoben

	A	B	C	D
1	Name	Vorname	Telefon	
2	Binder	Ulrike	089-7788912	
3	Rother	Jan	0851-17305	
4	Müller	Christine	07720-71133	
5				

Zelle markieren

	A	B	C	D
1	Name	Vorname	Telefon	
2	Binder	Ulrike	089-7788912	
3	Rother		0851-17305	
4	Müller	Jan	07720-71133	
5		Christine		

Zelle wird oberhalb eingefügt

Formatierung über Einfügeoptionen wählen.

Einfügeoptionen

Enthält die Tabelle Formatierungen, so erscheint nach dem Einfügen neuer Zeilen oder Spalten der SmartTag EINFÜGEOPTIONEN. In diesem Fall können Sie wählen, ob die neu eingefügte Spalte automatisch die Formatierung der Spalte links oder der Spalte rechts erhalten soll. Wünschen Sie keine Formatierung, so wählen Sie FORMATIERUNG LÖSCHEN. Gleiches gilt auch für das Einfügen von Zeilen: geben Sie an, ob die neue Zeile das Format der Zeile oberhalb, unterhalb oder keine Formatierung erhalten soll.

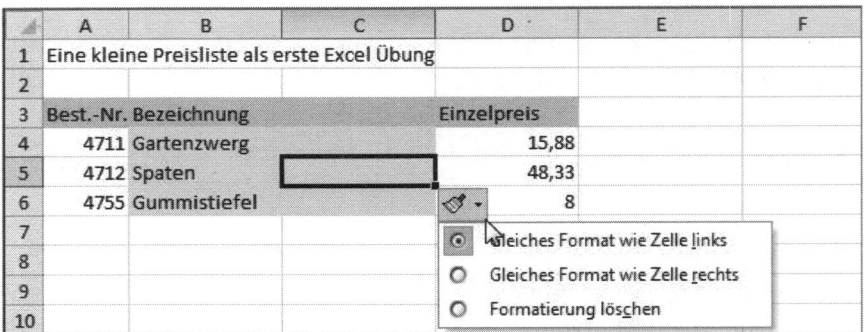

Zeilen und Spalten löschen

Zellen löschen

Die Schaltfläche LÖSCHEN in der Gruppe ZELLEN löscht markierte Zellen, die übrigen Zellen rücken anschließend nach oben, bzw. nach links.

Gesamte Spalte löschen	Klicken Sie mit der Maus in den Kopf der betreffenden Spalte. Damit sind alle Zellen dieser Spalte markiert und werden mit einem Mausklick auf die Schaltfläche LÖSCHEN gelöscht.
Gesamte Zeile löschen	Klicken Sie in den Zeilenkopf, um alle Zellen der Zeile zu markieren. Mit der Schaltfläche LÖSCHEN wird die Zeile gelöscht.

Der Drop-Down Pfeil der Schaltfläche bietet diese Möglichkeiten ebenfalls an. Dann genügt es, wenn Sie eine beliebige Zelle innerhalb der zu löschenden Zeile oder Spalte markieren.

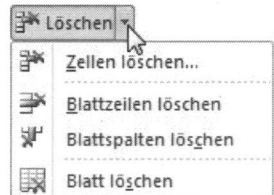

Vorsicht: Ein Mausklick auf die Schaltfläche LÖSCHEN bezieht sich immer auf markierte Zellen. Die übrigen Zellen einer Tabelle werden unter Umständen dadurch verschoben.

4.3. Zellinhalte verschieben und kopieren

Die Maus verwenden

Um Zellen nachträglich an eine andere Position zu verschieben oder zu kopieren, können Sie eine der folgenden Möglichkeiten verwenden.

- Maus
- Tastatur, bzw. Tastenkombinationen
- Befehlsschaltflächen

Achtung: eventuell vorhandene Inhalte der Zielzellen werden nach vorheriger Rückfrage überschrieben!

Verschieben

- Markieren Sie die Zelle oder den Zellbereich, der verschoben werden soll.
- Zeigen Sie mit der Maus auf den Markierungsrahmen bis am Mauszeiger vier Richtungspfeile erscheinen.
- Ziehen Sie nun mit gedrückter linker Maustaste den Zellbereich an die gewünschte Stelle.

Achten Sie beim Verschieben auf den Mauszeiger!

Kopieren

- Halten Sie während des Ziehens die Strg-Taste der Tastatur gedrückt, am Mauszeiger erscheint das Zeichen +.

Tipp: Sie können Zellen auch verschieben, ohne den Inhalt der Zielzellen zu überschreiben. Auf diese Weise lassen sich schnell Spalten vertauschen. Halten Sie dazu während des Ziehens die Umschalt-Taste gedrückt!

So können Sie Spalten vertauschen!

Mit der Zwischenablage arbeiten

Anstelle der Maus können Sie auch über Symbole oder Tastenkombinationen Zellinhalte ausschneiden oder kopieren und an anderer Stelle wieder einfügen. Ausgeschnittene oder kopierte Elemente werden vorübergehend in der Windows-Zwischenablage gespeichert. Die Windows-Zwischenablage kann auch verwendet werden, um Daten zwischen verschiedenen Anwendungen auszutauschen. So können Sie beispielsweise eine Excel-Tabelle in die Zwischenablage kopieren und anschließend in ein Word-Dokument einfügen.

Die Zwischenablage speichert temporär ausgeschnittene oder kopierte Elemente

Die Schaltflächen zum Ausschneiden, Kopieren und Einfügen finden Sie im Register START, Gruppe ZWISCHENABLAGE.

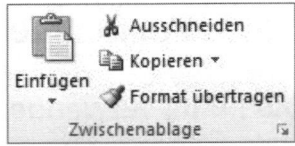

Die Schaltflächen und entsprechenden Tastenkombinationen:

Schalt-fläche	Tasten	Befehl
✂	Strg + X	**Ausschneiden** Schneidet den Inhalt des markierten Zellbereichs in die Zwischenablage aus
🖺	Strg + C	**Kopieren** Kopiert den Inhalt des markierten Zellbereichs in die Zwischenablage
📋	Strg + V	**Einfügen** Fügt das zuletzt kopierte oder ausgeschnittene Element aus der Zwischenablage in den markierten Zellbereich ein

So gehen Sie vor:

1. Markieren Sie den Zellbereich, den Sie ausschneiden oder kopieren wollen.

2. Klicken Sie auf die entsprechende Schaltfläche, bzw. verwenden Sie die Tastenkombination. Der markierte Zellbereich wird mit einem gestrichelten Rahmen (Laufrahmen) versehen.

3. Markieren Sie anschließend die obere linke Ecke des Zielbereichs.

Markieren Sie als Zielbereich die Zelle, ab der eingefügt werden soll

4. Zum Einfügen klicken Sie auf die Schaltfläche EINFÜGEN oder drücken die Eingabe-Taste oder verwenden die Tastenkombination Strg+V.

	A	B	C	D	E
1	1. Quartal		⬚		
2	2. Quartal				
3	3. Quartal				
4	4. Quartal				
5					

Tabelle1 / Tabelle2 / Tabelle3 / Tabelle4 / **Tabelle5**

Markieren Sie den Zielbereich, und drücken Sie die Eingabetaste.

Zum Einfügen kann auch die Eingabe-Taste verwendet werden

Hinweis: Sollte nach dem Einfügen der Laufrahmen um den ursprünglich markierten Zellbereich immer noch sichtbar sein, so lässt sich dieser durch Drücken der ESC-Taste wieder ausblenden.

In eine andere Arbeitsmappe einfügen

Mit dieser Methode können Sie auch Zellinhalte aus einem Arbeitsblatt in ein anderes Blatt oder in eine andere Arbeitsmappe kopieren. Wechseln Sie einfach nach dem Ausschneiden oder Kopieren in das Tabellenblatt oder über die Taskleiste in die Arbeitsmappe, in die Sie die Inhalte einfügen wollen.

Erweiterte Einfügeoptionen

Zusammen mit dem Einfügen aus der Zwischenablage stehen verschiedene Optionen zur Verfügung. Sie können beispielsweise wählen, ob und welche der ursprünglichen Formatierungen beibehalten werden sollen. Die verfügbaren Optionen erscheinen, wenn Sie zum Einfügen auf den DropDown-Pfeil der Schaltfläche EINFÜGEN klicken. Die gleichen Optionen erhalten Sie auch, wenn Sie auf INHALTE EINFÜGEN... klicken oder nach dem Einfügen den SmartTag EINFÜGEOPTIONEN verwenden.

Zeigen Sie auf eine der Optionen, so wird am Einfügeort eine Vorschau sichtbar, mit einem Mausklick übernehmen Sie die Option.

Einfügeoptionen

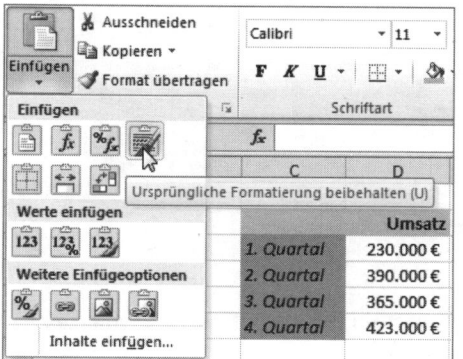

Alle Formate beibehalten

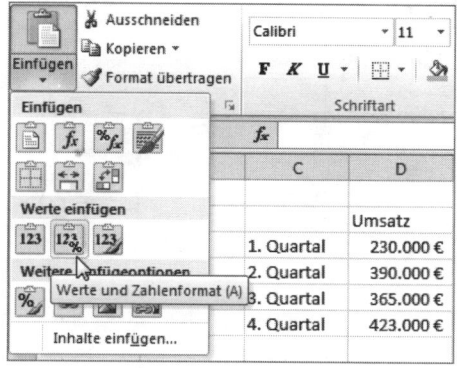

Werte und Zahlenformate einfügen

Die wichtigsten Optionen:

Einfügen	Fügt den gesamten Zellinhalt zusammen mit der Formatierung ein
Keine Rahmenlinien	Fügt den gesamten Zellinhalt einschließlich Zahlenformate und sonstiger Formatierungen (z.B. Füllfarbe) ein, mit Ausnahme der Rahmenlinien
Breite der Ursprungsspalte beibehalten	Fügt alle Inhalte einschließlich aller Formatierungen ein, die ürsprüngliche Spaltenbreite wird ebenfalls übernommen
Transponieren	Beim Einfügen werden Spalten und Zeilen vertauscht
Werte	Fügt ausschließlich Zellinhalte ohne Formatierungen (Werte) ein
Werte und Zahlenformat	Fügt Zellinhalte zusammen mit den Zahlenformaten ein, sonstige Formatierungen (z.B. Schrift) werden nicht übernommen
Werte und Quellformatierung	Fügt Zellinhalte, Zahlenformate und alle übrigen Formate ein
Formatierung	Fügt ausschließlich die Zellenformatierung ein, die Zellen bleiben leer

Rechenoperationen beim Einfügen durchführen

Sie können beim Einfügen aus der Zwischenablage auch Rechenoperationen durchführen, beispielsweise einen Wert zu vorhandenen Werten am Zielort hinzuaddieren. Ein kleines Beispiel: zu allen Preisen einer Liste soll 1 addiert werden. So geht's:

Rechenoperation beim Einfügen ausführen

1. Geben Sie an beliebiger Stelle im Arbeitsblatt die Zahl 1 ein, markieren Sie die Zelle und kopieren Sie die Zahl in die Zwischenablage.

2. Markieren Sie alle bisherigen Preise als Zielbereich und klicken Sie auf den DropDown-Pfeil des Symbols EINFÜGEN. Verwenden Sie den Befehl INHALTE EINFÜGEN...

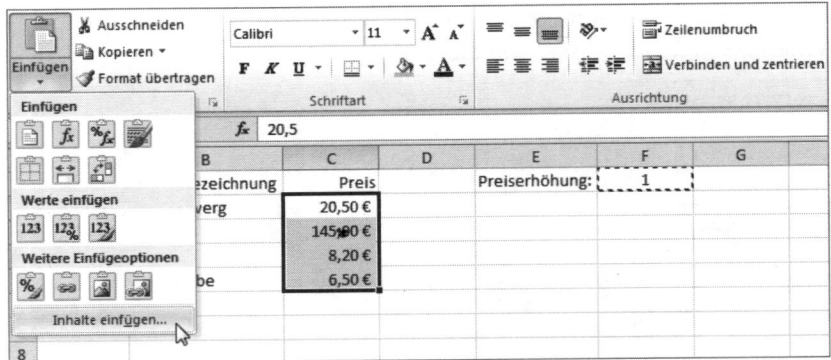

3. Wählen Sie unter VORGANG die Option ADDIEREN und bestätigen Sie mit OK.

Die Office-Zwischenablage

Aus der Windows-Zwischenablage können Sie immer nur das zuletzt ausgeschnittene oder kopierte Element wieder einfügen. Im Gegensatz dazu speichert die Office-Zwischenablage bis zu 24 Elemente. Um sie zu verwenden, muss der Aufgabenbereich OFFICE-ZWISCHENABLAGE geöffnet, d.h. im linken Bereich des Excel-Fensters sichtbar sein. Häufig erscheint die Office-Zwischenablage auch automatisch, sobald Sie ein Element in die Zwischenablage ausschneiden oder kopieren.

Den Aufgabenbereich Zwischenablage anzeigen
Sollte der Aufgabenbereich nicht geöffnet sein, so klicken Sie auf das kleine Symbol der Gruppe ZWISCHENABLAGE, um sie zu öffnen.

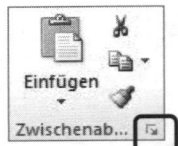

Sie können nun nacheinander bis zu 24 Elemente in die Zwischenablage ausschneiden oder kopieren. Diese können anschließend auch mehrfach und in beliebiger Reihenfolge wieder eingefügt werden. Zum Einfügen markieren Sie die erste Zelle des Zielbereichs und klicken in der Office-Zwischenablage mit der Maus auf den gewünschten Eintrag.

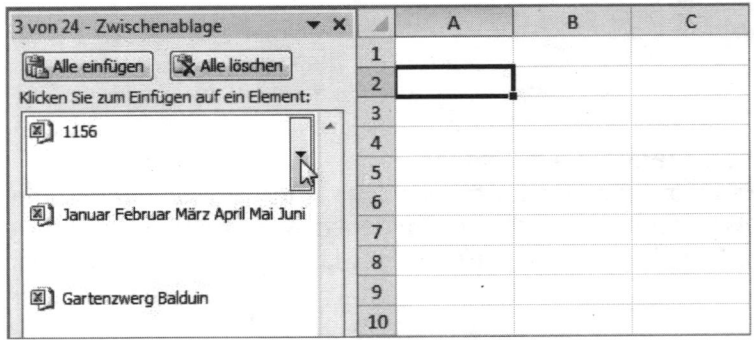

Der Aufgabenbereich Office-Zwischenablage

Aufgabenbereich Zwischenablage schließen
Wenn Sie den Aufgabenbereich Zwischenablage nicht mehr benötigen, dann klicken Sie auf die Schaltfläche SCHLIEßEN.

4.4. Mit Tabellenblättern arbeiten

Jede neue Arbeitsmappe enthält standardmäßig drei Tabellenblätter. Die Blätter sind als Tabelle1, Tabelle2, usw. benannt. Im Blattregister am unteren Bildschirmrand sehen Sie alle Tabellenblätter der aktuellen Arbeitsmappe. Zum Wechsel in ein anderes Tabellenblatt klicken Sie im Register einfach auf den Namen des Blattes. Reicht das Register zur Anzeige aller Blätter nicht mehr aus, dann verwenden Sie die Navigationspfeile um weitere Blätter anzuzeigen.

Blattregister

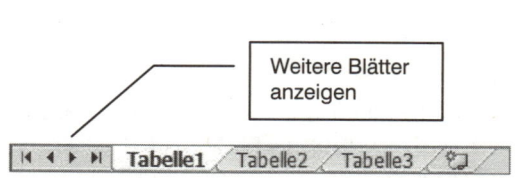
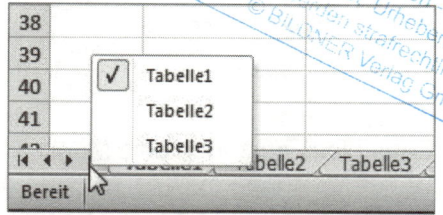

Noch übersichtlicher werden die Tabellenblätter einer Arbeitsmappe angezeigt, wenn Sie mit der rechten Maustaste auf die Navigationspfeile klicken. Excel blendet eine Liste aller Blätter ein, klicken Sie einfach mit der Maus auf das gewünschte Arbeitsblatt.

Kontextmenü: eine Liste aller Tabellenblätter der geöffneten Mappe

Tabellenblätter einfügen und löschen

Blatt einfügen

Am einfachsten fügen Sie ein weiteres Tabellenblatt ein, indem Sie mit der Maus im Blattregister auf das Symbol TABELLENBLATT EINFÜGEN klicken. Weitere Möglichkeiten:

Symbol Tabellenblatt einfügen

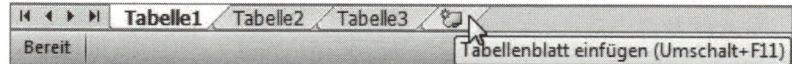

- Klicken Sie mit der rechten Maustaste in das Blattregister und verwenden den Befehl aus dem Kontextmenü.
- Oder drücken Sie die Tastenkombination Umschalt (Shift) + F11.
- Oder klicken Sie im Register START, Gruppe ZELLEN auf den DropDown-Pfeil der Schaltfläche EINFÜGEN und wählen BLATT EINFÜGEN.

Neue Tabellenblätter werden immer links vom aktuellen Blatt eingefügt und die Nummerierung wird einfach mit Tabelle4, Tabelle5, usw. fortgeführt.

Blatt löschen

Beim Löschen von Tabellenblättern sollten Sie beachten, dass diese Aktion nicht rückgängig gemacht werden kann. Daten aus gelöschten Blättern können somit nicht wiederhergestellt werden.

1. Klicken Sie im Blattregister auf das Tabellenblatt, das gelöscht werden soll.

2. Klicken Sie dann im Register START, Gruppe ZELLEN auf den DropDown-Pfeil der Schaltfläche LÖSCHEN. Klicken Sie auf den Befehl BLATT LÖSCHEN.

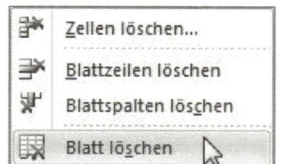

Eine andere Möglichkeit stellt das Kontextmenü dar, klicken Sie mit der rechten Maustaste im Blattregister auf den Namen des zu löschenden Blattes und wählen Sie LÖSCHEN.

Achtung: das Löschen von Tabellenblättern kann in Excel nicht rückgängig gemacht werden. Sollten sich Daten in diesem Blatt befinden, so werden diese damit unwiederbringlich gelöscht. Excel fordert Sie in diesem Fall daher auf, das Löschen nochmals zu bestätigen.

Rückgängig nicht möglich!

Tabellenblatt umbenennen

Blatt umbenennen:
Doppelklick auf das
Blattregister

Noch übersichtlicher gestalten Sie eine Arbeitsmappe, wenn Sie jedes Blatt mit einem Namen versehen. Mit einem Doppelklick auf das Tabellenblatt im Blattregister markieren Sie den bisherigen Namen. Geben Sie anschließend über die Tastatur einen beliebigen Namen ein. Bestätigen Sie dann mit der Eingabe-Taste oder klicken Sie an eine beliebige Stelle des Arbeitsblattes.

Markieren Sie den Namen   Geben Sie den neuen Namen ein

Registerfarbe

Blattregister farbig
kennzeichnen

Excel bietet auch noch die Möglichkeit, die Blattregister mit verschiedenen Farben zu kennzeichnen. Klicken Sie im Register START – Gruppe ZELLEN auf die Schaltfläche FORMAT und dann auf REGISTERFARBE oder klicken Sie mit der rechten Maustaste auf den Namen des Blattes und zeigen anschließend auf REGISTERFARBE.

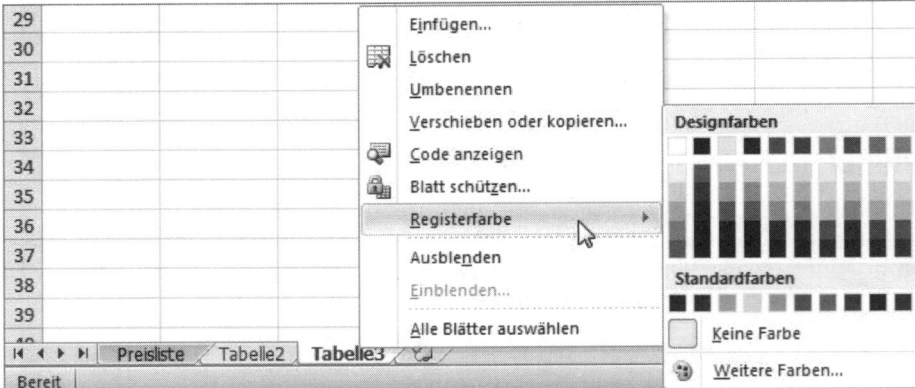

Tabellenblatt verschieben oder kopieren

Blatt verschieben

Innerhalb einer Arbeitsmappe können Sie die Reihenfolge der Tabellenblätter beliebig verändern. Ziehen Sie dazu einfach im Blattregister das Blatt mit gedrückter linker Maustaste an die neue Position.

Blatt kopieren

Wenn Sie ein Blatt kopieren, dann erstellen Sie eine 1:1 Kopie des Blattes, einschließlich der Spaltenbreiten, Zeilenhöhen und aller Druckeinstellungen. Wählen Sie dazu eine der folgenden Möglichkeiten:

Ziehen mit gedrückter
Strg-Taste

- Am einfachsten halten Sie während des Ziehens zusätzlich die Strg-Taste der Tastatur gedrückt, am Mauszeiger wird ein + sichtbar und das Blatt wird kopiert.

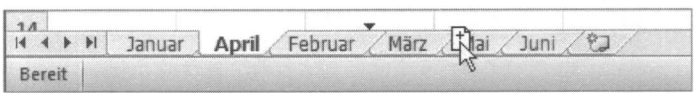

- Oder klicken Sie mit der rechten Maustaste im Blattregister auf den Namen des zu kopierenden Blattes und klicken im Kontextmenü auf den Befehl VERSCHIEBEN ODER KOPIEREN…

- Oder klicken Sie im Register START, Gruppe ZELLEN auf die Schaltfläche FORMAT und auf den Befehl BLATT VERSCHIEBEN/ KOPIEREN.

In den beiden letzten Fällen wird das Dialogfenster VERSCHIEBEN ODER KOPIEREN geöffnet.

1. Wenn Sie das Blatt in eine andere, bereits bestehende Arbeitsmappe verschieben oder kopieren möchten, dann muss diese Arbeitsmappe geöffnet sein. Wählen die Mappe, in die das Blatt eingefügt werden soll.

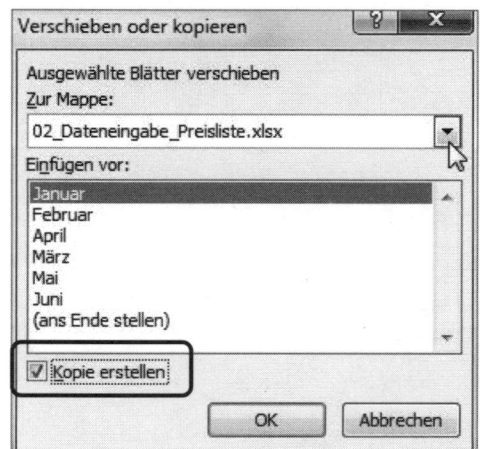
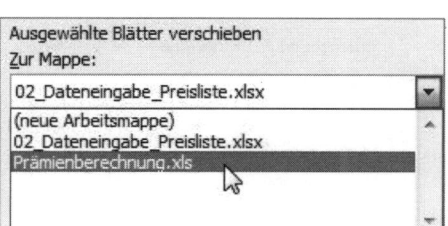

2. Geben Sie die Position an, an der das Blatt eingefügt werden soll.

3. Wichtig: Soll eine Kopie erstellt werden, dann vergessen nicht, das Kontrollkästchen KOPIE ERSTELLEN zu aktivieren, ansonsten wird das Blatt verschoben!

Aktivieren Se das Kontrollkästchen KOPIE ERSTELLEN!

Arbeitsblätter gruppieren

Wenn Sie mehrere Arbeitsblätter gleichzeitig bearbeiten möchten, dann fassen Sie die entsprechenden Blätter zuvor zu einer Gruppe zusammen. Alle Bearbeitungsschritte, z.B. Eingaben oder Formatierungen erfolgen in den gruppierten Tabellen gleichzeitig, vergessen Sie daher nicht, die Gruppierung auch wieder aufzuheben!

Gruppieren: mehrere Arbeitsblätter markieren und gleichzeitig bearbeiten

1. Klicken Sie auf das Register des ersten Tabellenblattes.

2. Drücken Sie nun die Strg-Taste der Tastatur und halten Sie die Taste gedrückt, während Sie nacheinander im Blattregister die benötigten Tabellenblätter anklicken. Die Namen der gruppierten Blätter sind im Blattregister hell hervorgehoben, im abgebildeten Beispiel die Blätter Januar, Februar, März.

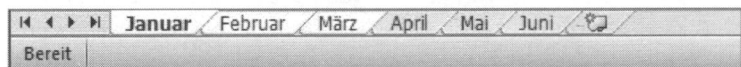

Einen weiteren Hinweis auf die Gruppierung liefert die Titelleiste des Excel-Fensters, hier finden Sie neben dem Dateinamen in Klammern den Hinweis [Gruppe].

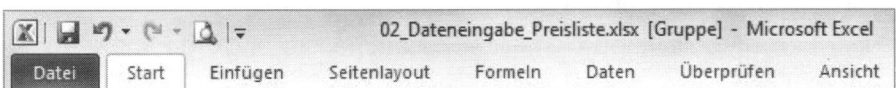

Gruppierung aufheben
Zum Aufhaben der Gruppierung klicken Sie entweder mit der Maus auf das Register eines Arbeitsblattes, das nicht zur Gruppe gehört oder verwenden Sie aus dem Kontextmenü des Blattregisters den Befehl GRUPPIERUNG AUFHEBEN.

Arbeitsblätter aus- und wieder einblenden

Bei Bedarf können Blätter auch aus- und wieder eingeblendet werden. Klicken Sie dazu im Register START, Gruppe ZELLEN auf die Schaltfläche FORMAT. Zeigen Sie auf den Befehl AUSBLENDEN & EINBLENDEN und klicken Sie dann auf BLATT AUS-BLENDEN.

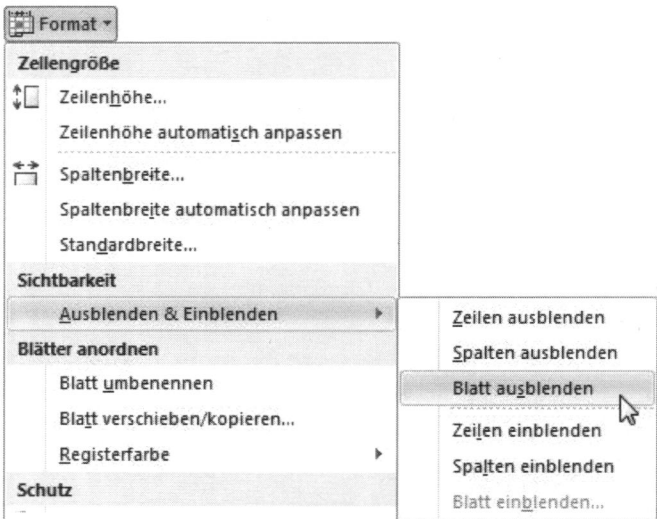

Zum Einblenden eines Blattes klicken Sie erneut auf die Schaltfläche FORMAT – AUSBLENDEN & EINBLENDEN und anschließend auf BLATT EINBLENDEN... Wählen Sie das Tabellenblatt aus, das wieder eingeblendet werden soll.

4.5. Zusammenfassung

- Wenn Sie weitere Spalten in ein Arbeitsblatt einfügen, so werden diese immer links von der aktuellen Spalte eingefügt, Zeilen werden immer über der aktuellen Zeile eingefügt. Sie können auch Zellen, Zeilen oder Spalten über eine Schaltfläche wieder löschen. Beachten Sie, dass durch das Einfügen bzw. Löschen einzelner Zellen unter Umständen die vorhandenen Zellen der Tabelle verschoben werden.

- Die Breite und Höhe von Spalten und Zeilen wird am einfachsten durch Ziehen mit gedrückter Maustaste im Bereich der Spalten- und Zeilenköpfe geändert. Optimale Spaltenbreite (Doppelklick auf eine Trennlinie) bedeutet, die Breite richtet sich entweder nach dem Inhalt der gesamten Spalte oder dem Inhalt eines markierten Zellbereichs.

- Mit den Befehlen AUSSCHNEIDEN oder KOPIEREN und EINFÜGEN können Sie die Inhalte des markierten Zellbereichs über die Zwischenablage an anderer Stelle entweder innerhalb Ihrer Arbeitsmappe oder in einer anderen Arbeitsmappe wieder einfügen. Mit der Office-Zwischenablage können Sie bis zu 24 Elemente in beliebiger Reihenfolge auch mehrfach einfügen.

- Eine Excel-Arbeitsmappe ist eine Zusammenstellung von meist mehreren Tabellenblättern. Zu den drei standardmäßig enthaltenen Blättern können jederzeit weitere Tabellenblätter hinzugefügt werden. Sie erhalten eine bessere Übersicht über die Blätter, wenn Sie sie mit einem Namen versehen. Beachten Sie beim Löschen von Tabellenblättern, dass damit auch alle Daten gelöscht werden und diese Aktion nicht rückgängig gemacht werden kann.

4.6. Übung

Starten Sie Microsoft Excel mit einer neuen, leeren Arbeitsmappe und geben Sie in das erste Arbeitsblatt die folgende Tabelle ein. Ergänzen Sie die Tabelle ev. um weitere, beliebige Adressen.

	A	B	C	D	E	F
1	Spendenliste					
2						
3	Name	PLZ und Ort	Strasse	Telefon	Betrag	
4	Brösel Sandra	94315 Straubing	Donaustrasse 2	08421-65122	10	
5	Hellschwing Jochen	93ß85 Regensburg	Isarstrasse 33	0941-7123444	5	
6	Mumpitz-Mummenschanz Nicole	80638 München	Gisela Str. 107	089-81760077	20	
7	Schneizlreither Jens	93326 Abensberg	Hopfengasse 3	09443-1244702	50	
8	von Baumholz Bodo	08506 Zwickau	Am Eck 3	0375-57099	25	
9						

- Passen Sie die Spaltenbreiten entsprechend dem Inhalt an.
- Alle Zeilen der Tabelle erhalten eine einheitliche Zeilenhöhe von 21 pt.
- Verschieben Sie die Telefonnummern so, dass sie zwischen den Spalten Name und Ort eingefügt werden, ohne die vorhandenen Inhalte zu löschen.
- Fügen Sie zwischen den Zeilen 6 und 7 eine Zeile ein und geben Sie hier eine beliebige Adresse ein.
- Fügen Sie links vom Namen in Spalte A eine Spalte für die Anrede ein und ergänzen Sie die Tabelle entsprechend.
- Verschieben Sie das Wort "Spendenliste" nach B1 und löschen Sie Zeile 2.
- Das Tabellenblatt soll den Namen "Adressenliste" erhalten.

Bemerkungen:

_____

_____

_____

_____

_____

_____

_____

_____

5. Zellen formatieren

In dieser Lektion lernen Sie

- Allgemeine Zellformate
- Zahlenformate
- Formatvorlagen und bedingte Formatierung

Was Sie für diese Lektion wissen sollten

- Dateneingabe
- Spaltenbreite und Zeilenhöhe ändern

Mit der Formatierung von Zellen und Zellbereichen gestalten Sie nicht nur Schrift-bild, Rahmenlinien oder Farben, sondern auch die Darstellung von Zahlen. Excel 2010 verfügt über umfangreiche Gestaltungsmöglichkeiten, mit denen Sie Ihre Tabellen optisch aufbereiten können.

Markieren Sie zuerst den Zellbereich

Alle Formatierungen beziehen sich ausschließlich auf den markierten Zellbereich!

Ein kleiner Überblick über die verschiedenen Möglichkeiten
Im Register START finden Sie alle wichtigen Werkzeuge zur Formatierung in Grup-pen zusammengefasst.

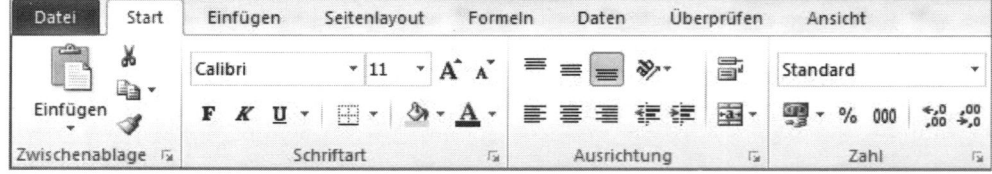

Das Dialogfenster ZELLEN FORMATIEREN

Das Dialogfenster ZELLEN FORMATIEREN öffnen

Eine Zusammenfassung aller Zellformate sowie weitergehende Möglichkeiten enthält das Dialogfenster ZELLEN FORMATIEREN. Sie öffnen dieses Fenster entweder über das Kontextmenü der rechten Maustaste, Befehl ZELLEN FORMATIEREN... oder mit einem Mausklick auf das kleine Symbol in der rechten unteren Ecke der Grup-pe SCHRIFTART oder der Gruppe AUSRICHTUNG. Klicken Sie dann im Dialogfenster mit der Maus auf das gewünschte Register.

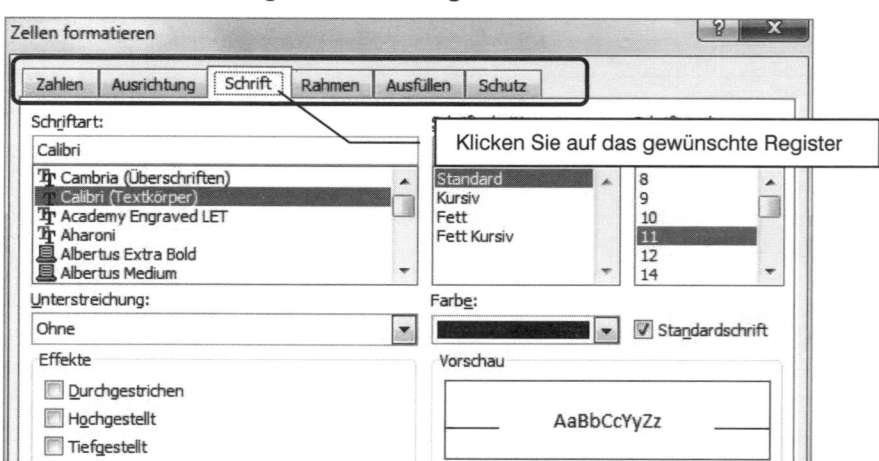

Kontextmenü und Minisymbolleiste

Eine weitere Möglichkeit stellt das Kontextmenü der rechten Maustaste dar. Zusammen mit dem Kontextmenü erscheint eine Minisymbolleiste mit häufig verwendeten Formatierungen.

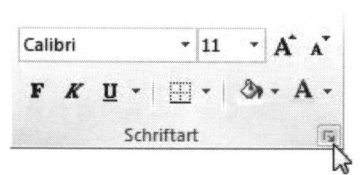

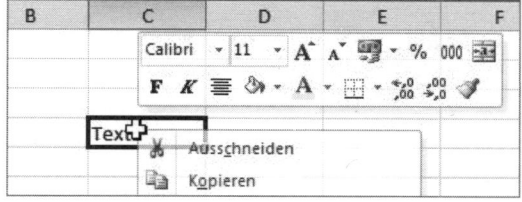

Dialogfenster ZELLEN FORMATIEREN öffnen   Minisymbolleiste

5.1. Allgemeine Zellformate

Schriftattribute

Alle Schriftattribute finden Sie im Register START, Gruppe SCHRIFTART oder im Register SCHRIFT des Dialogfensters ZELLEN FORMATIEREN.

Register START, Gruppe SCHRIFTART

Schriftart Als Standardschrift verwendet Excel 2010 die Schriftart Calibri, zum Ändern klicken Sie auf den DropDown-Pfeil und dann auf die gewünschte Schriftart.	Calibri ▼
Schriftgröße Klicken Sie auf den DropDown-Pfeil, um eine größere oder kleinere Schrift auszuwählen. Als Standardschriftgröße verwendet Excel 11 Punkt, 1 Punkt (pt.) entspricht etwa 0,35 mm.	11 ▼
Sie können auch mit diesen Symbolen die Schriftgröße ändern: mit jedem Mausklick vergrößern, bzw. verkleinert Excel die Schrift um 1 Punkt (bei Verwendung einer Standardschriftart).	A⁺ A⁻
Schriftattribute Mit diesen Symbolen schalten Sie die Schriftattribute Fett, Kursiv und Unterstrichen ein bzw. wieder aus. Ein Mausklick auf den DropDown-Pfeil der Schaltfläche UNTERSTREICHEN bietet die Option DOPPELT UNTERSTRICHEN an.	F K U ▼
Füllfarbe Klicken Sie auf den Pfeil, um eine Hintergrundfarbe für die markierten Zellen auszuwählen.	🎨 ▼
Schriftfarbe Mit einem Klick auf den Pfeil wählen Sie eine Schriftfarbe für die markierten Zellen.	A ▼

Füllfarbe/Zellhintergrund

Haben Sie einem Zellbereich eine Füllfarbe zugewiesen, so sind die Gitternetzlinien des Tabellenblattes in diesem Bereich nicht sichtbar, dies gilt auch für die Füllfarbe weiß! Um eine Füllfarbe nachträglich wieder so zu entfernen, dass das Gitternetz sichtbar wird, müssen Sie bei der Schaltfläche FÜLLFARBE auf die Auswahl KEINE FÜLLUNG klicken. Dies ist auch die Standardeinstellung.

Gitternetzlinien

Designfarben ändern

Unter Designfarben stehen Ihnen die Farben des aktuell verwendeten Designs zur Verfügung. Wenn Sie eine andere Farbzusammenstellung wählen möchten, dann

Farbengruppen ändern

klicken Sie im Register SEITENLAYOUT, Gruppe DESIGNS auf die Schaltfläche FARBEN und klicken auf die gewünschte Farbengruppe.

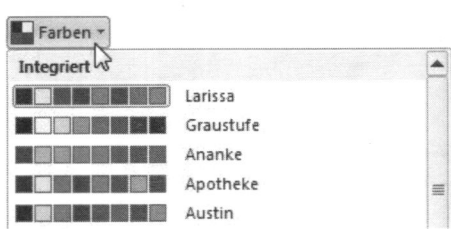

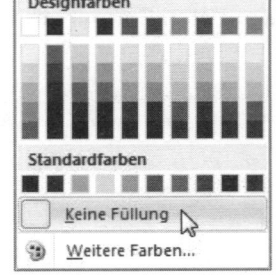

Designfarben wählen

Ausrichtung von Zellinhalten

Standardmäßig werden nach der Eingabe Texte linksbündig und Zahlen rechtsbündig an der Zelle ausgerichtet. Änderungen der horizontalen oder vertikalen Ausrichtung und des Einzugs nehmen Sie im Register START mit den Symbolen der Gruppe AUSRICHTUNG vor. Die horizontale und vertikale Ausrichtung steuern Sie mit den folgenden Schaltflächen:

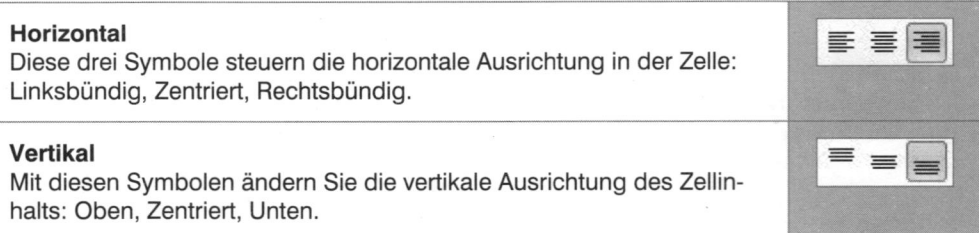

Horizontal Diese drei Symbole steuern die horizontale Ausrichtung in der Zelle: Linksbündig, Zentriert, Rechtsbündig.	
Vertikal Mit diesen Symbolen ändern Sie die vertikale Ausrichtung des Zellinhalts: Oben, Zentriert, Unten.	

Zellinhalte drehen

Über eine weitere Schaltfläche können Sie den Inhalt der markierten Zellen drehen. Wählen Sie die gewünschte Ausrichtung oder Drehung, weitere Möglichkeiten stehen über den Befehl ZELLENAUSRICHTUNG FORMATIEREN zur Verfügung.

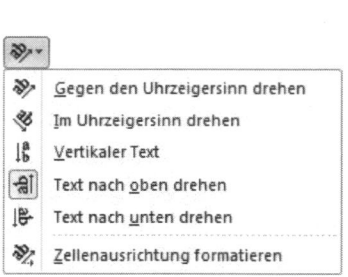

Zeilenumbruch

Siehe Lektion 3.1

Im Gegensatz zu Tabellen in einer Textverarbeitung, beispielsweise Word, erfolgt in Excel kein automatischer Zeilenumbruch innerhalb einer Zelle. Damit auch längere Texte in eine Zelle passen, vor allem wenn nur eine bestimmte Spaltenbreite zur Verfügung steht, sollten Sie bereits bei der Eingabe mit den Tasten Alt + Eingabe von Hand einen Zeilenumbruch einfügen.

Automatischer Zeilenbruch innerhalb einer Zelle

Sie können aber auch über die Schaltfläche ZEILENUMBRUCH einen automatischen Zeilenumbruch aktivieren. Allerdings liefert der automatische Zeilenumbruch meist merkwürdige Resultate, da Excel über keine Silbentrennung verfügt. Ein Wort, das nicht mehr in eine Zeile passt wird einfach zerschnitten, so dass Sie eventuell nachträglich Trennstriche einfügen müssen.

Einzüge

Um zu verhindern, dass Zellinhalte unmittelbar am linken oder rechten Zellenrand ausgerichtet werden, verwenden Sie Einzüge:

Einzug verkleinern/ vergrößern

- Texte rücken Sie gegenüber dem linken Zellenrand ein, indem Sie auf die Schaltfläche EINZUG VERGRÖßERN klicken, jeder Mausklick rückt um ein Zeichen ein. Mit der Schaltfläche EINZUG VERKLEINERN verringern Sie den Einzug wieder.

- Enthält eine Zelle Zahlen oder Datumswerte, so wird der Zellinhalt über die Schaltfläche EINZUG VERGRÖßERN ebenfalls eingerückt, allerdings gleichzeitig linksbündig ausgerichtet. Sie müssen also anschließend wieder rechtsbündige Ausrichtung herstellen.

⊿	A	B
1		Januar
2		Februar
3		März
4		April
5		Mai
6		Juni

Einzug von links (Text)

⊿	A	B
1		500
2		1500
3		1900
4		360
5		189
6		578

Einzug von rechts (Zahlen)

Mehrere Zellen verbinden

Mit der Schaltfläche ZELLEN VERBINDEN fassen Sie die markierten Zellen zu einer einzigen Zelle zusammen. Benötigt wird dies beispielsweise, wenn Sie eine Überschrift über zwei oder mehr Spalten zentrieren wollen. Sie können Zellen nicht nur horizontal, sondern auch vertikal verbinden. Hier zwei Beispiele:

Zellen horizontal oder vertikal verbinden

⊿	A	B
1	**Lagerbestand**	
2	Lager I	Lager II
3	1000	2000
4	1800	1600
5		

Zellen horizontal verbinden

⊿	A	B	C
1	Schuhe	**Lagerbestand**	
2		Lager I	Lager II
3		1000	2000
4		1800	1600
5			

Zellen vertikal verbinden

Um verbundene Zellen wieder in einzelne Zellen aufzulösen, markieren Sie die Zelle und klicken erneut auf das Symbol oder wählen über den Auswahlpfeil den Befehl ZELLVERBUND AUFHEBEN.

5.2. Rahmenlinien

Einfache Rahmenlinien

Die Gitternetzlinien im Arbeitsblatt dienen lediglich als Hilfsgitternetz und erscheinen normalerweise nicht auf dem Ausdruck. Um eine Tabelle mit Rahmenlinien zu drucken, müssen Sie sie mit Rahmenlinien formatieren. Dazu stehen Ihnen verschiedene Möglichkeiten zur Verfügung. Die folgende Methode ist am einfachsten und schnellsten und eignet sich daher auch für umfangreiche Tabellen.

Rahmenlinien

1. Markieren Sie den Zellbereich, den Sie mit Rahmenlinien versehen wollen und klicken Sie auf den DropDown-Pfeil der Schaltfläche RAHMENLINIEN.

2. Klicken Sie anschließend auf die gewünschte Rahmenart.

Rahmenlinie oben und doppelte unten

Beispiel: Die Spaltenüberschriften der unten abgebildeten Tabelle sollen oben mit einer einfachen und unten mit einer doppelten Linie versehen werden. Markieren Sie die Überschriften, klicken Sie auf den DropDown-Pfeil der Schaltfläche RAHMENLINIEN und wählen Sie die entsprechenden Linien.

Die verschiedenen
Rahmenarten

	A	B	C	D
1				
2	Abteilung	Januar	Februar	März
3	Schuhe	560	720	630
4	Bekleidung	690	780	560
5				

Rahmenlinien	
⊟	Rahmenlinie unten
⊡	Rahmenlinie oben
⊟	Rahmenlinie links
⊟	Rahmenlinie rechts
⊡	Kein Rahmen
⊞	Alle Rahmenlinien
⊡	Rahmenlinien außen
⊡	Dicke Rahmenlinien
⊡	Doppelte Rahmenlinien unten
⊡	Dicke Rahmenlinie unten
⊟	Rahmenlinie oben und unten
⊟	Rahmenlinie oben und dicke unten
⊟	Rahmenlinie oben und doppelte unten

	A	B	C	D
1				
2	Abteilung	Januar	Februar	März
3	Schuhe	560	720	630
4	Bekleidung	690	780	560
5				

Das Ergebnis

Rahmenlinien entfernen

Rahmenlinien entfernen Sie wieder, indem Sie den Zellbereich erneut markieren und auf das Symbol KEIN RAHMEN klicken.

Kein Rahmen

Rahmenlinien zeichnen

Rahmenlinien zeichnen

Eine andere Möglichkeit besteht darin, dass Sie Rahmenlinien zeichnen. Dazu klicken Sie ebenfalls zuerst auf den DropDown-Pfeil der Schaltfläche RAHMENLINIEN, verwenden dann aber die Befehle aus dem unteren Abschnitt RAHMENLINIEN ZEICHNEN. Mit einem Mausklick auf das Symbol RAHMENLINIE ZEICHNEN ändert sich das Aussehen des Mauszeigers zu einem Stift. Zeichnen Sie nun mit gedrückter linker Maustaste die gewünschten Linien. Mit einem Doppelklick beenden Sie den Zeichenmodus wieder.

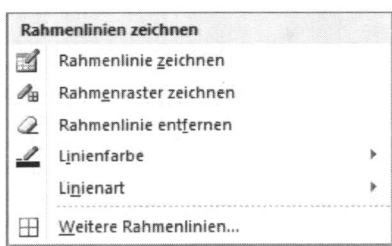
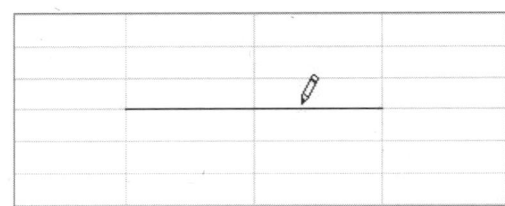

Wählen Sie zuerst
Farbe und Art

Benötigen Sie farbige und/ oder beispielsweise doppelte Linien, so wählen Sie immer zuerst die Linienart und die Linienfarbe, bevor Sie mit dem Zeichnen beginnen.

Gezeichnete Rahmenlinien entfernen

Auf die gleiche Weise können Sie auch überzählige Rahmenlinien wieder entfernen. Der Mauszeiger erscheint als Radierer, wenn Sie RAHMENLINIE ENTFERNEN wählen und Sie können durch Anklicken die Linien wieder entfernen.

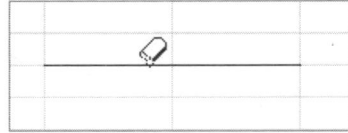

Mit einem Doppelklick beenden Sie das Ausradieren wieder. Eine andere Möglichkeit zum Entfernen von Rahmenlinien ist auch hier wieder der Befehl KEIN RAHMEN.

Weitere Rahmenlinien

Ein Mausklick auf den Befehl WEITERE RAHMENLINIEN öffnet das Register RAHMEN des Dialogfensters ZELLEN FORMATIEREN. Wählen Sie zuerst Linienart und -farbe und klicken Sie dann einfach in der Vorschau an die gewünschte Stelle. Auf diese Weise können Sie dem markierten Zellbereich auch unterschiedliche Linienarten mit einem einzigen Befehl zuweisen.

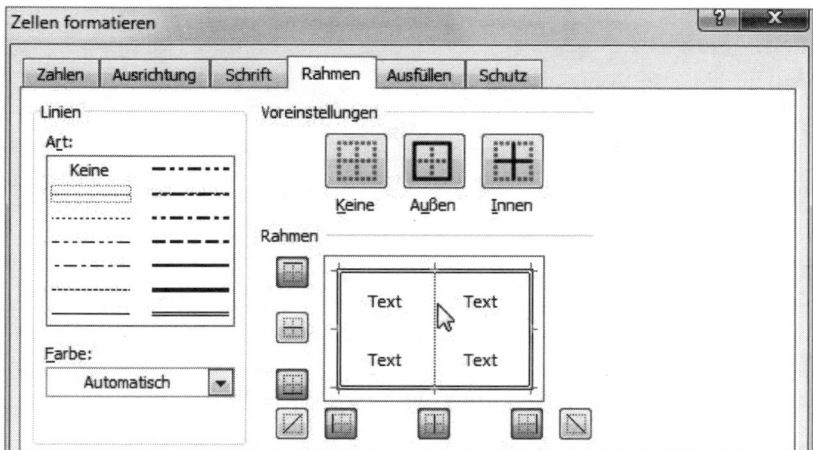

5.3. Zahlen- und Datumsformate

Zahlenformate

Sicher ist Ihnen bereits bei der Dateneingabe aufgefallen, dass Zahlen unter Umständen anders angezeigt werden als ursprünglich eingegeben. Die Zahl 12,50 wird beispielsweise nach der Eingabe als 12,5 angezeigt. Nicht benötigte Dezimalstellen entfallen. Die Anzahl Nachkommastellen, mit der eine Zahl angezeigt wird, legen Sie in Excel über Zahlenformate fest. Mit Hilfe von Zahlenformaten können Zahlen auch mit Währungssymbolen, beispielsweise Euro, versehen werden. Die Schaltflächen für die wichtigsten Zahlenformate finden Sie im Register START, Gruppe ZAHL.

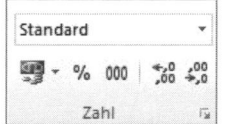

Icon	Beschreibung	Beispiel
`,00 →,0`	**Dezimalstelle löschen** Jeder Mausklick zeigt eine Dezimalstelle weniger an. Die Zahlen werden kaufmännisch auf- oder abgerundet, allerdings bleibt die ursprüngliche Anzahl Nachkommastellen erhalten.	145,699745 C / D Eingabe / Ergebnis 145,699745 / 146
`←,0 ,00`	**Dezimalstelle hinzufügen** Jeder Mausklick fügt eine weitere Nachkommastelle hinzu.	C / D Eingabe / Ergebnis 138,15 / 138,15000
`000`	**1.000er-Trennzeichen** Formatiert eine Zahl mit einem Punkt als Trennzeichen, sowie mit zwei Dezimalstellen. Gleichzeitig erhält die Zahl einen rechten Einzug.	Material / 129,35 € Arbeitsstd. / 3,00 gef. Km / 1.014,00
`%`	**Prozentformat** Die Zahl wird als Prozentsatz, also mit dem %-Zeichen versehen und mit 100 multipliziert angezeigt. Zahlen im Prozentformat erscheinen standardmäßig ohne Nachkommastellen. Wenn Sie eine Anzeige mit Nachkommastellen benötigen, müssen Sie anschließend die Schaltfläche DEZIMALSTELLE HINZUFÜGEN verwenden.	Eingabe / Ergebnis 3 / 300% 0,03 / 3% 0,5567 / 56%
`💰 ▾`	**Buchhaltungsformat (Währung)** Formatiert Zahlen mit zwei Dezimalstellen und einem Währungssymbol, standardmäßig mit dem Symbol Euro. Ein Mausklick auf den DropDown-Pfeil öffnet weitere Möglichkeiten.	Eingabe / Ergebnis 2389 / 2.389,00 € 5 / 5,00 €

Siehe Lektion 8.5

Wichtig: beim Formatieren einer Zahl mit zwei Dezimalstellen bleibt die ursprüngliche Zahl trotzdem erhalten. Alle weiteren Berechnungen erfolgen immer mit allen Dezimalstellen. Daraus können sich Rundungsdifferenzen ergeben, wenn die Berechnung mit zwei Dezimalstellen durchgeführt wird. Als Abhilfe müssen Sie die Funktion RUNDEN verwenden, siehe Lektion 7.

Zellen formatieren

Weitere Zahlenformate

Weitere Zahlenformate finden Sie im Register ZAHLEN des Dialogfensters ZELLEN FORMATIEREN. Klicken Sie dazu im Menüband auf das Symbol in der unteren rechten Ecke der Gruppe ZAHLEN. Klicken Sie auf die gewünschte Kategorie, je nach Kategorie können Sie rechts daneben weitere Optionen festlegen.

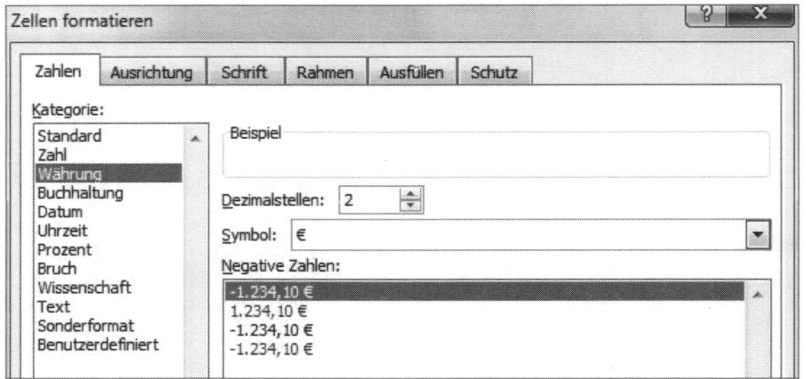

Beispiel Kategorie WÄHRUNG:

- Geben Sie die gewünschte Anzahl Dezimalstellen an.

- Über den DropDown-Pfeil des Feldes SYMBOL können Sie unter verschiedenen Währungssymbolen wählen.

Negative Zahlen rot darstellen

- Unter NEGATIVE ZAHLEN können Sie die Darstellung negativer Zahlen (rot, mit oder ohne Vorzeichen) festlegen.

Datumsformate

Das Standard-Datumsformat von Excel zeigt Tag und Monat zweistellig, das Jahr vierstellig an. Die lange Datumsschreibweise mit der Anzeige des Wochentages bietet Excel über das Auswahlfeld der Gruppe ZAHL an. Weitere Datumsformate finden Sie wieder im Dialogfenster ZELLEN FORMATIEREN. Markieren Sie die Kategorie DATUM und klicken Sie auf die gewünschte Schreibweise. Gleiches gilt auch für die Formatierung von Uhrzeitangaben, verschiedene Formate hierfür finden Sie in der Kategorie UHRZEIT.

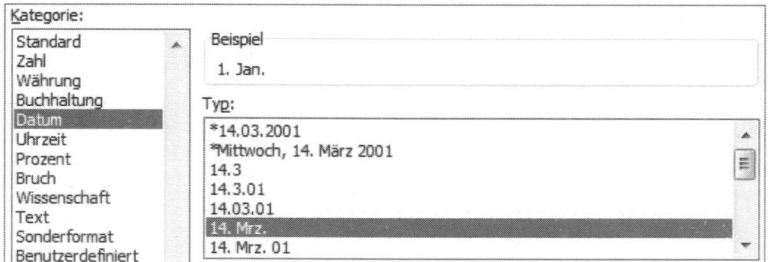

Eigene, benutzerdefinierte Formate erstellen

Benutzerdefinierte Datums- und Uhrzeitformate

Die Kategorie BENUTZERDEFINIERT erlaubt die Anpassung eines beliebigen Formats nach eigenen Vorgaben. Klicken Sie dazu im Dialogfenster ZELLEN FORMATIEREN, Register ZAHLEN auf die Kategorie BENUTZERDEFINIERT. Excel verwendet die folgenden Platzhalterzeichen für Datums- und Uhrzeitformate, Trennzeichen und Leerzeichen erscheinen wie angegeben:

Kategorie	Zeichen	Ergebnis	Beispiel
Tag	T, TT, TTT, TTTT	5, 05, Mo, Montag	TTTT, TT. Montag, 05.
Monat	M, MM, MMM, MMMM	1, 01, Jan, Januar	TT. MMMM 03. Januar
Jahr	JJ, JJJJ	10, 2010	TT.MM.JJ 08.01.10
Stunde	h, hh, [h]	9, 09 (max. 24 Std.) 42 (über 24 Std.)	hh 19
Minute	m, mm	7, 07	hh:mm 19:45
Sekunde	s, ss	5, 05	hh:mm:ss 15:42:30

Geben Sie im Feld TYP einfach Ihr eigenes Datumsformat ein und kontrollieren Sie anhand des Beispiels darüber das Ergebnis.

Beispiel
Sa., 07. Aug

Typ:
TTT., TT. MMM|

Beachten Sie, dass das normale Uhrzeitformat hh:mm von Excel nur maximal 24 Stunden anzeigt. Sollen auch mehr als 24 Stunden angezeigt werden, dann verwenden Sie das Format [h]:mm.

Mehr als 24 Stunden anzeigen

Benutzerdefinierte Zahlenformate

Möchten Sie Zahlen anstelle eines Währungssymbols mit dem Zusatz kg, mm, cm, usw. versehen? Dazu müssen Sie Ihr eigenes Zahlenformat definieren.

1. Öffnen Sie das Dialogfenster ZELLEN FORMATIEREN und klicken auf das Register ZAHLEN. Markieren Sie mit einem Mausklick die Kategorie BENUTZERDEFINIERT.

Zellen formatieren

2. Markieren Sie dann in der Liste TYP ein Zahlenformat, das Ihren Vorstellungen am nächsten kommt.

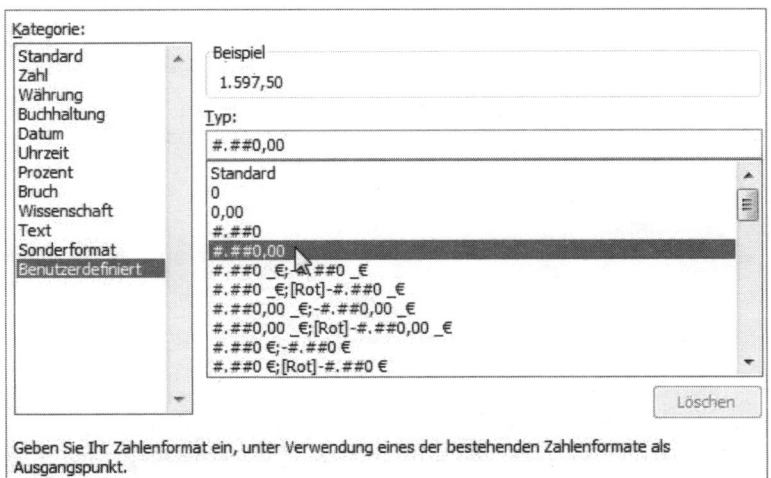

Klicken Sie in die Bearbeitungszeile, um das markierte Format zu ändern

3. Das markierte Zahlenformat erscheint im Feld TYP, hier können Sie das Format nun bearbeiten. Klicken Sie in die Zeile und passen Sie das Format nach Ihren Vorstellungen an. Zusätze wie etwa km müssen Sie in Anführungszeichen eingeben. Am Beispiel können Sie das Ergebnis kontrollieren. Mit der Schaltfläche OK übernehmen Sie das Format.

```
Beispiel
  1.597,50 km

Typ:
#.##0,00 "km"
```

Excel verwendet für Zahlenformate die folgenden Zeichen:

Zeichen	Beschreibung
0	Zeigt in jedem Fall eine Ziffer an. Wurde keine Ziffer eingegeben, so erscheint 0, beispielsweise als Nachkommastelle.
#	Zeigt nur Ziffern an, nicht benötige Nullen werden unterdrückt. Dieses Zeichen wird benötigt, um die Position des Tausender-Trennzeichens festzulegen.

Beachten Sie außerdem:

- Einige der vorgegebenen Formate bestehen aus zwei Abschnitten, die durch ein Semikolon (;) getrennt sind. Der erste Abschnitt wird für positive Zahlen, der zweite Abschnitt für negative Zahlen verwendet.
- Die Angabe in eckigen Klammern legt die Farbe für die Anzeige des jeweiligen Abschnittes fest.
- Bindestriche können einem Zahlenformat an beliebiger Stelle hinzugefügt werden.
- Texte hingegen müssen in Anführungszeichen eingegeben werden, z.B. "cm".
- Ein * füllt den Abstand zwischen Zusatztext und der rechtsbündig ausgerichteten Zahl mit Leerzeichen auf.

Beispiele:

Format	Eingabe		Anzeige
#.##0 "kg"	1234,7		1.235 kg
#.##0,00	1234,7		1.234,70
0000	12		0012
000-000	14578		014-578
#.##0,0 "cm"	1390		1.390,0 cm
"St." * #.##0	127	St.	127
[Grün] #.##0;[Rot] -#.##0	-1500		-1.500 (in roter Schriftfarbe)
0. "Tsd."	15000		15 Tsd.

Zahlenformate, die Sie bereits angelegt haben, finden Sie immer am Ende der Liste

Benutzerdefinierte Zahlenformate werden in der Kategorie BENUTZERDEFINIERT zusammen mit der Arbeitsmappe gespeichert und stehen daher nur innerhalb der jeweiligen Arbeitsmappe zur Verfügung. Sie werden am Ende der Liste der Benutzerdefinierten Zahlenformate hinzugefügt.

Zahlen als Text formatieren

Probleme können bei der Eingabe von Zahlen dann auftauchen, wenn Sie beispielsweise Postleitzahlen oder Artikelnummern eingeben wollen, die mit der Ziffer 0 beginnen. Excel interpretiert Ihre Eingabe als Zahl und die führende Null verschwindet. Damit die 0 in diesem Fall trotzdem angezeigt wird, stehen die folgenden Möglichkeiten zur Auswahl:

Zahlen als Text behandeln

- Formatieren Sie den entsprechenden Zellbereich bereits vor der Eingabe als Text. Nachträgliche Formatierung als Text stellt eine bereits verloren gegangene 0 nicht wieder her! Klicken Sie dazu auf den DropDown-Pfeil der Gruppe ZAHL und wählen das Format TEXT oder öffnen Sie das Dialogfenster ZELLEN FORMATIEREN und markieren im Register ZAHLEN die Kategorie TEXT.

- Oder stellen Sie bei der Eingabe das Apostroph-Zeichen (') voran, Beispiel '01234. Damit wird Ihre Eingabe als Text formatiert. Das Apostroph-Zeichen erscheint später nicht in der Zelle und der Inhalt wird als 01234 linksbündig angezeigt.

Allerdings macht Sie Excel mit einem kleinen grünen Dreieck in der oberen linken Ecke der Zelle und mit einer entsprechenden Meldung darauf aufmerksam, dass Sie eine Zahl als Text formatiert haben. Klicken Sie auf FEHLER IGNORIEREN, wenn Sie die Formatierung trotzdem beibehalten wollen.

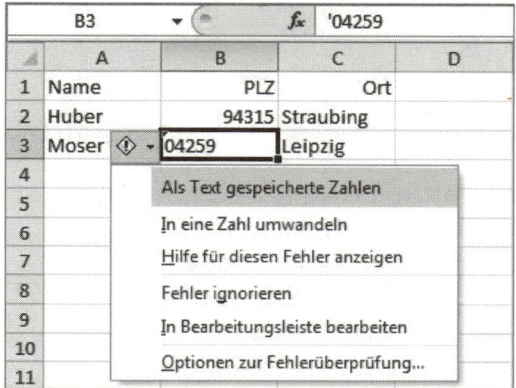

- Als dritte Möglichkeit können Sie auf verschiedene Sonderformate von Excel zurückgreifen. Klicken Sie dazu im Auswahlfeld ZAHLENFORMATE auf MEHR.... Excel öffnet das Dialogfeld ZELLEN FORMATIEREN, markieren Sie die Kategorie SONDERFORMATE und wählen Sie die gewünschte Vorlage aus.

> Achten Sie innerhalb einer Spalte auf ein einheitliches Format, da sonst möglicherweise nicht korrekt sortiert wird.

Verwenden Sie einheitliche Formate

5.4. Formatvorlagen zur schnellen Formatierung verwenden

Zur schnellen Formatierung von einzelnen Zellen oder ganzen Tabellen stehen Ihnen in Excel 2010 im Register START, Gruppe FORMATVORLAGEN, verschiedene, bereits vordefinierte Vorlagen zur Verfügung.

Als Tabelle formatieren

Markieren Sie dazu den gesamten Tabellenbereich, klicken Sie im Register START, Gruppe FORMATVORLAGEN auf die Schaltfläche ALS TABELLE FORMATIEREN und wählen Sie eines der Formate. Excel blendet ein Dialogfenster ein in dem Sie den

Zellbereich der Tabelle kontrollieren, bzw. festlegen können. Geben Sie außerdem an, ob Ihre Tabelle Überschriften enthält und bestätigen Sie mit OK.

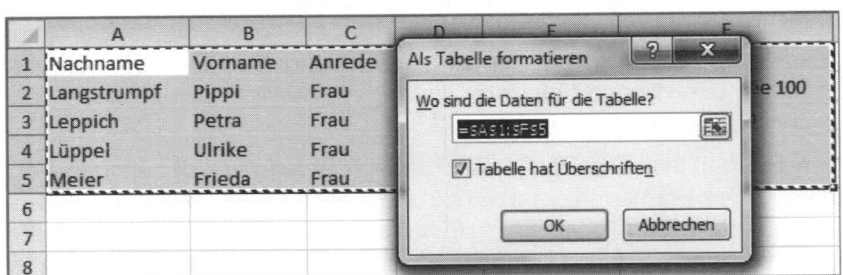

Siehe Lektion 10.2

Ihre Tabelle erhält nicht nur das ausgewählte Format, sondern wird auch gleichzeitig als Excel-Liste formatiert. Dies bedeutet, beim Anfügen weiterer Zeilen wird die Formatierung automatisch fortgeführt, außerdem erhalten die Spaltenüberschriften kleine DropDown-Pfeile, die Sie zum Sortieren und Filtern der Liste verwenden können.

	A	B	C	D	E	F
1	Nachname ▼	Vorname ▼	Anrede ▼	P▼	Ort ▼	Strasse ▼
2	Langstrumpf	Pippi	Frau	57632	Eulenberg	Kunterbuntallee 100
3	Leppich	Petra	Frau	84307	Eggenfelden	Jodelgasse 19b
4	Lüppel	Ulrike	Frau	19392	Auerbach	Hockenstr. 12
5	Meier	Frieda	Frau	94032	Passau	Inngasse 3
6	Huber	Anton				
7						

Das Ergebnis

Zellenformatvorlagen

Für einzelne Zellen stellt Excel ebenfalls verschiedene Formatvorlagen bereit. Markieren Sie dazu die entsprechenden Zellen, klicken in der Gruppe FORMATVORLAGEN auf die Schaltfläche ZELLENFORMATVORLAGEN und wählen Sie eine der Vorlagen.

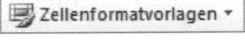

5.5. Bedingte Formatierung

Zellen abhängig vom Inhalt formatieren

Mit der bedingten Formatierung lassen sich Zellen abhängig vom Inhalt formatieren und heben so wichtige Sachverhalte auch optisch hervor. Auf einfache Weise lassen sich Zellen mit Datenbalken, Farbskalen oder Symbolen versehen.

Beispiel: die Zahlen der unten abgebildeten Tabelle sollen mit entsprechenden Balken versehen werden, so gehen Sie dabei vor:

1. Markieren Sie den Zellbereich.

	A	B	C	D	E	F
1						
2	Abteilung	1. Quartal	2. Quartal	3. Quartal	4. Quartal	
3	Computer	560	600	720	800	
4	Bürobedarf	350	420	570	610	
5						

2. Klicken Sie im Register START, Gruppe FORMATVORLAGEN auf die Schaltfläche BEDINGTE FORMATIERUNG. Zeigen Sie auf DATENBALKEN und klicken Sie auf die gewünschte Farbe.

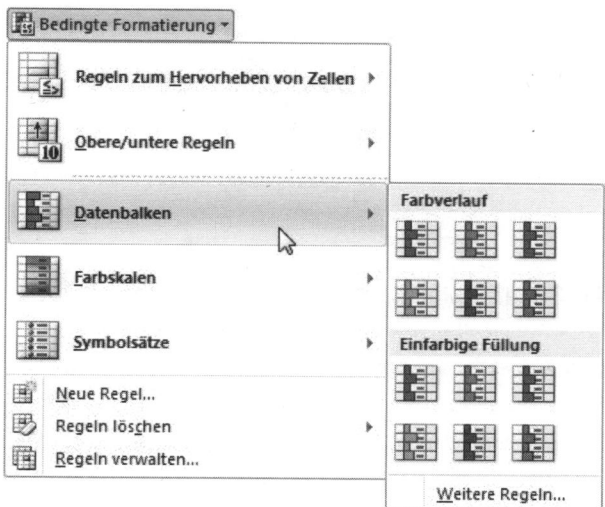

3. Das Ergebnis:

	A	B	C	D	E	F
1						
2	**Abteilung**	**1. Quartal**	**2. Quartal**	**3. Quartal**	**4. Quartal**	
3	Computer	560	600	720	800	
4	Bürobedarf	350	420	570	610	
5						

Genauso gehen Sie vor, wenn Sie anstelle von Datenbalken Farbverläufe oder Symbole verwenden möchten.

Weitere Regeln verwenden

Wenn Sie eigene Regeln zum Hervorheben von Zellen definieren möchten, beispielsweise alle Zellen hervorheben, deren Wert über dem Durchschnitt liegt, dann zeigen Sie in der Liste der bedingten Formatierungen auf OBERE/UNTERE REGELN und klicken auf ÜBER DEM DURCHSCHNITT... Wählen Sie eine Formatierung aus, bzw. klicken Sie auf den Eintrag BENUTZERDEFINIERTEM FORMAT..., um weitere Formatierungsmöglichkeiten zu erhalten.

Eigene Werte festlegen

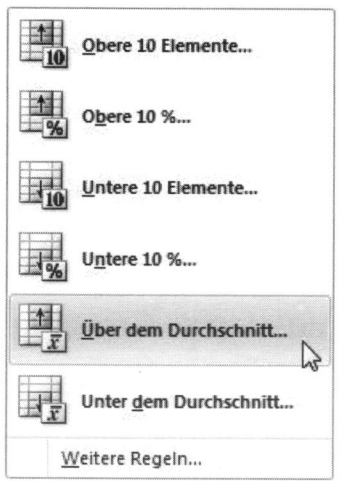

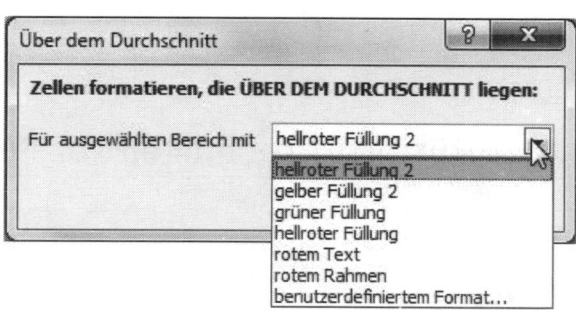

Zusätzlich zu dieser Regel können Sie noch eine weitere Regel hinzufügen, wenn Sie zum Beispiel auch noch alle Zellen mit Werten unter dem Durchschnitt kennzeichnen möchten. Markieren Sie einfach wieder den gesamten Zellbereich, wählen Sie aus der Liste BEDINGTE FORMATIERUNG wieder OBERE/UNTERE REGELN, klicken Sie auf UNTER DEM DURCHSCHNITT... und legen Sie eine Farbe für Füllung, Rahmen oder Schrift fest.

⚊	A	B	C	D	E	F
1						
2	**Abteilung**	**1. Quartal**	**2. Quartal**	**3. Quartal**	**4. Quartal**	
3	**Computer**	760	600	300	800	
4	**Bürobedarf**	350	620	570	610	
5						

Als Bedingung kann auch eine Formel verwendet werden!

Eigene Regeln definieren

- Wählen Sie dazu über die Schaltfläche BEDINGTE FORMATIERUNG, Gruppe FOR-MATVORLAGEN den Eintrag NEUE REGEL…

- Markieren Sie anschließend den gewünschten Regeltyp und bearbeiten Sie die Regelbeschreibung.

- Zuletzt klicken Sie auf die Schaltfläche FORMATIEREN, um die entsprechenden Formate festzulegen.

Bedingte Formatierung entfernen

Markieren Sie den Zellbereich, dessen Formatierung Sie entfernen möchten und klicken Sie auf die Schaltfläche BEDINGTE FORMATIERUNG. Wählen Sie REGELN VER-WALTEN…

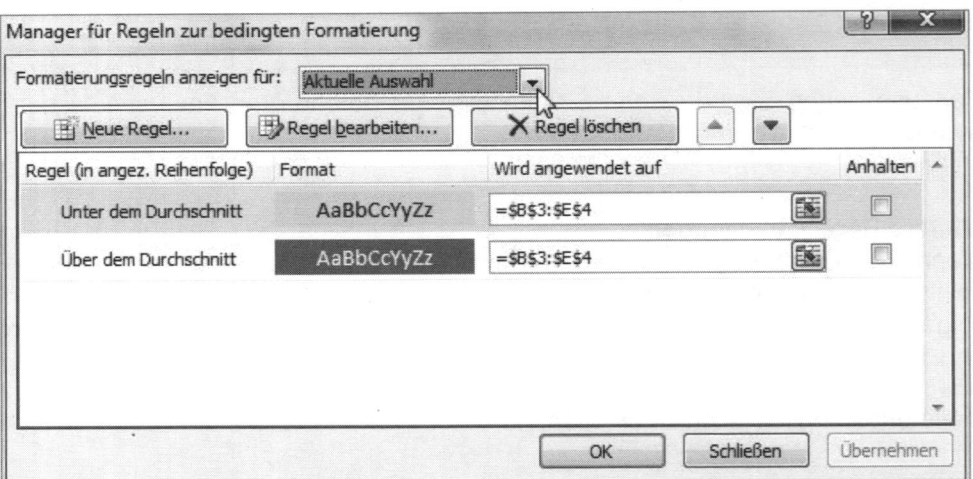

Markieren Sie die zu löschende Regel und klicken Sie auf die Schaltfläche REGEL LÖSCHEN. Weitere vorhandene Regeln können Sie über den DropDown-Pfeil des Feldes FORMATIERUNGSREGELN ANZEIGEN FÜR: anzeigen lassen und ggf. bearbeiten oder löschen.

5.6.   Nützliche Techniken zur Formatierung

Formate kopieren

Mit der Schaltfläche FORMAT ÜBERTRAGEN, Register START, Gruppe ZWISCHENABLAGE lässt sich die gesamte Formatierung einer Zelle oder eines Zellbereichs schnell auf andere Zellbereiche kopieren:

1. Markieren Sie die Zelle mit dem gewünschten Format.

2. Klicken Sie auf die Schaltfläche FORMAT ÜBERTRAGEN.

Format übertragen

3. Am Mauszeiger wird ein Pinselsymbol sichtbar. Markieren Sie nun mit gedrückter linker Maustaste den Zellbereich, auf den Sie das Format übertragen wollen.

◢	A	B	C	D
1	Bestell-Nr.	Bezeichnung	Preis-Netto	
2	Papier			
3				
4		⇩ 🖌		
5	Bestell-Nr.	Bezeichnung	Preis-Netto	
6				

Auf mehrere Zellbereiche übertragen

Mit einem einfachen Mausklick auf die Schaltfläche FORMAT ÜBERTRAGEN können Sie die Formatierung immer nur einmal in einen anderen Zellbereich kopieren. Dagegen aktiviert ein Doppelklick auf die Schaltfläche diese Funktion solange, bis Sie die Esc-Taste drücken oder sie mit einem weiteren Mausklick auf die Schaltfläche wieder beenden. Auf diese Weise können Sie ein Format nacheinander gleich auf mehrere Zellbereiche zu übertragen.

Auf mehrere Zellbereiche übertragen

Formatierung löschen

Im Register START stellt Ihnen Excel in der Gruppe BEARBEITEN mit der Schaltfläche LÖSCHEN eine Möglichkeit zur Verfügung, mit der Sie alle Formate löschen können. Die Inhalte der Zellen werden dabei nicht gelöscht, alle Zahlen erhalten wieder das Standardzahlenformat. Klicken Sie auf die Schaltfläche LÖSCHEN und wählen Sie FORMATE LÖSCHEN.

5.7.   Zusammenfassung

- Zum Formatieren von Zellen müssen Sie immer zuerst den Zellbereich markieren. Die wichtigsten, allgemeinen Formate legen Schriftattribute, die horizontale und vertikale Ausrichtung in der Zelle, Rahmenlinien sowie den Zellhintergrund (Füllfarbe) fest.

- Mit dem Befehl ZELLEN VERBINDEN können Sie markierte Zellen zu einer einzigen Zelle horizontal oder vertikal verbinden oder einen Zellverbund wieder aufheben. Bei längeren Texten innerhalb einer Zelle können Sie auch den automatischen Zeilenumbruch aktivieren. Allerdings verfügt Excel über keine automatische Silbentrennung, sodass Sie Trennstriche manuell einfügen müssen.

- Zum schnellen Formatieren von einzelnen Zellen oder einer ganzen Tabelle stehen Ihnen verschiedene Formatvorlagen zur Verfügung. Die bedingte Formatierung erlaubt eine Zellformatierung, abhängig vom Zellinhalt.

- Über Zahlenformate legen Sie Währungszusätze und die Anzahl der Dezimalstellen fest. Benötigen Sie weitere Zusätze zu Zahlen, so müssen Sie dazu ein benutzerdefiniertes Zahlenformat verwenden. In Ausnahmefällen kann es erforderlich sein, Zahlen als Text einzugeben. Dann beginnen Sie die Eingabe mit dem Apostroph-Zeichen (') oder verwenden ein Sonderformat.

- Wenn Sie eine Formatierung mehrfach verwenden möchten, dann bietet sich dazu die Schaltfläche FORMAT ÜBERTRAGEN an. Dazu markieren Sie die Zelle oder den Zellbereich mit der entsprechenden Markierung, klicken dann auf die Schaltfläche und markieren Sie anschließend den Zielbereich.

5.8. Übung

Aufgabe 1

Tabellen formatieren

Starten Sie Excel 2010 und speichern Sie die neue leere Arbeitsmappe unter dem Namen Urlaubsübersicht. Geben Sie im Arbeitsblatt die folgende Tabelle ein und formatieren Sie die Tabelle ähnlich der Vorlage unten.

	A1 ▾	f_x	Urlaubsliste								
	A	B	C	D	E	F	G	H	I	J	K
1	**Urlaubsliste**										
2	**Januar**										
3				KW 1					KW2		
4	Abteilung / Name	Montag	Dienstag	Mittwoch	Donnerstag	Freitag	Montag	Dienstag	Mittwoch	Donnerstag	Freitag
5	**Buchhaltung**										
6	Brösel Nadine	U	U	U							
7	Hintermoser Xaver										
8	Machnitz Werner										
9	**EDV**										
10	Bittig Oliver					U	U	U	U	U	U
11	Wurmdobler Irene										
12	Drösel Max		U								
13											

⏮ ◀ ▶ ⏭ **Urlaubsliste** / Tabelle2 / Tabelle3 /

Bemerkungen:

_____

_____

_____

_____

Aufgabe 2

Starten Sie Excel mit einer neuen, leeren Arbeitsmappe. Speichern Sie die Mappe unter dem Namen Übung Lagerübersicht in Ihrem Ordner.

Benennen Sie das Arbeitsblatt Tabelle1 um in Bodenbeläge und löschen Sie die überzähligen Arbeitsblätter. Geben Sie die folgenden Texte und Zahlen in das Arbeitsblatt Bodenbeläge ein.

	A	B	C	D	E	F	G
1	Holzhandlung Wurmdobler GmbH, Passau						
2	Stand:	_geben Sie hier das aktuelle Datum ein!_					
3	Lagerbestände in m²						
4							
5		Parkett			Laminat		
6		3,5 mm	5 mm	6 mm	2 mm	2,5 mm	3 mm
7	Buche	100		800	700	200	30
8	Eiche	60	250	100		20	100
9	Esche	120	300		80	50	
10	Nordische Birke		60	200	100	80	5
11	japanische Walnuss	35	55	90	150		100
12	Kirschbaum	50			60	45	
13							

- Formatieren Sie die Zelle A1 mit Schriftgröße 18, fett und kursiv. Formatieren Sie A3 in Größe 14, fett.

- Formatieren Sie die Spaltenüberschriften in Größe 10, fett, mit weißer Schrift und schwarzer Füllfarbe. Formatieren Sie die Zeilenbeschriftungen in Größe 10, fett und mit hellgrauer Füllfarbe.

- Der Zellbereich A7 bis A12 erhält optimale Spaltenbreite, die Spalten B bis G sollen gleiche Breite erhalten. Die Zeilen 6 bis 12 erhalten eine einheitliche Höhe von 18 Punkt.

- Formatieren Sie die Spaltenüberschriften zentriert (siehe Muster unten).

- Legen Sie mit zwei Zeilen Abstand (ab Zeile 15) eine zweite Tabelle als Preisliste an. Die Preisliste erhält den gleichen Aufbau und die gleiche Formatierung wie die erste Tabelle (siehe Muster). Wie gehen Sie am einfachsten vor?

- Geben Sie in die Preisliste die Preise ein (siehe Muster) und formatieren Sie alle Preise einheitlich mit zwei Nachkommastellen und dem Eurozeichen.

Muster

	A	B	C	D	E	F	G
1	*Holzhandlung Wurmdobler GmbH, Passau*						
2	Stand:		*geben Sie hier das aktuelle Datum ein!*				
3	**Lagerbestände in m²**						
4							
5		Parkett			Laminat		
6		3,5 mm	5 mm	6 mm	2 mm	2,5 mm	3 mm
7	Buche	100		800	700	200	30
8	Eiche	60	250	100		20	100
9	Esche	120	300		80	50	
10	Nordische Birke		60	200	100	80	5
11	Japanische Walnuss	35	55	90	150		100
12	Kirschbaum	50			60	45	
13							
14							
15	**Preise pro m²**						
16							
17		Parkett			Laminat		
18		3,5 mm	5 mm	6 mm	2 mm	2,5 mm	3 mm
19	Buche	16,50 €	18,00 €	22,50 €	8,80 €	10,90 €	12,80 €
20	Eiche	21,00 €	24,90 €	28,50 €	12,00 €	14,00 €	15,00 €
21	Esche	23,90 €	28,70 €	31,50 €	18,00 €	19,90 €	22,30 €
22	Nordische Birke	18,30 €	20,50 €	24,90 €	7,50 €	12,30 €	25,00 €
23	Japanische Walnuss	28,00 €	31,50 €	38,00 €	11,20 €	15,30 €	18,00 €
24	Kirschbaum	35,00 €	40,00 €	42,00 €	15,00 €	18,00 €	20,00 €
25							

Bemerkungen:

_____

_____

_____

_____

_____

Bedingte Formatierung

Aufgabe 3

Geben Sie die nachfolgende Tabelle ein und formatieren Sie die Zellen entsprechend der abgebildeten Vorlage. Formatieren Sie die Zahlen mit Tausenderpunkt, ohne Dezimalstellen und mit dem Zusatz St.

	A	B	C	D
1	Turnschuhproduktion			
2				
3	Modell	Produziert	Verkauft	
4	Leisetreter	20.000 St ⬆	18.500 St	
5	Skysprinter	20.000 St ⬇	7.900 St	
6	Las Vegas Men	20.000 St ⇨	9.600 St	
7	Las Vegas Women	20.000 St ⇨	12.800 St	
8	CoolRunner Men	20.000 St ⬇	4.800 St	
9				

Bemerkungen:

_____

_____

_____

_____

_____

_____

_____

_____

6. Excel-Tabellen drucken

In dieser Lektion lernen Sie

- Excel Tabellen drucken
- Druckseite einrichten
- Druckbereich festlegen
- Kopf- und Fußzeilen einfügen

Was Sie für diese Lektion wissen sollten

- Dateneingabe, Tabellen formatieren

Vor dem Drucken von Tabellen sollten Sie das Ergebnis in der Vorschau kontrollieren. Als Druckbereich wählt Excel automatisch alle Zellen mit Inhalten und beginnt mit dem Drucken in der oberen linken Ecke einer Druckseite. Zur Erstellung
und Bearbeitung von ansprechenden Ausdrucken stehen verschiedene Werkzeuge zur Verfügung.

6.1. Seite einrichten und drucken

Druckeinstellungen

Zum Drucken einer Excel-Tabelle klicken Sie auf das Register DATEI und auf DRU-
CKEN. Excel zeigt die aktuellen Druckeinstellungen zusammen mit einer Vorschau
auf das Druckergebnis an. Mit einem Mausklick auf die jeweilige Schaltfläche können Sie die Druckeinstellungen ändern.

Register DATEI

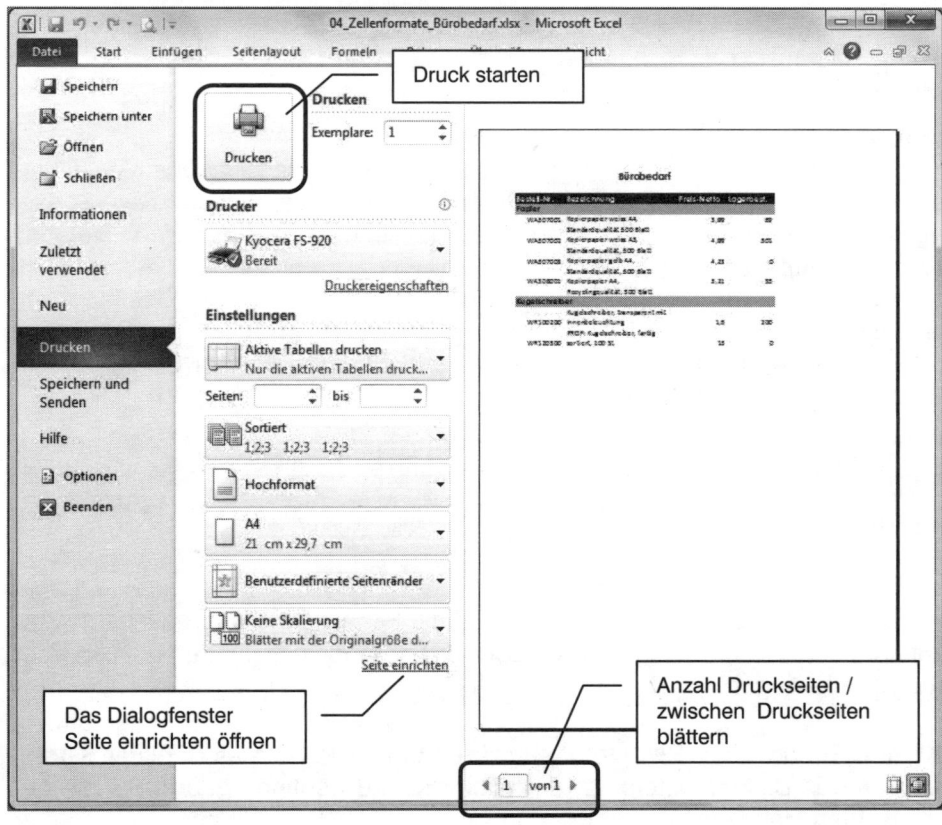

Drucken

Unterhalb der Druckvorschau sehen Sie die aktuelle Seitenzahl, sowie die Anzahl aller Druckseiten. Mit den kleinen Pfeilen blättern Sie zur nächsten Druckseite, bzw. zurück. Um die Tabelle zu drucken, wie sie in der Vorschau angezeigt wird, klicken Sie auf die Schaltfläche DRUCKEN.

Drucker auswählen

Möchten Sie einen anderen Drucker als den Standarddrucker verwenden, so wählen Sie über den DropDown-Pfeil DRUCKER den gewünschten Drucker aus.

Druckbereich festlegen

Standardmäßig druckt Excel, beginnend mit der Zelle A1 automatisch denjenigen Bereich des aktuellen Arbeitsblattes, der Daten enthält. Mit einem Mausklick auf die Schaltfläche können Sie auch die gesamte Arbeitsmappe oder nur den markierten Bereich (aktuelle Auswahl) drucken.

Mehrere Exemplare drucken

Sollen gleich mehrere Exemplare gedruckt werden, dann geben Sie die gewünschte Anzahl an. Umfasst der Ausdruck mehrere Seiten, dann sollten Sie zusätzlich unter EINSTELLUNGEN auch die SORTIERUNG festlegen.

Achten Sie beim Ausdruck mehrerer Exemplare auf die Sortierung!

Seitenbereich

Beim Drucken von mehreren Seiten können Sie unter EINSTELLUNGEN angeben, welche Seiten Sie drucken möchten.

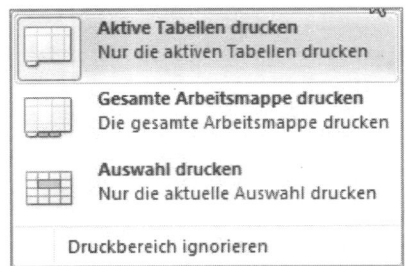

Druckbereich wählen

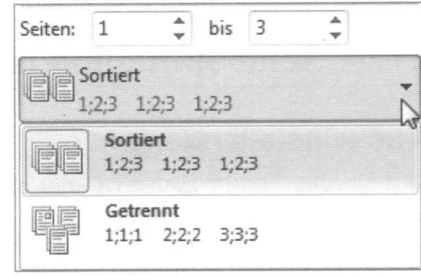

Seitenbereich und Sortierung

Druckseite einrichten

Papierformat

Voreinstellung für das Papierformat ist in den meisten Fällen A4. Das aktuell verwendete Format wird unter EINSTELLUNGEN angezeigt. Klicken Sie auf diese Schaltfläche, wenn Sie das Papierformat ändern möchten und wählen Sie das gewünschte Format aus.

Papierausrichtung

Ob die Tabelle im Hoch- oder Querformat gedruckt wird, ändern Sie mit einem Mausklick auf die entsprechende Schaltfläche.

Papierformat   Ausrichtung

Seitenränder

Zum Ändern der Seitenränder klicken Sie auf die Schaltfläche BENUTZERDEFINIERTE SEITENRÄNDER. Sie können eine der vordefinierten Randeinstellungen wählen oder eigene Maße festlegen.

1. Klicken Sie dazu auf BENUTZERDEFINIERTE SEITENRÄNDER. Das Register SEITENRÄNDER des Dialogfensters SEITE EINRICHTEN wird geöffnet, geben Sie die gewünschten Maße ein.

2. Zusätzlich können Sie hier über Kontrollkästchen die Tabelle auf der Druckseite horizontal und/oder vertikal zentriert drucken.

Tabelle auf der Druckseite zentriert ausrichten

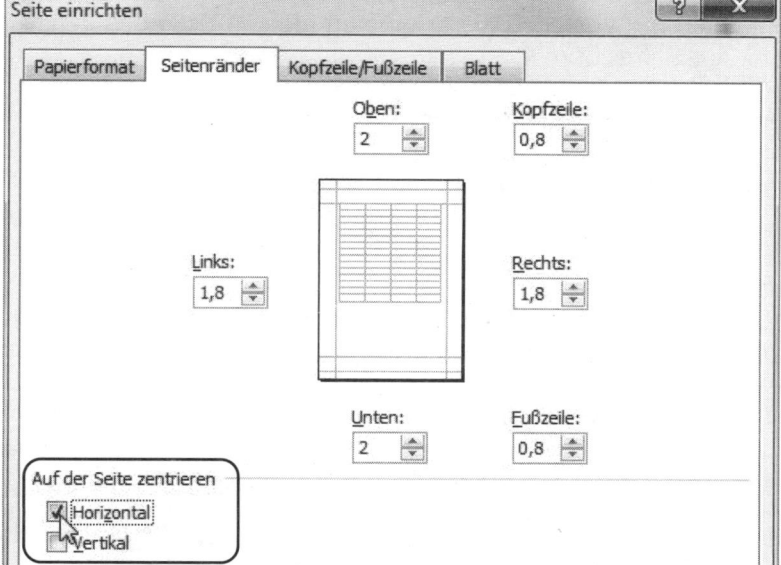

Das Dialogfenster Seite einrichten

Sie können alle Einstellungen zum Einrichten der Druckseite auch im Dialogfenster SEITE EINRICHTEN vornehmen. Klicken Sie dazu unter EINSTELLUNGEN auf SEITE EINRICHTEN.

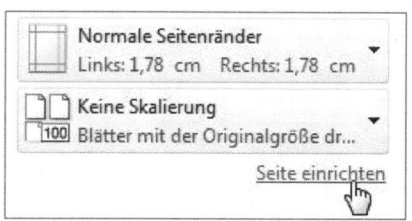

Alle Einstellungen finden Sie auch im Dialogfenster Seite einrichten

Druckvorschau

Sie können die Seitenränder auch direkt in der Druckvorschau ändern: klicken Sie dazu in der rechten Ecke des Fensters unterhalb der Druckvorschau auf die Schaltfläche SEITENRÄNDER ANZEIGEN.

Seitenränder mit der Maus verschieben

Zeigen Sie mit der Maus auf eine der Linien, so wird als Mauszeiger ein Doppelpfeil sichtbar und Sie können den Rand mit gedrückter linker Maustaste in die gewünschte Richtung verschieben.

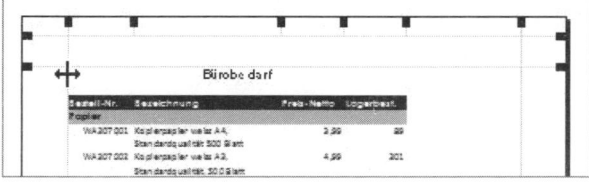

Seitenrand verschieben

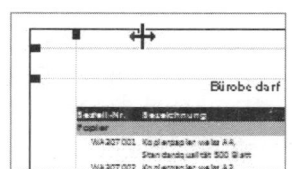

Spaltenbreite ändern

Tipp: Sie können nicht nur die Seitenränder, sondern auch die Spaltenbreiten in der Druckvorschau ändern. Gleichzeitig mit den Seitenrändern blendet Excel am oberen Rand auch die Spaltenbegrenzungen als schwarze Markierungen ein. Verschieben Sie mit der Maus die Markierungen, um die Spaltenbreiten zu ändern.

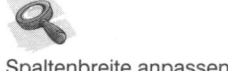

Spaltenbreite anpassen

Druckvorschau zoomen

Standardmäßig wird in der Druckvorschau die Druckseite zunächst soweit verkleinert, dass sie im Fenster vollständig angezeigt werden kann. Zum Vergrößern klicken Sie unterhalb der Vorschau in der unteren rechten Ecke des Fensters auf die Schaltfläche AUF SEITE ZOOMEN.

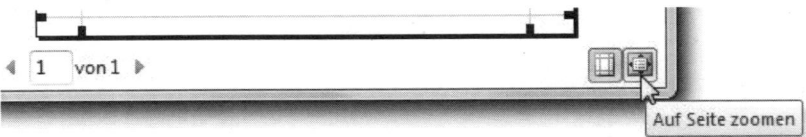

Mehrere Seiten

Immer wenn Sie eine Excel-Tabelle gedruckt, oder in der Seitenansicht kontrolliert haben, wird im Arbeitsblatt der Seitenumbruch als gestrichelte Linie sichtbar. An diesen Linien können Sie sich orientieren, wenn Sie die Spaltenbreiten so anpassen möchten, dass die Tabelle auf einer einzigen Druckseite gedruckt wird.

> Passt eine Spalte nicht vollständig auf eine Seite, so erfolgt an dieser Stelle ein automatischer Seitenumbruch.

6.2. Seitenlayout bearbeiten

Die Ansicht Seitenlayout

Seitenlayout bearbeiten

Wenn Sie Ihre Tabelle vor dem Drucken optimieren möchten, dann leistet die Ansicht Seitenlayout zusammen mit den Schaltflächen der Registerkarte SEITENLAYOUT gute Dienste. Klicken Sie dazu entweder in der Statusleiste auf das Symbol SEITENLAYOUT oder klicken Sie im Register ANSICHT in der Gruppe ARBEITSMAPPENANSICHTEN auf SEITENLAYOUT.

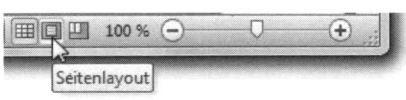
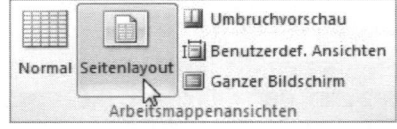

Zurück zur Ansicht Normal

In dieser Ansicht zeigt Excel Ihr Arbeitsblatt so an, wie es gedruckt wird, einschließlich der Seitenränder. Sie können außerdem jederzeit Änderungen am Arbeitsblatt vornehmen. Auch im Register SEITENLAYOUT finden Sie Schaltflächen, über die Sie Seitenränder, Ausrichtung und Papiergröße ändern können. Mit einem Mausklick auf die Schaltfläche NORMAL wechseln Sie wieder zurück zur ursprünglichen Ansicht.

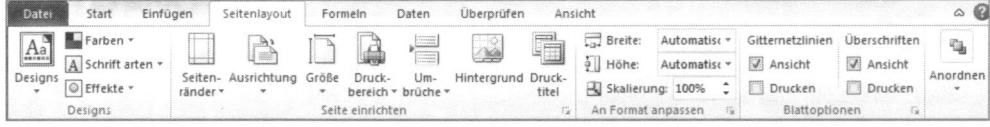

Die Registerkarte Seitenlayout

Kopf- und Fußzeilen

Kopf- und Fußzeilen werden automatisch auf jeder Seite gedruckt

Kopf- und Fußzeilen befinden sich im Bereich der oberen und unteren Seitenränder und dienen dazu, beim Drucken beliebigen Text oder Grafik auf jeder Druckseite mit auszugeben, beispielsweise die Seitenzahlen. In der Ansicht Seitenlayout ist am oberen Rand der Kopfzeilenbereich sichtbar. Die Kopfzeile besteht eigentlich aus einem linken, einem mittleren und einem rechten Abschnitt. Der Inhalt des linken Abschnitts wird am linken Seitenrand ausgerichtet. Der Inhalt des mittleren Abschnitts wird in der Mitte der Seite zentriert, der rechte Abschnitt rechtsbündig am rechten Seitenrand ausgerichtet. Klicken Sie zum Hinzufügen einer Kopfzeile auf den gewünschten Abschnitt und geben Sie Ihren Text ein. Gleichzeitig erscheint im Menüband das Register KOPF- UND FUßZEILENTOOLS - ENTWURF.

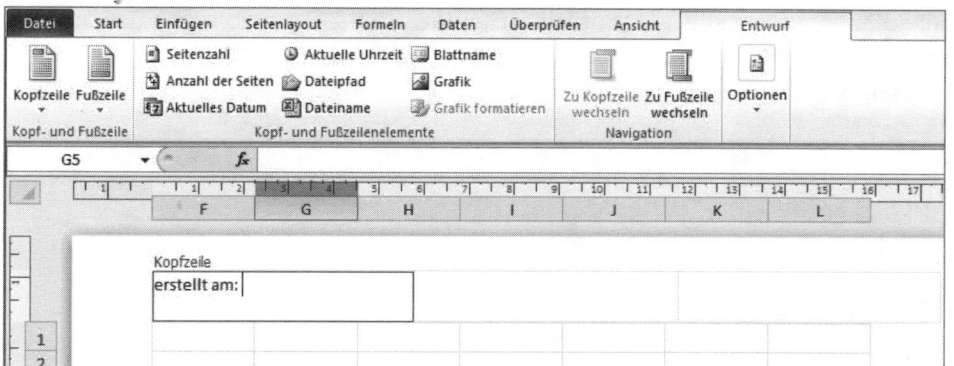

Kopf- und Fußzeilenbereich bestehen aus drei Abschnitten

Gleiches gilt auch für die Fußzeile am unteren Seitenrand. Zum Wechseln zwischen Kopf- und Fußzeile verwenden Sie die Bildlaufleisten oder im Register ENTWURF die Schaltflächen der Gruppe NAVIGATION.

Eine Auswahl vordefinierter Kopf- oder Fußzeilen finden Sie in der Gruppe KOPF- UND FUßZEILE. Eigene Kopf- und Fußzeilen können Sie über die Schaltflächen der Gruppe KOPF- UND FUßZEILENELEMENTE zusammenstellen. Mit einem Mausklick fügen Sie beispielsweise Datum, Dateiname oder eine Grafik ein. Die Seitenzahlen fügen Sie über die Schaltfläche SEITENZAHL ein, bzw. über eine weitere Schaltfläche auch noch die Gesamtzahl der Seiten.

Seitenzahlen drucken

Unterschiedliche Kopf- und Fußzeilen

Umfasst Ihr Ausdruck mehrere Seiten, dann können Sie in der Gruppe OPTIONEN bei Bedarf auch unterschiedliche Kopf- und Fußzeilen für gerade und ungerade Seiten festlegen oder ausschließlich die erste Seite anders gestalten.

Abweichende Kopf- und Fußzeilen

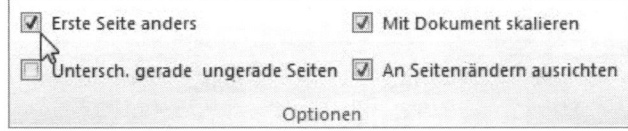

Weitere Optionen

Gitternetzlinien drucken

Standardmäßig werden beim Drucken ausschließlich Rahmenlinien berücksichtigt, nicht aber das Gitternetz. Um die Gitternetzlinien trotzdem zu drucken, aktivieren Sie im Register SEITENLAYOUT, Gruppe BLATTOPTIONEN für die Gitternetzlinien das Kontrollkästchen DRUCKEN.

Gitternetz und Nummerierung drucken

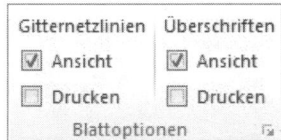

Zeilen- und Spaltennummerierung drucken

Sollen die Zeilen- und Spaltenköpfe mit auf dem Ausdruck erscheinen, dann aktivieren Sie in der Gruppe BLATTOPTIONEN für die Überschriften das Kontrollkästchen DRUCKEN.

Hintergrundgrafik einfügen

Tipp: Als weitere Möglichkeit der Seitenlayoutgestaltung können Sie eine Grafik als Tabellenhintergrund einfügen. Klicken Sie dazu im Register SEITENLAYOUT auf die Schaltfläche HINTERGRUND und wählen Sie die gewünschte Grafikdatei aus.

Druckbereich festlegen

Excel wählt als Druck-
bereich automatisch
alle Zellen mit Inhalten

Mit der Festlegung des Druckbereichs können Sie steuern, welcher Ausschnitt des Arbeitsblattes gedruckt wird. Markieren Sie dazu den Zellbereich, den Sie drucken wollen und klicken Sie auf die Schaltfläche DRUCKBEREICH. Wählen Sie DRUCKBE-REICH FESTLEGEN.

Druckbereich aufheben

Druckbereiche werden zusammen mit der Arbeitsmappe gespeichert. Sie müssen daher den Druckbereich wieder aufheben, wenn später die gesamte Tabelle gedruckt werden soll.

6.3.   Umfangreiche Tabellen drucken

Überschriften wiederholen

Drucktitel: Spalten-
überschriften auf jeder
Druckseite wiederholen

Erstreckt sich eine Tabelle über mehrere Druckseiten, dann sollten Sie dafür sorgen, dass die Spaltenüberschriften nicht nur auf der ersten, sondern auf allen Seiten gedruckt werden. Klicken Sie dazu im Register SEITENLAYOUT, Gruppe SEITE EINRICHTEN auf die Schaltfläche DRUCKTITEL. Das Dialogfenster SEITE EINRICHTEN wird im Register BLATT geöffnet, klicken Sie in das Eingabefeld WIEDERHOLUNGS-ZEILEN OBEN. Anschließend markieren Sie im Arbeitsblatt die entsprechenden Überschiftzeilen mit der Maus. Benötigen Sie außerdem auf jeder Druckseite den Inhalt einer bestimmten Spalte, beispielsweise die Artikelnummer, so legen Sie dies unter WIEDERHOLUNGSSPALTEN LINKS fest.

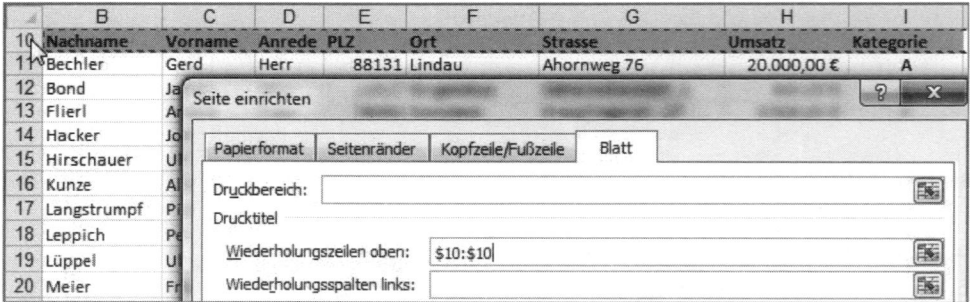

Tabelle an Druckseite anpassen

Tabelle beim Drucken
vergrößern oder ver-
kleinern

Eine Tabelle an das Papierformat einer Druckseite anpassen bedeutet, die Tabelle wird beim Drucken soweit verkleinert oder vergrößert, dass sie auf eine bestimmte Anzahl Druckseiten passt. Standardmäßig wird eine Tabelle mit der Skalierung 100% gedruckt. Passt beispielsweise eine einzige Spalte nicht mehr auf die Druckseite, so können Sie entweder die Spaltenbreite oder die Seitenränder verkleinern. Sie können aber auch die gesamte Tabelle beim Drucken entsprechend verkleinern. Dazu verwenden Sie im Register SEITENLAYOUT die Gruppe AN FORMAT ANPASSEN. Wählen Sie dazu unter BREITE und/ oder HÖHE die gewünschte maximale Anzahl Druckseiten aus.

Umgekehrt können Sie kleinere Tabellen beim Drucken vergrößern. Dann verwenden Sie die kleinen Pfeile, um die SKALIERUNG zu ändern.

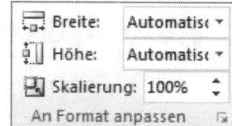

Seitenumbruch steuern

Mit einer zusätzlichen Ansicht, der Umbruchvorschau können Sie in Excel den Seitenumbruch kontrollieren und bei Bedarf verändern. Klicken Sie dazu in der Statusleiste auf das Symbol UMBRUCHVORSCHAU oder wählen Sie im Register AN-SICHT die UMBRUCHVORSCHAU. Der Seitenumbruch wird als gestrichelte Linie dargestellt, verschieben Sie nun mit gedrückter linker Maustaste die Linie in die gewünschte Richtung. Den gesamten Druckbereich vergrößern oder verkleinern Sie, indem Sie die äußere durchgezogene Linie verschieben.

Mit einem Mausklick auf die Schaltfläche NORMAL in der Statusleiste oder im Register ANSICHT kehren Sie zur ursprünglichen Ansicht zurück.

Mit dem Verschieben des Seitenbruchs haben Sie Ihre Tabelle verkleinert. Kontrollieren Sie die aktuelle Skalierung im Register SEITENLAYOUT.

Beachten Sie die Skalierung!

6.4.   Zusammenfassung

- Excel wählt, beginnend mit der Zelle A1 automatisch einen Druckbereich der alle Zellen mit Inhalten umfasst. Im Dialogfenster SEITE EINRICHTEN oder über die entsprechenden Schaltflächen des Registers DATEI nehmen Sie alle erforderlichen Druckeinstellungen vor. Dazu gehören Papierformat und -ausrichtung sowie die Seitenränder.

- Zur Vorbereitung und Kontrolle des Ausdrucks stehen Ihnen die Druckvorschau im Register DATEI, sowie die Ansicht Seitenlayout zur Verfügung. Die Druckvorschau zeigt eine Tabelle so an, wie sie später gedruckt wird, in dieser Ansicht können Änderungen der Seitenränder und der Spaltenbreiten, nicht aber an den Inhalten vorgenommen werden.

- In der Ansicht SEITENLAYOUT können Sie die Tabelle bearbeiten und gleichzeitig das Layout festlegen. In dieser Ansicht bearbeiten Sie auch die Inhalte von Kopf- und Fußzeilen. Kopf- und Fußzeilen werden automatisch auf jeder Seite gedruckt und können neben den Seitenzahlen auch weitere Elemente enthalten, die über Schaltflächen eingefügt werden.

- Die Ansicht SEITENUMBRUCHVORSCHAU zeigt nicht nur den automatischen Seitenumbruch an, hier können Sie den Seitenumbruch auch mit der Maus verschieben, bzw. den Druckbereich festlegen. Gleichzeitig wird dabei die Tabelle automatisch skaliert und so an die Druckseite angepasst.

7. Berechnungen mit Formeln und einfachen Funktionen

In dieser Lektion lernen Sie

- Formeln eingeben, kopieren und korrigieren
- AutoSumme und einfache Funktionen
- Zellbezüge und Namen in Formeln

Was Sie für diese Lektion wissen sollten

- Dateneingabe und Zellformate

Berechnungen und Auswertungen sind ein wichtiger Teil von Excel, wobei nach Änderung der Zahlen sofort eine automatische Neuberechnung erfolgt. Für komplexe Berechnungen können Sie die integrierten Funktionen von Excel verwenden, einfache Formeln geben Sie direkt in eine Zelle ein. Die Vorgehensweise bei der Eingabe von Formeln ist immer gleich.

Jede Formel und Funktion beginnt in Excel immer mit dem Gleichheitszeichen (=)

7.1. Formel eingeben

Formeln werden bei Änderungen automatisch neu berechnet

Formeln in Excel verwenden in der Regel keine Zahlen, sondern Zellbezüge. Dies hat den Vorteil, dass bei nachträglichen Änderungen von Zellinhalten sofort eine automatische Neuberechnung erfolgt. Ausnahmen sind konstante Werte wie beispielsweise die 12 Monate eines Jahres oder 24 Stunden.

So gehen Sie bei der Eingabe einer Formel vor:

Geben Sie = ein

1. Markieren Sie die Zelle in der Sie die Formel berechnen möchten und geben Sie das Gleichheitszeichen (=) über die Tastatur ein.

◢	A	B
1	Zahl 1	100
2	Zahl 2	73
3	Gesamt	=

Fügen Sie Zellbezüge durch Anklicken mit der Maus hinzu

2. Klicken Sie nun mit Maus auf die erste Zelle, die Sie für die Berechnung benötigen, in diesem Beispiel B1. Die Adresse erscheint automatisch in der Formel. Anstelle der Maus können Sie auch die Pfeiltasten zur Eingabe verwenden, oder die Adresse über die Tastatur eintippen.

◢	A	B
1	Zahl 1	⊹ 100
2	Zahl 2	73
3	Gesamt	=B1

Operator eingeben

3. Geben Sie nun über die Tastatur den Operator + für die Addition ein und klicken Sie anschließend mit der Maus auf die Zelle B2.

◢	A	B
1	Zahl 1	100
2	Zahl 2	⊹ 73
3	Gesamt	=B1+B2

Schließen Sie die Formeleingabe ab!

4. Schließen Sie die Formeleingabe ab, entweder mit einem Mausklick auf das Symbol EINGEBEN der Bearbeitungsleiste oder durch Drücken der Eingabe-Taste.

Anstelle der Formel zeigt Excel nun das Ergebnis an. Inhalt der Zelle B3 ist nach wie vor die Formel, wie ein Blick in die Bearbeitungsleiste zeigt.

B3	▼	f_x	=B1+B2

◢	A	B
1	Zahl 1	100
2	Zahl 2	73
3	Gesamt	173

Beenden Sie die Eingabe einer Formel nicht mit den Pfeiltasten. Diese Tasten können anstelle der Maus ebenfalls zum Eingeben von Zellbezügen in einer Formel verwendet werden und verändern daher eine bereits eingegebene Formel!

⚠ Beenden Sie die Formeleingabe nicht mit den Pfeiltasten!

Die folgenden arithmetischen Operatoren und Vergleichsoperatoren können in Formeln verwendet werden:

Operator	Beschreibung	Operator	Beschreibung
+	Addieren	=	Gleich
-	Subtrahieren	<	Kleiner als
*	Multiplizieren	<=	Kleiner oder gleich
/	Dividieren	>	Größer als
^	Potenzieren	>=	Größer oder gleich
&	Zeichenfolgen aneinander fügen	<>	Ungleich, Nicht

Auch in Excel gilt die Regel: Punkt vor Strich. Um die Reihenfolge der Berechnung zu ändern, müssen Sie runde Klammern ( ) verwenden. Der Ausdruck innerhalb der Klammer wird dabei zuerst berechnet.

☞ Klammern verwenden

7.2. Eine Funktion eingeben

Funktionen sind vordefinierte vollständige Formeln, in die Sie nur noch die Zellbezüge einsetzen. Sie müssen daher das Gleichheitszeichen nicht über die Tastatur eingeben, wenn Sie eine Funktion wie beispielsweise die Summe verwenden.

Summe berechnen

Um die Inhalte mehrerer Zellen zu addieren, wäre die Eingabe einer Formel wie beispielsweise =A1+A2+A3+A4+A5 zeitraubend und fehleranfällig. Zu diesem Zweck verwenden Sie in Excel besser die Funktion SUMME. Die Schaltfläche dazu finden Sie im Register START sowie im Register FORMELN. Es gibt zwei Möglichkeiten, wie Sie bei der Berechnung der Summe vorgehen können:

Σ AutoSumme

1. Möglichkeit: Markieren Sie den Zellbereich, den Sie addieren möchten und klicken Sie mit der Maus auf die Schaltfläche AUTOSUMME.

◢	A	B
1	500	
2	200	
3	375	
4		
5		

◢	A	B
1	500	
2	200	
3	375	
4	1075	
5		

Das Ergebnis wird automatisch in die Zelle unmittelbar unterhalb des markierten Bereichs eingefügt.

Markieren Sie die Zelle, in der Sie die Summe berechnen möchten

2. Möglichkeit: Sie können auch zuerst diejenige Zelle markieren, in der Sie die Summe berechnen möchten und erst danach auf das Symbol AUTOSUMME klicken.

Excel fügt die Funktion SUMME in die markierte Zelle ein und kennzeichnet den Zellbereich darüber mit einem gestrichelten Laufrahmen.

Schließen Sie die Formel mit der Eingabe-Taste ab oder klicken Sie in der Bearbeitungsleiste auf das Symbol EINGEBEN.

Eingeben

Die zweite Möglichkeit bietet den Vorteil, dass Sie die Summe nicht nur unterhalb, sondern auch in jeder beliebigen Zelle berechnen können. Sollte Excel andere Zellen vorschlagen, so markieren Sie einfach mit gedrückter linker Maustaste den gewünschten Zellbereich, bevor Sie die Summe mit der Eingabe-Taste bestätigen.

> Solange bei der Summenberechnung der gestrichelte Rahmen (Laufrahmen) um einen Zellbereich aktiv ist, können Sie jederzeit durch Markieren mit der Maus den zu addierenden Zellbereich ändern (Zeigen-Modus).

Bereichsangaben mit Doppelpunkt!

Schreibweise

Die Funktion SUMME verwendet eine etwas andere Schreibweise. Anstelle der Formel =A1+A2+A3 enthält die Funktion in Klammern eine Bereichsangabe in der Schreibweise A1:A3, das bedeutet alle Zellen zwischen der ersten und der letzten angegebenen Zelle werden in die Summe einbezogen. Mehrere nicht zusammenhängende Bereiche werden mit Semikolon (;) getrennt.

Beispiel: =SUMME(A1:A8;C1:C8) berechnet die Summe der Zellen A1 bis A8 und C1 bis C8.

Weitere einfache Funktionen

Σ ▼
Weitere Funktionen einfügen

Neben der Summe lassen sich auf die gleiche Weise auch noch der Mittelwert (Durchschnitt), der größte und der kleinste Wert, sowie die Anzahl der Werte eines Zellbereichs mit Hilfe von Funktionen schnell berechnen. Markieren Sie die entsprechende Zelle und klicken Sie zum Einfügen der Funktion entweder im Register START oder im Register FORMELN auf den DropDown-Pfeil der Schaltfläche AUTOSUMME.

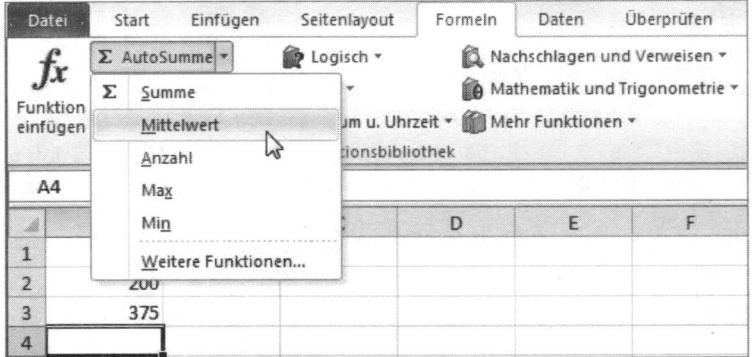

> Beachten Sie, dass die Funktion ANZAHL ausschließlich die Anzahl der Zahlen eines Zellbereichs ermittelt, leere Zellen oder Texte werden ignoriert.

Funktion	Beschreibung
Mittelwert	Berechnet das arithmetische Mittel (Durchschnitt) aus dem markierten Zellbereich
Anzahl	Ermittelt die Anzahl der Zahlen im Zellbereich
Max	Ermittelt den größten Wert eines Zellbereichs
Min	Ermittelt den kleinsten Wert eines Zellbereichs

7.3. Rechnen mit Prozentzahlen

Eine Prozentzahl, beispielsweise 7% ist in Excel eigentlich eine Zahl, die mit 100 multipliziert und zusammen mit dem Prozentzeichen angezeigt wird. Die Prozentzahl 7% entspricht also der Zahl 0,07.

Prozentzahlen werden mit 100 multipliziert angezeigt!

Prozentzahlen können direkt zusammen mit dem Prozentzeichen eingegeben werden, also 7%. Sie können aber auch eine Zahl, beispielsweise 0,5 eingeben und anschließend mit dem Prozentformat formatieren. Hier einige Beispiele:

Siehe Lektion 5.3, Zahlenformate

	A	B	C
1	Zahl	mit Prozent formatiert	
2	1	100%	
3	500	50000%	
4	0,58	58%	

Wenn Sie mit Excel beispielsweise den Mehrwertsteuerbetrag berechnen, dann erfolgt also die Berechnung mit der Zahl 0,19, siehe Beispiel unten.

Beispiel Mehrwertsteuer berechnen

SUMME ▼	X ✔ *fx*	=B1*B2
	A	B
1	Preis ohne MwSt.	100,00
2	MwSt.	19%
3	MwSt. Betrag	=B1*B2
4	Bruttopreis	
5		

Mehrwertsteuerbetrag gesondert berechnen

SUMME ▼	X ✔ *fx*	=B1*(1+B2)
	A	B
1	Preis ohne MwSt.	100,00
2	MwSt.	19%
3	Bruttopreis	=B1*(1+B2)
4		

Bruttopreis in einer einzigen Formel berechnen

7.4. Formeln und Funktionen bearbeiten

Formeln kopieren

Häufig wird eine Formel gleich für mehrere Zeilen oder Spalten benötigt. Dann können Sie die Formel mit Hilfe des Ausfüllkästchens schnell in angrenzende Zellen kopieren.

AutoAusfüllen, siehe Lektion 3.3

1. Markieren Sie die Zelle mit der Formel, die Sie kopieren möchten und zeigen Sie mit der Maus auf das AutoAusfüllkästchen in der unteren rechten Ecke des Markierungsrahmens. Der Mauszeiger wird als Pluszeichen (+) dargestellt.

2. Drücken Sie nun die linke Maustaste und ziehen Sie die Formel mit gedrückter linker Maustaste über den auszufüllenden Zellbereich. Die Formel wird in den Zellbereich kopiert.

C2	▼	fx	=B2*A2

⊿	A	B	C
1	**Einzelpreis**	**Menge**	**Gesamtpreis**
2	12,00	7	84
3	55,20	13	
4	148,90	5	
5			
6			

Der Mauszeiger erscheint als + Zeichen

C2	▼	fx	=B2*A2

⊿	A	B	C
1	**Einzelpreis**	**Menge**	**Gesamtpreis**
2	12,00	7	84
3	55,20	13	717,6
4	148,90	5	744,5
5			
6			

Durch Ziehen wird die Formel kopiert

Ausfüllen mit Doppelklick

Tipp: Mit einem Doppelklick auf das Ausfüllkästchen kopiert Excel die Formel automatisch in alle Zeilen einer Liste bis zur ersten Leerzeile. Dies ist vor allem beim Kopieren von Formeln in umfangreichen Tabellen nützlich.

Ohne Formatierung ausfüllen

Das Symbol Auto-Ausfülloptionen erscheint automatisch nach dem Kopieren!

Ein häufiges Problem beim Kopieren von Formeln entsteht dadurch, dass zusammen mit der Formel auch alle Zellformate kopiert werden. Dies können Sie verhindern, wenn Sie unmittelbar nach dem Kopieren auf den SmartTag AUTO-AUSFÜLLOPTIONEN klicken und OHNE FORMATIERUNG AUSFÜLLEN auswählen. Diese Ausfülloptionen stehen Ihnen auch im Kontextmenü zur Verfügung, wenn Sie zum AutoAusfüllen die rechte Maustaste benutzen.

⊿	A	B	C	D	E	F
1	**Einzelpreis**	**Menge**	**Gesamtpreis**			
2	12,00	7	84			
3	55,20	13	717,6			
4	148,90	5	744,5			
5						
6			○ Zellen kopieren			
7			○ Nur Formate ausfüllen			
8			⊙ Ohne Formatierung ausfüllen			
9						
10						

Formeln überprüfen und korrigieren

Die Formel ist in der Bearbeitungsleiste sichtbar

Sofort nach Eingabe einer Formel erscheint in der Zelle anstelle der Formel das Formelergebnis. Ob die markierte Zelle eine Zahl oder eine Formel enthält, sehen Sie bei einem Blick in die Bearbeitungsleiste.

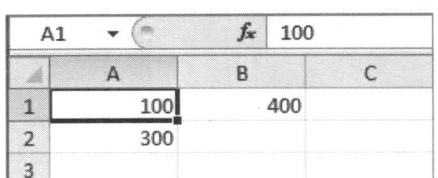

Die markierte Zelle A1 enthält eine Zahl

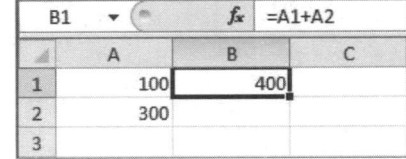

Die markierte Zelle B1 enthält eine Formel

Doppelklick: Formel überprüfen und korrigieren

Wie alle Zellinhalte, können Sie auch eine Formel entweder in der Bearbeitungsleiste oder mit einem Doppelklick überprüfen und korrigieren. Nach einem Doppelklick auf die Zelle erscheint wieder die Formel. Zusätzlich kennzeichnet Excel Zellbezüge der Formel und die dazugehörigen Zellen der Tabelle farbig, so erkennen Sie schnell, welche Zellen in der Formel verwendet wurden. Die farbige Kennzeichnung dient nicht nur der Anzeige, Sie können damit Zellbezüge in der Formel ändern.

Zellbezug verschieben

Zeigen Sie auf den farbigen Rahmen einer Zelle und achten Sie auf den Mauszeiger: vier Richtungspfeile bedeuten, Sie können den Rahmen verschieben und damit den Zellbezug der Formel ändern.

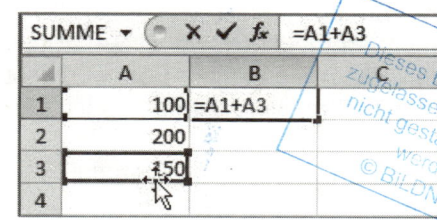

Formel editieren

Zellbezug verschieben

Zum Beenden der Formelbearbeitung verwenden Sie entweder die Tastatur oder die Symbole der Bearbeitungsleiste.

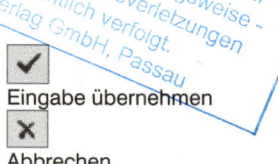

Eingabe übernehmen

Abbrechen

Alle Formeln im Tabellenblatt anzeigen

Zur besseren Kontrolle können Sie im aktuellen Arbeitsblatt anstelle der Ergebnisse alle Formeln anzeigen und damit auch drucken. Verwenden Sie dazu im Register FORMELN die Schaltfläche FORMELN ANZEIGEN. Mit der gleichen Schaltfläche stellen Sie auch die ursprüngliche Ansicht wieder her. Die Formelansicht berücksichtigt keine Formatierungen. Da Formeln in der Regel mehr Platz zur Anzeige benötigen, ändert sich damit auch vorübergehend die Spaltenbreite.

Formeln einblenden

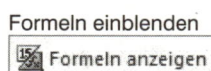

Fehler in Formeln

Die #-Zeichen sind eigentlich keine Fehlermeldung, diese Platzhalterzeichen bedeuten nur, dass die Spaltenbreite zur Anzeige der vollständigen Zahl nicht ausreicht.

Abhilfe: ändern Sie die Spaltenbreite oder formatieren Sie die Zelle mit einer geringeren Anzahl Nachkommastellen.

Hier eine Übersicht über häufige Fehler in Formeln, in allen Fällen erscheint in der Zelle mit der fehlerhaften Formel in grünes Dreieck und ein Symbol, mit dem Excel auf den Fehler aufmerksam macht.

Fehlerhafte Formel

Meldung	Beispiel	Ursache
DIV/0!	A3 · fx =A1/A2 — A: 1 999, 2, 3 #DIV/0!	Sie dividieren eine Zahl durch 0 oder eine leere Zelle. Dies ist mathematisch nicht zulässig.
#NAME?	A9 · fx =A7-Zahl — A: 7 100, 8 300, 9 #NAME?	Sie beziehen sich in der Formel auf eine nicht existierende Zelle. Der Name Zahl existiert nicht in der Arbeitsmappe.
#WERT!	A15 · fx =A13+A14 — A: 13 156,23, 14 100,--, 15 #WERT!	Sie führen eine arithmetische Operation mit einer Zelle durch, die Text anstelle einer Zahl enthält. 100,-- ist in Excel keine gültige Zahl!

Zirkelbezug

Eine Warnmeldung mit einem Hinweis auf einen Zirkelbezug erscheint immer dann, wenn Sie in einer Formel die Zelladresse des Formelergebnisses mit einbezogen haben, wie im unten abgebildeten Beispiel.

Hier wird versucht, die Summe des Zellbereichs A1 bis A4 zu berechnen. A4 ist jedoch gleichzeitig diejenige Zelle, in der die Summe berechnet wird. Anstelle eines Ergebnisses erscheint eine Zirkelbezugswarnung.

SU... ▾	⌒	X	✔	fx	=SUMME(A1:A4)

◢	A	B	C
1	100		
2	200		
3	300		
4	=SUMME(A1:A4)		
5			

7.5. Zellbezüge in Formeln

Was sind relative Zellbezüge?

Relative Zellbezüge orientieren sich an der aktuellen Zelle

Wenn Sie in einer Formel einen Zellbezug in der bisherigen Form, beispielsweise A5 verwenden, dann verweisen Sie eigentlich ausgehend von der aktuellen Zelle auf eine bestimmte Position mit relativem Abstand. Zellbezüge in dieser Schreibweise bezeichnet man daher auch als relative Zellbezüge.

Die bisher verwendeten Zellbezüge in Formeln sind also eigentlich relative Zellbezüge. Verwenden Sie beispielsweise in einer Formel in der Zelle A1 den Zellbezug B1, so ist dies ein Verweis auf die rechts angrenzende Zelle der gleichen Zeile. Kopieren Sie die Formel in die Zeile 2, so enthält die Formel nun einen Verweis auf die rechts angrenzende Zelle der Zeile 2, also B2. Somit können Formeln mit relativen Zellbezügen einfach kopiert werden, die Formel bleibt dabei gleich, nur die Zellbezüge werden beim Kopieren automatisch an die Zielzelle angepasst.

Beispiel: Kopieren Sie die Formel =A2*B2 aus der Zeile 2 in die Zeile 3, so lautet dann die Formel =A3*B3, in Zeile 99 würde die Formel dann lauten: =A99*B99. Die Anweisung lautet also eigentlich: Multipliziere die Werte der beiden Spalten links von der aktuellen Zelle.

◢	A	B	C
1	Einzelpreis	Menge	Gesamtpreis
2	12,00	7	=A2*B2
3	55,20	13	
4	148,90	5	
5			

Die Formel in Zeile 2

◢	A	B	C
1	Einzelpreis	Menge	Gesamtpreis
2	12,00	7	84,00
3	55,20	13	=A3*B3
4	148,90	5	744,50
5			

Die Formel nach dem Kopieren in Zeile 3

Relative Zellbezüge werden beim Kopieren automatisch angepasst

> Enthält eine Formel relative Zellbezüge, so werden diese beim Kopieren automatisch an die neue Position angepasst.

Absolute Zellbezüge

Absolute Zellbezüge verweisen auch nach dem Kopieren immer auf die gleiche Zelle

Nicht alle Formeln können auf diese Weise kopiert werden. In einigen Fällen führt dies zu einem falschen Ergebnis oder einer Fehlermeldung, dann müssen Sie in der Formel absolute Zellbezüge verwenden.

Absolute Zellbezüge verweisen unabhängig von der aktuellen Position immer auf die gleiche Zelle und werden auch beim Kopieren der Formel nicht verändert.

Absolute Zellbezüge sind am Dollarzeichen $ vor der Spalten- und Zeilennummer zu erkennen, beispielsweise $A$5.

Beispiel: Eine Firma hat einen einheitlichen Stundenlohn von 12,00 Euro. Dieser Wert befindet sich in B1. Wenn Sie nun bei der Berechnung des Betrages in C4 die Formel eingeben =B4*B1, dann würde diese Formel in der darunterliegenden Zeile lauten =B5*B2.

Der Zellbezug B5 ist zwar korrekt, die Formel würde in C5 aber trotzdem zu einem falschen Ergebnis führen, da B2 leer ist. Um die Formel trotzdem zu kopieren, müssen Sie also für B1 eine absolute Zelladresse verwenden, $B$1. Die richtige Formel muss also lauten: = B4*$B$1. Auf diese Weise erfolgt auch nach dem Kopieren die Berechnung immer mit dem Inhalt der Zelle B1.

	A	B	C
1	Stundenlohn	12	
2			
3	Mitarbeiter	gel. Arbeits stunden	Betrag
4	Wurmdobler	62	=B4*$B$1
5	Felditz	81	
6	Grünacker	36	

Die eingegebene Formel in C4

	A	B	C
1	Stundenlohn	12	
2			
3	Mitarbeiter	gel. Arbeits stunden	Betrag
4	Wurmdobler	62	744
5	Felditz	81	972
6	Grünacker	36	=B6*$B$1

Die Formel nach dem Kopieren in C6

Damit Sie das Dollarzeichen nicht manuell eingeben müssen, verwenden Sie die Funktionstaste F4. Fügen Sie dabei zuerst durch Anklicken mit der Maus den Zellbezug ein und drücken Sie anschließend auf der Tastatur die Taste F4. Der Cursor muss sich entweder unmittelbar vor, zwischen oder nach der Zelladresse befinden. Sie können auch nachträglich einen relativen Zellbezug in einer Formel ändern. Editieren Sie die Formel mit Doppelklick oder markieren Sie die Zelle und klicken Sie in die Bearbeitungsleiste. Markieren Sie dann die zu ändernde Zelladresse und drücken Sie F4.

Absolute Zellbezüge sind mit dem $-Zeichen gekennzeichnet

Die Funktionstaste F4 wandelt relative Zellbezüge um in absolute Zellbezüge und umgekehrt.

Funktionstaste F4

Bei mehrmaligem Drücken der F4-Taste erscheinen die folgenden Varianten:

Zellbezug	Beschreibung
A1	Relativer Zellbezug, die Adresse wird beim Kopieren angepasst.
$A$1	Absoluter Zellbezug, weder Spalte noch Zeile werden beim Kopieren verändert.
$A1	Absolute Spaltenadresse, die Spalte A wird beim Kopieren beibehalten, nicht aber der Zeilenbezug.
A$1	Absolute Zeilenadresse, die Zeile 1 wird beim Kopieren beibehalten, nicht aber der Spaltenbezug.

Wann benötigen Sie absolute und relative Zellbezüge?

Sie benötigen in einer Formel absolute Zellbezüge nur dann, wenn Sie die Formel kopieren wollen und in der Formel Werte aus einer genau festgelegten, einzigen Zelle benötigt werden. Absolute Zelladressen werden beim Kopieren nicht verändert.

Wichtig beim Kopieren einer Formel

Gemischte Zellbezüge

Gemischte Zellbezüge

In manchen Fällen benötigen Sie auch so genannte gemischte Bezüge, die sich beispielsweise immer auf die gleiche Spalte, jedoch in unterschiedlichen Zeilen beziehen. In der Abbildung unten ein Beispiel für gemischte Zellbezüge: um in einer einzigen Formel die Preise zu berechnen und diese anschließend zu kopieren, müssen Sie dafür sorgen, dass sich die Bezüge in der Formel immer auf die Preise in Spalte A und die Rabatte in Zeile 2 beziehen.

SU... ▼	X ✔ f_x	=$A3*(1-B$2)		
	A	B	C	D	E
1		Rabattgruppen			
2	VK-Preis	7%	10%	15%	
3	15,00	=$A3*(1-B$2)		12,75	
4	23,00	21,39	20,70	19,55	
5	18,00	16,74	16,20	15,30	
6					

Zellbezüge werden automatisch angepasst

Was passiert beim Einfügen oder Löschen von Blattspalten und -zeilen?

Wenn Sie nachträglich Blattspalten oder -zeilen in ein Tabellenblatt einfügen oder löschen, so werden nicht nur die Nummerierungen, sondern auch Zellbezüge in Formeln entsprechend angepasst. Eine Korrektur der Formeln ist also nicht erforderlich, dies gilt auch für absolute Zellbezüge.

Zellinhalte aus anderen Arbeitsblättern oder Arbeitsmappen verwenden

Zellbezüge auf andere Tabellenblätter

Eine Formel kann auch Zellbezüge auf andere Arbeitsblätter enthalten. In diesem Fall wird dem Zellbezug, getrennt durch ein Ausrufezeichen (!) noch der Name des Arbeitsblattes vorangestellt. Die Schreibweise lautet: Blattname!Zelladresse.

Als Beispiel soll im Blatt "Auswertung" die Summe der Lagerbestände ermittelt werden. Diese befinden sich in der gleichen Arbeitsmappe im Blatt "Lager".

1. Markieren Sie die Zelle, in die Sie die Formel eingeben möchten und klicken Sie auf die Funktion SUMME.

2. Klicken Sie nun im Blattregister auf das Blatt "Lager" in dem sich die benötigten Werte für die Formel befinden. Excel fügt damit automatisch den Blattnamen in Ihre Formel ein.

3. Klicken Sie auf die benötigten Zellen, bzw. markieren Sie den Zellbereich und kontrollieren Sie die Formel in der Bearbeitungsleiste. Schließen Sie dann die Formeleingabe ab, damit kehrt Excel automatisch wieder zurück zum Arbeitsblatt, das die Formel enthält.

SU... ▼	X ✔ f_x	=SUMME()	
	A	B	C
1	Summe Lagerbestand	=SUMME()	
2		SUMME(Zahl1; [Zahl2]; ...)	
3			
4			
5			
6			
7			
8			
9			
10			
11			
12			

Lager / Auswertung

SU... ▼	X ✔ f_x	=SUMME(Lager!C2:C11)	
	A	B	C
1	Artikel	Preis Netto	Lagerbestand
2	Gartengrill "Basic"	SUMME(Zahl1; [Zahl2]; ...)	100
3	Grillschürze "Torero"	20,89 €	30
4	Grill "Gyros"	299,00 €	
5	Sonnenschirm	124,50 €	20
6	Partyzelt	133,90 €	157
7	Gartenbank	65,00 €	
8	Liege "Mallorca"	98,00 €	15
9	Liege "Ibiza"	118,00 €	1
10	Gartentisch	115,00 €	
11	Sessel, aufblasbar	31,20 €	44
12			

Lager / Auswertung

Achtung: sobald Sie in einer Formel auf ein anderes Tabellenblatt klicken, fügt Excel den Namen dieses Blattes in die Formel ein. Bei der Verwendung von Zellbezügen auf andere Arbeitsblätter kehrt Excel immer wieder zurück zum Arbeitsblatt mit der Formel. Klicken Sie daher nach dem Eingeben der Formel nicht auf das ursprüngliche Arbeitsblatt, da sonst der Name des falschen Arbeitsblattes in Ihre Formel eingefügt würde!

Der Blattname wird beim Klicken auf das Blattregister automatisch eingefügt

Zellverknüpfung durch Kopieren erzeugen

Benötigen Sie aus einem anderen Tabellenblatt nur einen einzelnen Wert, dann können Sie auch auf dem Weg über die Zwischenablage eine Verknüpfung zu dieser Zelle erstellen. Als Beispiel soll für ein Kassenbuch der Endbestand des Vormonats übernommen werden.

Zwischenablage verwenden

1. Wechseln Sie in das Arbeitsblatt des Vormonats, markieren Sie die Zelle mit dem Endbestand und kopieren Sie den Inhalt mit den Tasten Strg+C oder klicken Sie auf das Symbol KOPIEREN.

2. Wechseln Sie in das zweite Tabellenblatt, markieren Sie die Zielzelle und klicken Sie in der Gruppe Zwischenablage auf den DropDown-Pfeil der Schaltfläche EINFÜGEN. Klicken Sie unter WEITERE EINFÜGEOPTIONEN auf VERKNÜPFUNG EINFÜGEN. Als Alternative können Sie auch die Tasten Strg+V verwenden und anschließend über den SmartTag EINFÜGEOPTIONEN die entsprechende Option wählen.

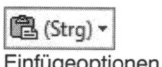

Einfügeoptionen

3. Excel fügt anstelle der Zahl eine Formel ein: =Blattname!Zelladresse

Einfügeoption Verknüpfung

Arbeitsmappen verknüpfen

Auf die gleiche Weise wie oben beschrieben können Sie in Formeln auch Werte aus einer anderen Arbeitsmappe verwenden, beachten Sie aber, dass dazu die Mappe geöffnet sein muss. Nach der Eingabe des = Zeichens wechseln Sie über die Taskleiste in die entsprechende Mappe. Markieren Sie die Zelle oder den Zellbereich mit den benötigten Werten und bestätigen Sie mit der Eingabe-Taste. Es ist nicht nötig, dass Sie nach der Formeleingabe zurück in die Ausgangs-Arbeitsmappe wechseln, dies passiert automatisch nachdem Sie die Eingabe abgeschlossen haben.

Öffnen Sie zuvor die benötigte Mappe

Der Dateiname wird der Zelladresse in eckigen Klammern [ ] vorangestellt. Die allgemeine Schreibweise bei arbeitsmappen- oder tabellenübergreifenden Zellbezügen in Formeln lautet:

=[Dateiname.xlsx]Tabellenblatt!Zellbezug

Verknüpfungen werden automatisch beim Öffnen aktualisiert

Sie können Verknüpfungen zu anderen Arbeitsmappen sowohl in Formeln verwenden, als auch einfache Verknüpfungen zu Zellen über die Zwischenablage erstellen. Verknüpfungen werden beim Öffnen der Arbeitsmappe aktualisiert, Excel blendet dazu eine entsprechende Meldung ein.

B1	▼	fx	=[LagerVorjahr.xlsx]Auswertung!$B$1		
	A		B	C	D
1	Lagerbestand Vorjahr		367		
2					

Formelergebnis als Wert einfügen

Das Ergebnis einer Formel als Zahl einfügen

Soll ein Formelergebnis in die Arbeitsmappe übernommen werden, ohne eine Verknüpfung zu einer anderen Arbeitsmappe zu erstellen, so kopieren Sie die Formel und fügen das Ergebnis als Wert ein. Damit wird das Formelergebnis in eine Zahl umgewandelt und bei eventuellen Änderungen nicht mehr aktualisiert.

In diesem Fall müssen Sie zum Einfügen wieder den DropDown-Pfeil der Schaltfläche EINFÜGEN verwenden und unter WERTE EINFÜGEN wählen, ob Sie den Wert mit oder ohne Formatierung einfügen möchten. Als Alternative können Sie auch nach dem Einfügen auf den Smart-Tag EINFÜGEOPTIONEN klicken und hier die gewünschte Einstellung wählen.

7.6.   Namen verwenden

Vergeben Sie nur dann Namen für Zellen, wenn Sie absolute Zellbezüge in Formeln benötigen

Besonders in umfangreichen Tabellen werden Formeln durch absolute Zellbezüge und Verknüpfungen zwischen verschiedenen Tabellenblättern schnell unübersichtlich. Anstelle von absoluten Zellbezügen können in Excel auch Namen für Zellen oder Zellbereiche vergeben werden. Namen besitzen in der gesamten Arbeitsmappe Gültigkeit.

Ein Name muss mit einem Buchstaben beginnen und darf weder Leerzeichen, Bindestrich, Punkt, Semikolon oder Doppelpunkt enthalten. Unterstrich (_) ist erlaubt. Namen unterscheiden nicht zwischen Groß- und Kleinschreibung, die maximale Länge beträgt 255 Zeichen.

Namen erstellen

Geben Sie im Namenfeld einen Namen für die markierte Zelle ein

Am einfachsten verwenden Sie das Namenfeld, um Namen für Zellen zu vergeben. Das Namenfeld befindet sich am linken Rand der Bearbeitungsleiste und zeigt entweder den Namen oder die Adresse der markierten Zelle an.

1. Zur Vergabe eines Namens markieren Sie die Zelle, der Sie einen Namen zuweisen möchten.

2. Klicken Sie dann in das Namenfeld und geben Sie den Namen über die Tastatur ein. Vergessen Sie nicht, die Eingabe mit der Eingabe-Taste abzuschließen!

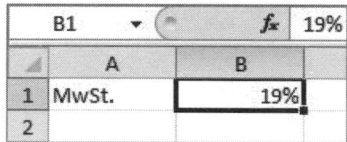

Zelle markieren

Geben Sie im Namenfeld den Namen ein

Namen können sich auch auf Zellbereiche beziehen: in diesem Fall markieren Sie den entsprechenden Zellbereich und geben anschließend über das Namenfeld den Namen ein.

Namen auch für Zellbereiche

Namen automatisch erstellen

Im Register FORMELN stehen Ihnen in der Gruppe DEFINIERTE NAMEN Schaltflächen zur Verfügung, über die Sie ebenfalls Namen erstellen und verwalten können.

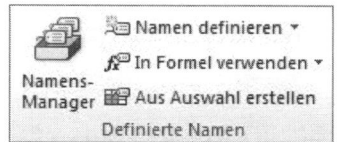

Register FORMELN, Gruppe DEFINIERTE NAMEN

Häufig befindet sich im Tabellenblatt bereits eine entsprechende Beschriftung über oder neben den Zellen. In diesen Fällen können Namen auch aus der Beschriftung erstellt werden.

Namen automatisch erstellen

1. Markieren Sie dazu die Zellen zusammen mit der dazugehörigen Beschriftung und klicken Sie auf die Schaltfläche AUS AUSWAHL ERSTELLEN.

2. Ein Dialogfenster erscheint: geben Sie an, wo sich Ihre Beschriftung befindet und bestätigen Sie mit OK.

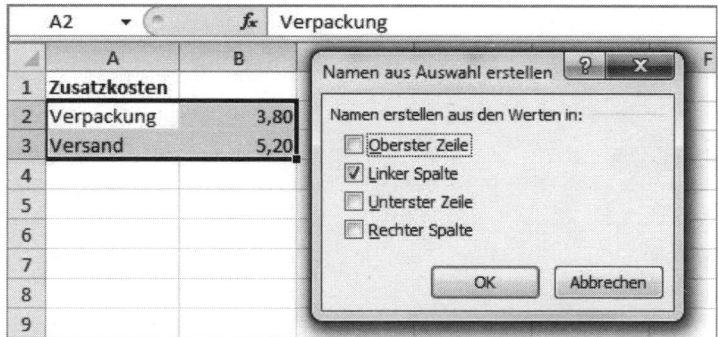

Namen anzeigen

Ein Mausklick auf den DropDown-Pfeil des Namenfeldes öffnet eine Liste aller in der Mappe vorhandenen Namen.

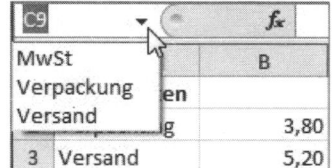

Namen wieder löschen

Im Namens-Manager können Sie nicht nur vorhandene Namen zusammen mit dem dazugehörigen Wert anzeigen, sondern ggf. auch wieder löschen. Zum Öffnen klicken Sie im Register FORMELN, Gruppe DEFINIERTE NAMEN auf die Schaltfläche NAMENS-MANAGER.

Namens-Manager

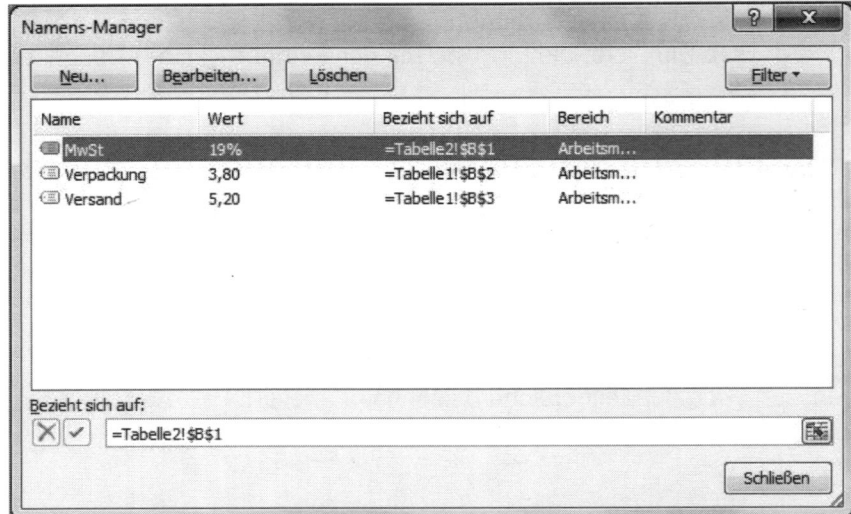

Achtung: Wurde der gelöschte Name in Formeln verwendet, dann erscheint jetzt anstelle des Ergebnisses die Meldung #NAME?. Löschen Sie daher ausschließlich nicht benötigte Namen.

Namen in Formeln verwenden

Namen werden in Formeln anstelle von absoluten Zellbezügen verwendet

Wenn Sie für eine Zelle einen Namen vergeben haben, dann fügt Excel bei der Eingabe einer Formel automatisch den Namen in die Formel ein, sobald Sie mit der Maus auf die entsprechende Zelle klicken. Sie können bei der Formeleingabe Namen auch manuell über die Tastatur eintippen. Sobald Sie die ersten Zeichen eingegeben haben, erscheinen die Namen zusammen mit den Funktionen in einer Liste. Zum Übernehmen verwenden Sie die Tab-Taste.

Namen aus Liste übernehmen

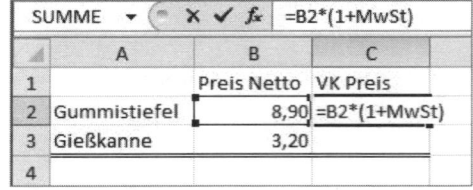

Name in Formel eingeben

Beachten Sie beim Kopieren von Formeln: Namen beziehen sich immer auf die gleiche Zelle der Arbeitsmappe und verhalten sich daher wie absolute Zellbezüge.

Eine andere Möglichkeit, Namen in eine Formel einzufügen stellt die Schaltfläche IN FORMEL VERWENDEN der Gruppe DEFI-NIERTE NAMEN dar. Klicken Sie während der Formeleingabe auf die Schaltfläche und wählen Sie den benötigten Namen aus.

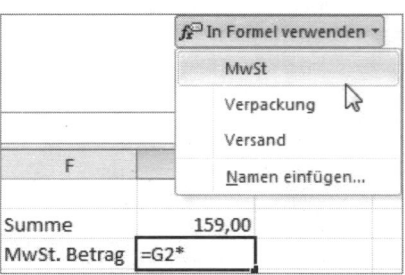

7.7. Rechnen mit Datum und Uhrzeit

Datumsberechnung

Ein Datum stellt in Excel eigentlich eine fortlaufende Zahl dar, die mit dem 01.01.1900 beginnt und als Datum formatiert ist. Daher sind in Excel auch Berechnungen mit Datumswerten möglich. Ein Datum vor 1900 wird allerdings als Text behandelt und kann nicht für Berechnungen herangezogen werden.

Benötigen Sie das Ergebnis in Tagen, dann formatieren Sie die Zelle als Zahl

Wenn Sie beispielsweise ein Fälligkeitsdatum berechnen möchten, dann addieren Sie einfach die Tage zum Datumswert, das Ergebnis erscheint normalerweise im Datumsformat.

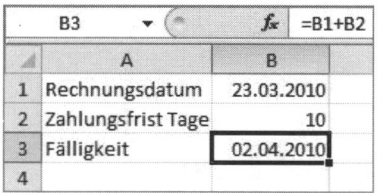

Fälligkeit berechnen

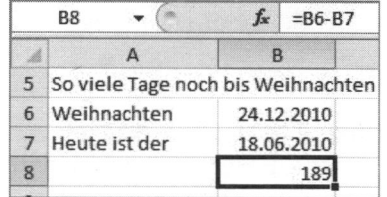

Differenz in Tagen berechnen

Benötigen Sie dagegen das Ergebnis in Tagen, beispielsweise die Differenz zwischen zwei Datumswerten, dann müssen Sie unter Umständen das Ergebnis als Zahl formatieren.

> Achten Sie bei der Berechnung einer Datumsdifferenz darauf, immer das kleinere Datum vom größeren (älteren) zu subtrahieren und nicht umgekehrt, da Excel keine negativen Datumswerte darstellen kann.

Excel kann keine negativen Datumswerte darstellen

Zeitberechnungen

Auch Zeitangaben können für Berechnungen verwendet werden. Beachten Sie aber, dass das Standard-Uhrzeitformat von Excel nicht mehr als 24 Stunden anzeigt. Liefert das Ergebnis einer Formel mehr als 24 Stunden, dann müssen Sie das Format entsprechend ändern.

Beispiel Arbeitszeitberechnung:

Achten Sie bei der Formeleingabe darauf, den kleineren vom größeren Wert zu subtrahieren. Negative Zeitangaben können nicht angezeigt werden.

	A	B	C	D	E	F	G
1		Vormittags		Nachmittags			
2		Von	bis	Von	bis	Gesamt	
3	Montag	08:00	12:15	12:45	16:30	=E3-D3+C3-B3	
4	Dienstag	07:45	12:00	12:45	17:00	08:30	
5	Mittwoch	07:45	12:10	12:40	16:30	08:15	
6	Donnerstag	08:15	12:30	12:45	16:00	07:30	
7	Freitag	08:00	14:30			06:30	
8				Summe		14:45	
9							

Wenn Sie anschließend allerdings die einzelnen Arbeitszeiten addieren, so erhalten Sie ein Ergebnis, das auf den ersten Blick merkwürdig erscheint. Die Ursache liegt darin, dass das Ergebnis in einem Format erscheint, das nicht mehr als 24 Stunden anzeigt. Als Abhilfe müssen Sie die Zelle in einem anderen Uhrzeitformat formatieren. Öffnen Sie über das Register START oder das Kontextmenü das Dialogfenster ZELLEN FORMATIEREN.

Zellen formatieren

Das Format [h]:mm zeigt auch mehr als 24 stunden an

Klicken Sie im Register ZAHLEN auf die Kategorie BENUTZERDEFINIERT, das Format [h]:mm erlaubt auch mehr als 24 Stunden.

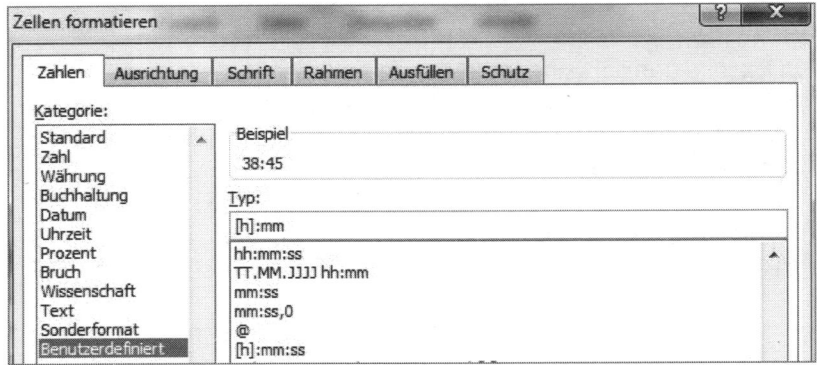

Uhrzeit in Dezimalzahl umwandeln

Für weitere Berechnungen müssen Sie die Uhrzeit in eine Dezimalzahl umwandeln

Manche Berechnungen setzen anstelle des Uhrzeitformats eine Dezimalzahl voraus. Etwa, wenn Sie aus den Arbeitszeiten die Höhe des Arbeitsentgelts berechnen wollen. Da beispielsweise 1 Stunde, 30 Minuten der Zahl 1,5 entspricht, müssen Sie zuerst die Uhrzeit in eine Dezimalzahl umwandeln. So gehen Sie dabei vor:

1. Formatieren Sie die Ergebnisse als Standardzahlen (Register START, Auswahlfeld Gruppe ZAHL). Die Uhrzeit wird als Dezimalzahl in Tagen angezeigt, Im Beispiel unten die Werte in Spalte G.

2. Da ein Tag 24 Stunden umfasst, multiplizieren Sie im nächsten Schritt die Ergebnisse mit 24. So erhalten Sie die Arbeitszeiten als Dezimalzahlen. Da die Werte in Spalte G eigentlich nur Zwischenergebnisse darstellen, können Sie diese Spalte auch ausblenden.

	A	B	C	D	E	F	G	H
1		Vormittags		Nachmittags				
2		Von	bis	Von	bis	Gesamt	Gesamt	Dezimal
3	Montag	08:00	12:15	12:45	16:30	08:00	0,33333333	=G3*24
4	Dienstag	07:45	12:00	12:45	17:00	08:30	0,35416667	8,50
5	Mittwoch	07:45	12:10	12:40	16:30	08:15	0,34375	8,25
6	Donnerstag	08:15	12:30	12:45	16:00	07:30	0,3125	7,50
7	Freitag	08:00	14:30			06:30	0,27083333	6,50
8					Summe	38:45	1,61458333	38,75

7.8. Zusammenfassung

*   Wenn Sie mit Excel Berechnungen durchführen möchten, dann müssen Sie eine Formel in die markierte Zelle eingeben. Eine Formel beginnt immer mit dem Gleichheitszeichen (=). Anschließend geben Sie die Zellbezüge entweder über die Tastatur, die Pfeiltasten oder durch Anklicken mit der Maus in die Formel ein. Die Operatoren geben Sie wieder über die Tastatur ein. Bei nachträglichen Änderungen der Zahlen wird eine Formel automatisch neu berechnet. In komplexen Formeln müssen Sie eventuell auch noch Klammern verwenden.

*   Relative Zellbezüge in Formeln werden beim Kopieren der Formel automatisch angepasst. Benötigen Sie in einer Formel einen Zellbezug, der auch beim Kopieren der Formel nicht verändert werden soll, dann müssen Sie mit der Funktionstaste F4 die Adresse in einen absoluten Zellbezug umwandeln. Absolute Zelladressen sind mit dem $-Zeichen gekennzeichnet.

- Anstelle von absoluten Zellbezügen können für Zellen oder Zellbereiche auch Namen vergeben und anschließend in Formeln verwendet werden. Dazu dient das Namenfeld der Bearbeitungsleiste. Eine weitere Möglichkeit, Namen zu verwalten stellt der NAMENS-MANAGER im Register FORMELN dar.

- Mit der Schaltfläche AUTOSUMME können Sie schnell die Summe über einen markierten Zellbereich berechnen. Über den DropDown-Pfeil dieser Schaltfläche stehen Ihnen noch weitere Funktionen wie beispielsweise Mittelwert oder Anzahl zur Verfügung. Bereichsangaben verwenden die Schreibweise erste Zelle:letzte Zelle.

7.9. Übung

Aufgabe 1 - Formeln

Starten Sie Excel mit einer neuen, leeren Arbeitsmappe und speichern Sie die Mappe unter dem Namen Formelübung. Geben Sie im ersten Tabellenblatt die folgenden Werte ein und formatieren Sie die Tabelle nach Ihren Vorstellungen. Benennen Sie das Blatt um, es erhält den Namen Beispiel 1.

Übung

	A	B	C
1	Reisepreis pro Person und Tag	45,00	
2	Zuschlag für Erwachsene	5,00	
3	Zuschlag für Kinder	2,00	
4	Reisedauer in Tagen	10,00	
5	Anzahl Erwachsene	2,00	
6	Anzahl Kinder	3,00	
7			
8	Reisepreis gesamt		
9			

Berechnen Sie in B8 den gesamten Reisepreis. Achtung, für eine korrekte Berechnung benötigen Sie Klammern!

Bemerkungen:

_____

_____

_____

_____

Aufgabe 2 - einfache Funktionen

Geben Sie die Werte der unten abgebildeten Tabelle in ein neues Tabellenblatt ein, das Blatt erhält den Namen Beispiel 2. Formatieren Sie die Tabelle nach Ihren Vorstellungen.

	A	B	C	D	E	F	G	H	I
1	Turnschuhproduktion								
2					Absatz				
3	Modell Nr.	Produziert Stück	% Anteil an der Gesamtproduktion	Inland	EU	Sonst. Länder	Absatz Gesamt	Überschuss in Zahlen	Überschussanteil Produktion
4	14-777	12.000		4.000	3.000	1.000			
5	14-778	14.000		2.800	5.000	2.000			
6	14-779	8.000		5.600	1.000				
7	15-209	5.000		3.000	200	400			
8									
9	Gesamt								
10	Anzahl Modelle								
11	Mittelwert								
12									

- Berechnen Sie in den Spalten die fehlenden Werte.
- Berechnen Sie außerdem in B9 die gesamte Produktion, in B10 die Anzahl der verschiedenen Modelle und in B11 die durchschnittliche Produktion je Modell.

Bemerkungen:

_____

_____

_____

_____

_____

Aufgabe 3 - Zellbezüge und Prozentberechnung

Geben Sie die nachfolgende Tabelle in eine neues Tabellenblatt ein, das Blatt erhält den Namen Beispiel 3. Formatieren Sie die Tabelle ähnlich der Abbildung.

	A	B	C
1	Preiserhöhung	5%	
2			
3	Modell-Nr.	Alter Preis	Neuer Preis
4	A-100	12,35	
5	A-101	14,99	
6	A-102	56,20	
7	A-103	106,80	
8	A-104	79,00	
9			

- Die bisherigen Preise werden um 5% erhöht. Berechnen Sie in der Spalte C die neuen Preise.
- Was passiert, wenn sich die Preise anstelle um 5% gleich um 7% erhöhen?

Lösungshinweis: Verwenden Sie in der Formel nicht die feste Zahl 1,15 oder 115%. Dadurch würde sich das Formelergebnis nicht ändern, wenn Sie in B1 einen anderen Wert eingeben. Beachten Sie außerdem, dass Sie für B1 einen absoluten Zellbezug verwenden müssen, damit Sie die Formel kopieren können.

Bemerkungen:

_____

_____

_____

_____

_____

_____

_____

8. Erweiterter Umgang mit Funktionen

In dieser Lektion lernen Sie

- Allgemeiner Aufbau von Funktionen
- Verwendung wichtiger Funktionen, Beispiele
- Verschachtelte Funktionen

Was Sie für diese Lektion wissen sollten

- Einfache Formeln eingeben und bearbeiten
- Verwenden von Zellbezügen

Die Verwendung einfacher Funktionen wie SUMME oder MITTELWERT haben Sie bereits in der letzten Lektion kennen gelernt. Excel verfügt jedoch über eine Vielzahl weiterer nützlicher Funktionen für verschiedene Zwecke. Sie finden diese Funktionen nach Kategorien geordnet, entweder als Funktionsbibliothek im Menüband, Register FORMELN oder über die Schaltfläche FUNKTION EINFÜGEN. Insgesamt kennt Excel verschiedene Möglichkeiten, wie Sie eine Funktion eingeben können.

- Schaltfläche FUNKTION EINFÜGEN in der Bearbeitungsleiste
- Funktionsbibliothek im Register FORMELN
- Manuelle Eingabe über die Tastatur

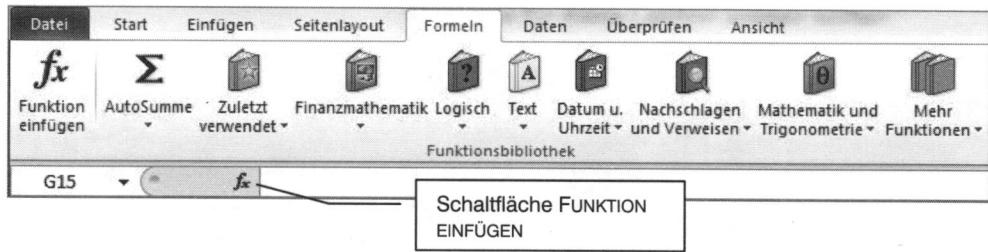

Schaltfläche FUNKTION EINFÜGEN

8.1. Eingabe von Funktionen

Aufbau einer Funktion

Wie jede Formel beginnt auch eine Funktion immer mit dem Gleichheitszeichen (=). Nach dem Gleichheitszeichen folgt der Name der Funktion in Großbuchstaben, dahinter in Klammern die erforderlichen Argumente. Bei Verwendung mehrerer Argumente werden diese mit Semikolon (;) getrennt. Als Funktionsargumente können Werte, Zellbezüge, Zellbereiche, Formeln oder weitere Funktionen angegeben werden. Einige Funktionen benötigen keine Argumente, die Klammern sind trotzdem erforderlich.

Argumente: Zellbezüge oder Werte in einer Funktion

Die allgemeine Schreibweise (Syntax) einer Funktion:

=FUNKTIONSNAME(Argument1;Argument2;Argument3;...)

Syntax einer Funktion

Sind Ihnen der Name, der Aufbau und die allgemeine Syntax einer Funktion bekannt, dann können Sie die Funktion direkt über die Tastatur eingeben.

Auswahl von Funktionen / Funktionsassistent

Das Register FORMELN enthält in der Gruppe FUNKTIONSBIBLIOTHEK alle Excel-Funktionen nach Kategorien geordnet. Klicken Sie auf den DropDown-Pfeil der jeweiligen Kategorie und wählen Sie die gewünschte Funktion aus.

Funktionsassistent

Wenn Sie den Namen oder Kategorie einer Funktion nicht kennen, dann können Sie auch mit Hilfe des Funktionsassistenten eine Funktion suchen. Klicken Sie dazu auf die Schaltfläche FUNKTION EINFÜGEN, die Sie sowohl im Register FORMELN als auch in der Bearbeitungsleiste finden. Über den DropDown-Pfeil der Schaltfläche AUTOSUMME (Register START oder FORMELN) gelangen Sie über WEITERE FUNKTIONEN… ebenfalls zum Funktionsassistenten.

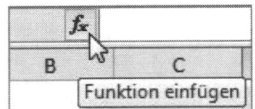

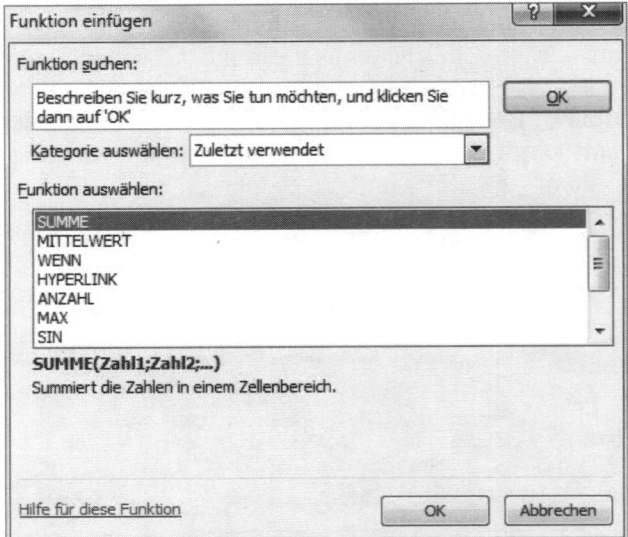

Funktion suchen

Ist Ihnen der Name der Funktion nicht bekannt, dann verwenden Sie dieses Feld zur Suche nach einer passenden Funktion. Geben einen Suchbegriff ein und klicken Sie daneben auf die Schaltfläche OK.

Kategorie und Funktion auswählen

Die Kategorie ALLE listet alle Excel-Funktionen auf

In der Liste FUNKTION AUSWÄHLEN erscheinen standardmäßig nur diejenigen Funktionen, die Sie zuletzt verwendet haben. Benötigen Sie eine andere Funktion, so müssen Sie zuerst die entsprechende Kategorie wählen. Meist ist es am einfachsten, wenn Sie die Kategorie ALLE AUSWÄHLEN. Hier listet Excel alle verfügbaren Funktionen in alphabetischer Reihenfolge auf. Markieren Sie die gewünschte Funktion und klicken Sie auf OK.

Hilfe zu Funktionen

Beschreibung der Funktion anzeigen

Eine genauere Beschreibung zur markierten Funktion erhalten Sie über den Link HILFE FÜR DIESE FUNKTION.

Funktionsargumente

Fett gekennzeichnete Argumente sind für die Berechnung unbedingt erforderlich

Nachdem Sie eine Funktion ausgewählt haben, öffnet Excel das Fenster FUNKTIONSARGUMENTE. Fett gekennzeichnete Argumente sind unbedingt erforderlich, alle anderen optional. Nähere Informationen zum jeweiligen Argument erscheinen unterhalb, wenn Sie mit der Maus in die jeweilige Eingabezeile klicken. Sie können nun entweder die Argumente über die Tastatur direkt in die Zeilen eingeben oder wie bei der Formeleingabe durch Anklicken aus dem Tabellenblatt übernehmen. Kontrollieren Sie das Ergebnis und bestätigen Sie mit der Schaltfläche OK.

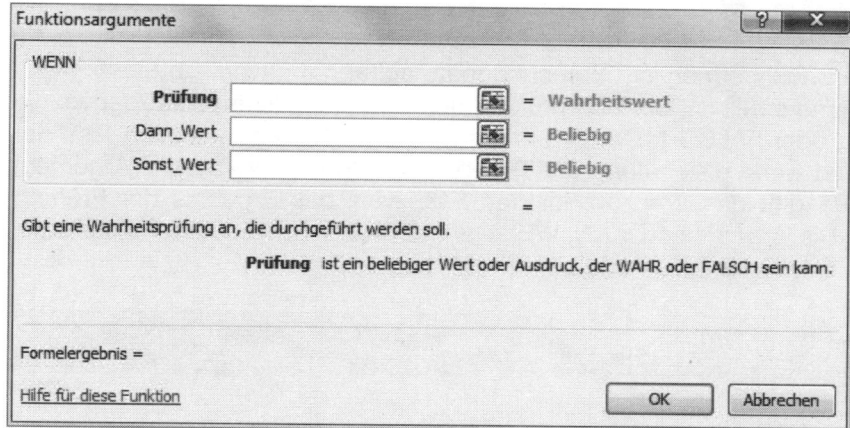

Als Argumente können entweder Zellen, Zellbereiche, Zahlen, Formeln und weitere Funktionen oder Text verwendet werden. Text als Funktionsargument muss in Anführungszeichen (" ") stehen.

Tipp: Häufig wird ein Teil des Arbeitsblattes durch das Dialogfenster FUNKTIONS-ARGUMENTE verdeckt. Verschieben Sie in diesem Fall das Fenster einfach durch Ziehen mit der Maus an eine andere Stelle. Es genügt, wenn Sie dazu eine beliebige Stelle innerhalb des Fensters verwenden. Eine zweite Möglichkeit stellt das kleine rote Pfeilsymbol am Ende jeder Eingabezeile dar: mit einem Mausklick auf das Symbol blenden Sie das Fenster bis auf die entsprechende Zeile aus und wieder ein.

Fenster ausblenden.

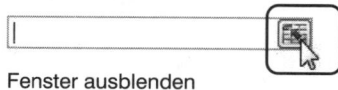

Fenster ausblenden

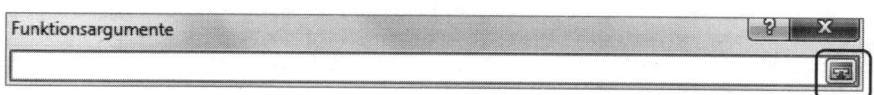

Fenster einblenden

Funktion über die Tastatur eingeben
Wenn Sie eine Funktion über die Tastatur eingeben, dann blendet Excel während der Eingabe die erforderlichen Funktionsargumente ein. Der Funktionsname wird automatisch in Grossbuchstaben umgewandelt.

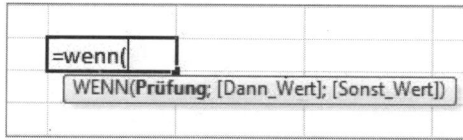

Funktion nachträglich bearbeiten
Für nachträgliche Korrekturen an einer Funktion markieren Sie einfach die Zelle mit der Funktion und klicken auf die Schaltfläche FUNKTION EINFÜGEN. Das Fenster FUNKTIONSARGUMENTE erscheint erneut und Sie können Änderungen an den Argumenten vornehmen.

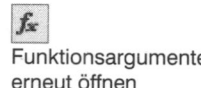

Funktionsargumente erneut öffnen

8.2.   Die WENN-Funktion

Allgemeiner Aufbau

Die Funktion WENN ermöglicht Berechnungen, abhängig davon, ob die angegebene Bedingung erfüllt ist. Die Überprüfung der Bedingung liefert als Ergebnis die Werte WAHR oder FALSCH. Das Argument DANN_WERT legt den Wert fest, der eingesetzt wird wenn die Prüfung das Ergebnis WAHR wiedergibt, das Argument SONST_WERT gibt den Wert an, für den Fall, dass das Ergebnis der Prüfung FALSCH ist. Die Argumente DANN_WERT und SONST_WERT können eine Zahl, eine Formel, eine weitere Funktion oder auch Text sein.

Berechnungen, abhängig von einer Bedingung

Argument	Beschreibung
Prüfung	Geben Sie eine Bedingung an.
Dann_Wert	Welcher Wert oder welche Berechnung soll verwendet werden, wenn die Prüfung das Ergebnis WAHR liefert? Wird dieses Argument nicht angegeben, so liefert die Funktion das Ergebnis der Prüfung, also WAHR oder FALSCH. Das gleiche gilt auch für den Sonst_Wert. Soll in diesem Fall die Zelle leer bleiben, dann geben Sie zwei Anführungszeichen hintereinander ein "".
Sonst_Wert	Welcher Wert oder welche Berechnung soll verwendet werden, wenn die Prüfung das Ergebnis FALSCH liefert?

Beispiel: Sie möchten für die Außendienstmitarbeiter die Höhe der monatlichen Provision berechnen. Bei einem Umsatz von 5.000 Euro oder mehr erhält der Mitarbeiter 5% des Umsatzes als Provision, sonst 3%. Damit Sie die Provision nicht für jeden Mitarbeiter einzeln berechnen müssen, sondern mit einer einzigen Formel, die Sie anschließend kopieren, benötigen Sie die Funktion WENN.

1. Markieren Sie die erste Zelle, in die die Formel eingegeben werden soll und klicken Sie auf die Schaltfläche FUNKTION EINFÜGEN. Anschließend wählen Sie die Funktion WENN (Kategorie Logik) und klicken auf die Schaltfläche OK.

"" bedeutet: die Zelle bleibt leer

2. Geben Sie nun nacheinander die Funktionsargumente ein. Eine Übersicht über die Vergleichsoperatoren finden Sie in Lektion 7.1.

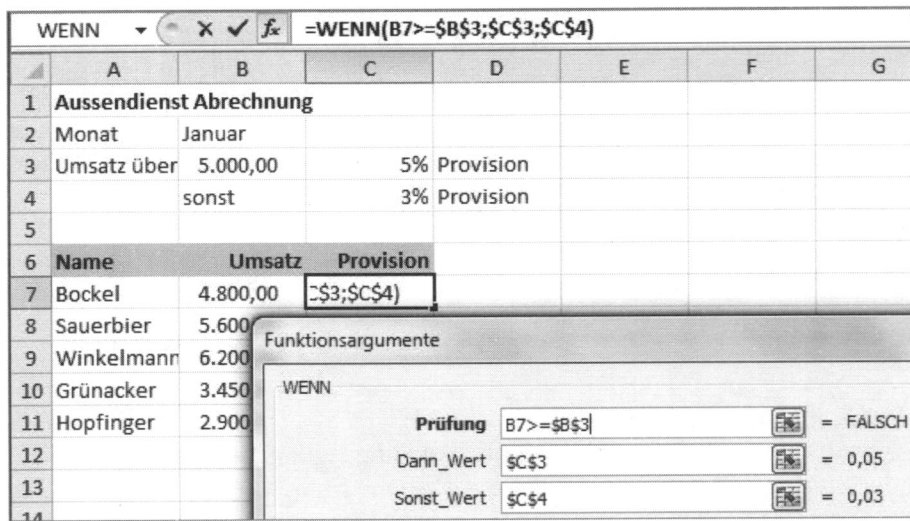

3. Anschließend kopieren Sie die Funktion in die restlichen Zeilen der Liste und formatieren die Ergebnisse im Prozentformat.

Dieses Beispiel ermittelt nur die jeweiligen Prozentsätze, daher müssen Sie in einer weiteren Spalte auch noch die Höhe der Provision berechnen. Sie können aber auch die Provision gleichzeitig mit der WENN-Funktion berechnen. Dann geben Sie als Dann_Wert und als Sonst_Wert die entsprechenden Formeln ein.

Formel als Argumente verwenden

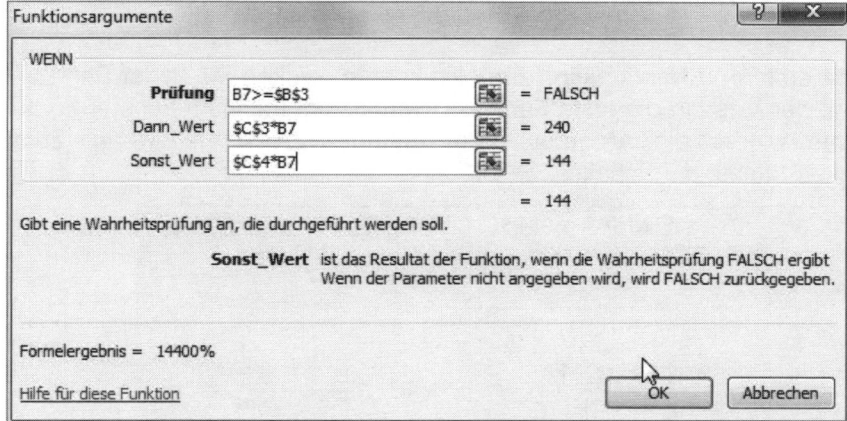

Verschachtelte WENN-Funktionen

In vielen Fällen sind zwei oder mehr Bedingungen zu überprüfen. Dann müssen Sie in die erste WENN-Funktion als Argument eine weitere WENN-Funktion einfügen. Dazu verwenden Sie das Funktionsfeld in der Bearbeitungsleiste.

Verschachtelte Funktion: eine weitere Bedingung überprüfen

Dazu soll das erste Beispiel etwas abgewandelt werden. Bei einem Umsatz unter 3.000 Euro erhält der Mitarbeiter 1,5% Provision, bei einem Umsatz unter 5.000 Euro gelten 3%, liegt der Umsatz darüber, dann erhält der Mitarbeiter 5%.

1. Markieren Sie die Zelle und fügen Sie die erste WENN-Funktion ein. Als erste Bedingung wird überprüft, ob der Umsatz über 5.000 liegt, in diesem Fall erhält der Mitarbeiter 5% (Dann_Wert)

2. Im Sonst_Teil müssen Sie nun weiter prüfen, ob der Umsatz über 3.000 liegt. Klicken Sie in die entsprechende Argumentzeile und anschließend in der Bearbeitungsleiste auf die Funktion WENN.

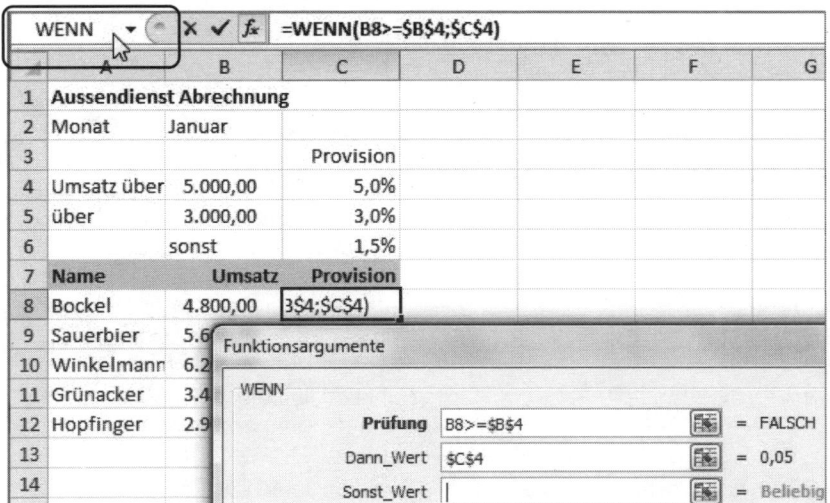

3. Im Dialogfenster können Sie nun die Funktionsargumente der zweiten WENN-Funktion eingeben. Werfen Sie einen Blick in die Bearbeitungsleiste: Sie haben als SONST_Wert die Funktion WENN eingefügt und bearbeiten jetzt diese zweite, fett gekennzeichnete Funktion.

Fügen Sie weitere Funktionen über die Bearbeitungsleiste ein

4. Als nächste Bedingung ist zu prüfen, ob der Umsatz über 3.000 beträgt. In diesem Fall erhält der Mitarbeiter eine Provision von 3% (Dann_Wert).

5. Trifft dies nicht zu, liegt also der Umsatz unter 3.000, erhält der Mitarbeiter 1,5% Provision (Sonst_Wert).

Klicken Sie in der Bearbeitungsleiste in die benötigte Funktion

Um wieder zur ersten WENN-Funktion zurückzukehren, klicken Sie in der Bearbeitungsleiste mit der Maus in die erste Funktion. Damit zeigt Excel im Fenster Funktionsargumente wieder die Argumente der ersten WENN-Funktion an. Zum Beenden klicken Sie auf die Schaltfläche OK.

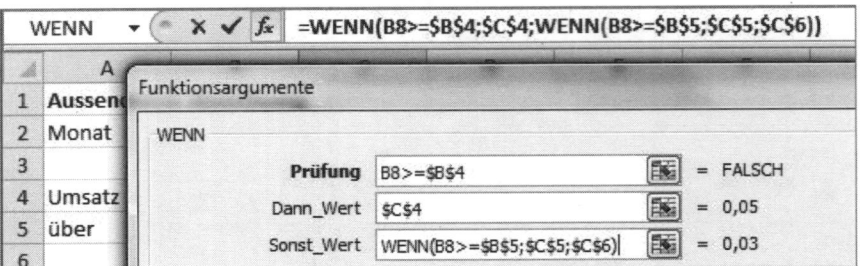

Auf diese Weise können auch weitere Funktionen als Sonst_Wert oder Dann_Wert eingefügt werden. Das Feld zur Funktionsauswahl in der Bearbeitungsleiste zeigt immer die zuletzt verwendete Funktion an, um eine andere Funktion auszuwählen, klicken Sie auf den DropDown-Pfeil.

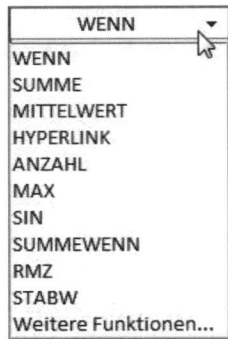

Hinweis: Anstelle mehrerer verschachtelter WENN-Funktionen kann in vielen Fällen auch die Funktion SVERWEIS (S.100) verwendet werden.

8.3. Mehrere Bedingungen mit Logikfunktionen verknüpfen

Logisch

Mit den Funktionen UND, ODER und NICHT aus der Kategorie LOGIK lassen sich auch mehrere Bedingungen miteinander verknüpfen.

Funktion	Beschreibung
UND(Wahrheitswert1;Wahrheitswert2)	Diese Funktion liefert das Ergebnis WAHR, wenn alle Bedingungen WAHR ergeben.
ODER(Wahrheitswert1;Wahrheitswert2)	Diese Funktion liefert das Ergebnis WAHR, wenn mindestens eine der Bedingungen WAHR ist.
NICHT(Wahrheitswert)	Diese Funktion liefert das Ergebnis WAHR, wenn die Bedingung FALSCH ergibt (kehrt das Ergebnis um).

Beispiel: Für alle Modelle der Gruppen A oder B sollen Sonderpreise mit einem Preisnachlass von 50% berechnet werden. Bei allen anderen Gruppen soll keine Berechnung erfolgen.

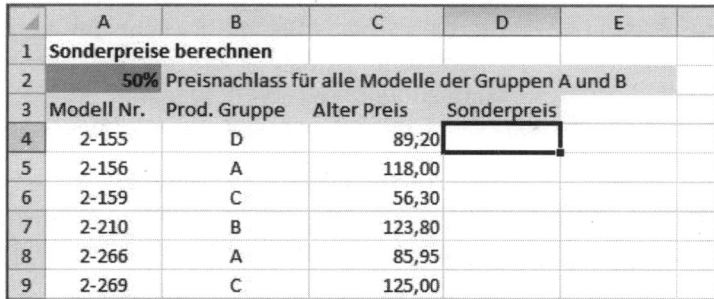

	A	B	C	D	E
1	Sonderpreise berechnen				
2	50%	Preisnachlass für alle Modelle der Gruppen A und B			
3	Modell Nr.	Prod. Gruppe	Alter Preis	Sonderpreis	
4	2-155	D	89,20		
5	2-156	A	118,00		
6	2-159	C	56,30		
7	2-210	B	123,80		
8	2-266	A	85,95		
9	2-269	C	125,00		

Damit Sie auch hier die Berechnung nicht für jedes Modell einzeln durchführen müssen, benötigen Sie eine Formel, die zunächst überprüft, ob die jeweilige Produktgruppe A oder B enthält.

1. Fügen Sie in D4 die Funktion WENN ein. Da zwei Bedingungen zu überprüfen sind, benötigen Sie als erstes Argument die Funktion ODER. Klicken Sie im Funktionsfeld der Bearbeitungsleiste auf den DropDown-Pfeil und wählen Sie die Funktion ODER aus.

2. Geben Sie nun die beiden zu überprüfenden Bedingungen ein. Da es sich bei den Produktgruppen um Text handelt, müssen diese in Anführungszeichen stehen.

Text in "Anführungszeichen"

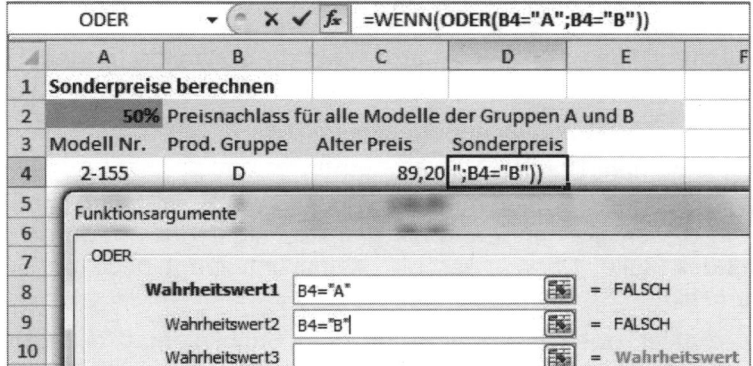

3. Da die Funktion WENN noch nicht vollständig ist, müssen Sie anschließend in der Bearbeitungsleiste auf die Funktion WENN klicken, um hier mit der Eingabe der Argumente fortzufahren.

Zurück zur Funktion WENN

4. Geben Sie als Dann_Wert die Formel zur Berechnung des Sonderpreises ein, da sonst kein Preis berechnet wird und die Zelle leer bleiben soll, werden als Sonst_Wert zwei Anführungszeichen "" eingegeben.

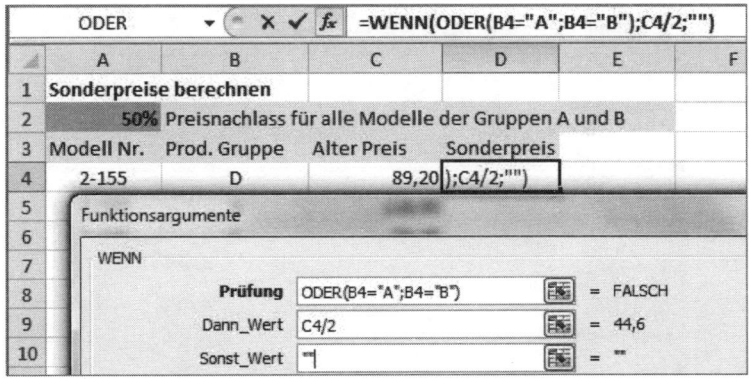

8.4. Verweisfunktionen

SVERWEIS

Nach einem bestimmten Wert in einer Tabelle suchen

Die Funktion SVERWEIS (Senkrecht-Verweis) gehört zur Kategorie NACHSCHLAGEN UND VERWEISEN (Register FORMELN, FORMELBIBLIOTHEK). Sie durchsucht die erste Spalte einer Tabelle (Matrix) von oben nach unten nach einem vorgegebenen Suchkriterium und liefert als Ergebnis den dazugehörigen Wert aus einer angegebenen Spalte der Matrix (Spaltenindex). Die Funktion benötigt die folgenden Argumente:

Argument	Beschreibung
Suchkriterium	Der Wert, nach dem die erste Spalte der Matrix durchsucht wird
Matrix	Der Tabellenbereich mit den gesuchten Werten
Spaltenindex	Die Spalte, in der sich der gesuchte Wert befindet. Der Spaltenindex ist eine fortlaufende Zahl, also z.B. 3 für die dritte Spalte
Bereich_Verweis	FALSCH bedeutet, SVERWEIS liefert nur dann ein Ergebnis, wenn das Suchkriterium gefunden wird
	WAHR oder keine Angabe: wird in der Matrix kein exakt übereinstimmender Wert gefunden, so liefert SVERWEIS als Ergebnis den nächstliegenden Wert aus der darüberliegenden Zeile

Beachten Sie:

- Das Suchkriterium muss sich immer in der ersten Spalte der angegebenen Matrix befinden.

- Als Spaltenindex muss eine Zahl angegeben werden.

- Wenn Sie als Argument Bereich_Verweis den Wert WAHR angeben, dann ist keine exakte Übereinstimmung mit dem Suchkriterium erforderlich. SVERWEIS liefert in diesem Fall als Ergebnis den nächstgelegenen Wert aus der darüberliegenden Zeile. Dann muss die Matrix unbedingt nach der ersten Spalte sortiert sein!

- Soll nur bei exakter Übereinstimmung mit dem Suchkriterium ein Ergebnis ausgegeben werden, ansonsten der Fehlerwert #NV (nicht verfügbar), dann verwenden Sie als Argument für Bereich_Verweis den Wert FALSCH.

Beispiel 1: Eine Telefonnummer aus einer Tabelle suchen

Suchkriterium Name. Matrix: alphabetisches Namensverzeichnis

Spaltenindex: welche Spalte enthält die Telefonnummer?

Bereich_Verweis: exakte Übereinstimmung?

Sie können die Funktion SVERWEIS beispielsweise verwenden, um anhand des Namens in einer Tabelle die dazugehörige Telefonnummer zu finden. Als Suchkriterium dient dazu der Name in Zelle G1, darunter in G2 soll mit der Funktion SVERWEIS die Telefonnummer ermittelt werden.

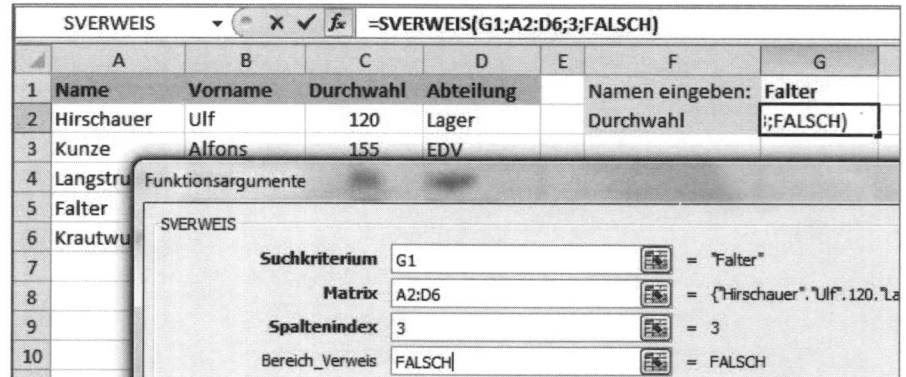

1. Fügen Sie in G2 die Funktion SVERWEIS ein und geben Sie als Suchkriterium den Inhalt von G1 an.

2. Als Matrix geben Sie den Zellbereich an, der das Suchkriterium zusammen mit der gesuchten Telefonnummer enthält, also A2:D6.

3. Spaltenindex 3 bedeutet, die gesuchte Telefonnummer befindet sich in der dritten Spalte der Matrix.

4. Was soll passieren, wenn der gesuchte Wert nicht in der Matrix gefunden wird? Soll dann derjenige Wert verwendet werden, der dem Suchkriterium am nächsten kommt oder soll ein entsprechender Hinweis erscheinen? Falsch als Argument für Bereich_Verweis bedeutet, dass SVERWEIS bei einem nicht vorhandenem Suchkriterium den Wert #NV (nicht verfügbar) liefert.

Beispiel 2: Anhand der Punktezahl die Note aus einer Notentabelle ermitteln.

	A	B	C	D	E	F
1	Beispiel Noten					
2	Bereichsverweis = WAHR				Notenliste (Matrix)	
3	Name	Punkte	Note		ab Punkte	Note
4	Bockel	14			0	6
5	Jederzeit	36			10	5
6	Liebernich	55			20	4
7	Winkelmann	43			30	3
8	von Baumholz	32			40	2
9	Bringlich	25			50	1
10	Hintermoser	59				

Sie benötigen dazu neben den Prüfungsergebnissen eine Notentabelle, aus der die entsprechende Note hervorgeht. Als Suchkriterium verwenden Sie die jeweils erzielte Punktzahl, die Notenliste bildet die Matrix. Achtung, da Sie die Funktion später kopieren möchten, müssen Sie für die Matrix absolute Zellbezüge angeben! Die Note befindet sich in der zweiten Spalte der Matrix, daher Spaltenindex 2. Da nicht jede einzelne Punktzahl in der Matrix enthalten ist, soll SVERWEIS in diesen Fällen die nächstgelegene Note aus der Zeile darüber liefern, dies erreichen Sie, wenn Sie als Bereich_Verweis den Wert wahr eingeben.

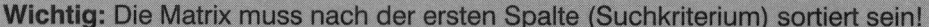

Wichtig: Die Matrix muss nach der ersten Spalte (Suchkriterium) sortiert sein!

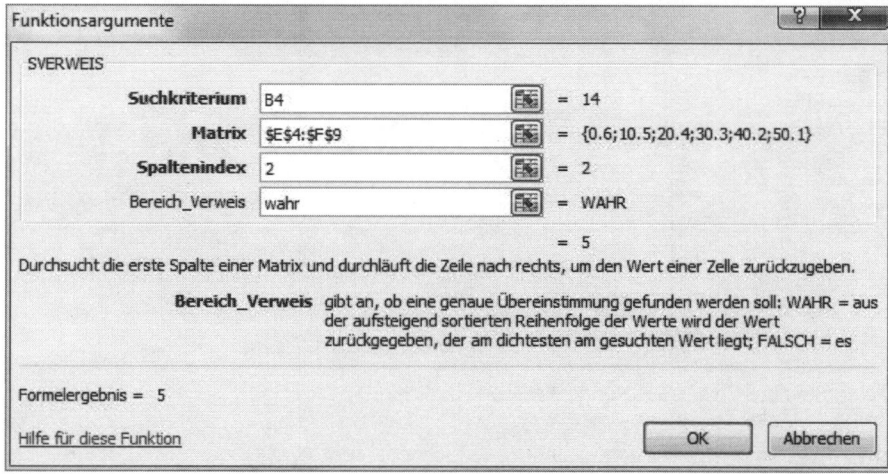

WVERWEIS

Excel kennt noch die zweite Funktion WVERWEIS (Waagrecht-Verweis) mit dem gleichen Aufbau wie die Funktion SVERWEIS. Im Gegensatz zu SVERWEIS durchsucht diese Funktion waagrecht die erste Zeile einer Matrix und liefert den Wert aus der angegebenen Zeile (Zeilenindex).

8.5. Weitere wichtige Funktionen

Statistische Funktionen

Excel verfügt in der Kategorie STATISTIK über zahlreiche Auswertungsfunktionen und statistische Verfahren. Hier nur einige, häufig verwendete Beispiele:

ZÄHLENWENN

Anzahl der Zellen, die mit einem Suchkriterium übereinstimmen

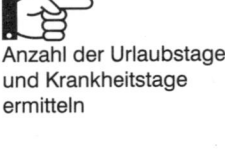

Anzahl der Urlaubstage und Krankheitstage ermitteln

Mit der Funktion ZÄHLENWENN ermitteln Sie aus einem Bereich die Anzahl der nichtleeren Zellen, deren Inhalt mit einem angegebenen Suchkriterium übereinstimmt. Als Suchkriterium können Texte oder Zahlen verwendet werden. Damit können Sie beispielsweise die Anzahl der Urlaubs- oder Krankheitstage ermitteln, wie im Beispiel unten.

Beispiel: Urlaubstage ermitteln

SUMMEWENN

Die Funktion SUMMEWENN gehört eigentlich zur Kategorie MATHEMATIK UND TRIGONOMETRIE, ist aber in Ihrem Aufbau ähnlich der Funktion ZÄHLENWENN. Sie verwenden diese Funktion zum Addieren von Zahlen, die mit einem Suchkriterium übereinstimmen.

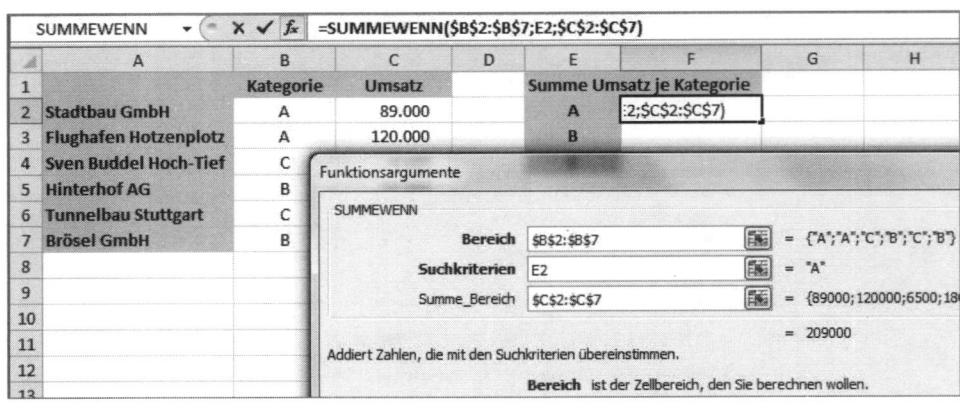

Beispiel: Die Summe der Umsätze je Kundenkategorie ermitteln.

Aufbau der Funktion SUMMEWENN

Die Argumente:

Argument	Beschreibung
Bereich	Geben Sie hier den Zellbereich an, in dem der Vergleich mit dem Suchkriterium erfolgen soll. In diesem Beispiel ist dies die Spalte mit den Kundenkategorien

Suchkriterien	Die gesuchte Kundenkategorie
Summe_Bereich	Hier geben Sie den Zellbereich an, der die Zahlen enthält, die Sie addieren wollen, also die Umsätze

Eine weitere Funktion, MITTELWERTWENN, hat den gleichen Aufbau wie die Funktion SUMMEWENN. Mit ihrer Hilfe können Sie auch noch den Mittelwert, abhängig von einem Suchkriterium, berechnen.

MITTELWERTWENN

ANZAHL2

Die Funktion ANZAHL ermittelt, wie viele Zahlen ein Zellbereich enthält. Enthält eine Tabelle ausschließlich Text, beispielsweise eine Namensliste, dann kann daher diese Funktion nicht verwendet werden, um die Anzahl der Kunden zu ermitteln. In diesem Fall benötigen Sie die Funktion ANZAHL2. Sie ermittelt die Anzahl aller nichtleeren Zellen eines Zellbereichs, die Zellen können sowohl Text als auch Zahlen enthalten.

Zellen können Text oder Zahlen enthalten

Finanzmathematische Funktionen

Für finanzmathematische Berechnungen finden Sie in der Kategorie FINANZMATHE-MATIK eine Vielzahl von Funktionen. Beispiel: ein Sparer möchte ermitteln, wie hoch der Endwert nach einem bestimmten Zeitraum ist, wenn regelmäßig monatlich ein bestimmter Betrag zu einem festen Zinssatz angelegt wird. Dazu verwenden Sie die Funktion ZW (Zinswert).

Finanzmathematik

Die Funktion ZW verwendet die folgenden Argumente:

Argument	Beschreibung
Zins	Geben Sie den festen Zinssatz an. Da dieser normalerweise jährlich angegeben wird, müssen Sie bei monatlichen Zahlungen auch den Zins auf Monate umrechnen, also Zins/12
Zzr	Zahlungszeitraum, bei monatlichen Zahlungen muss auch dieser Zeitraum in Monaten angegeben werden. Eine Laufzeit von 5 Jahren müssen Sie daher umrechnen: Laufzeit in Jahren*12
Rmz	Regelmäßige Zahlung, also der Betrag, der monatlich gespart werden soll. Von Ihnen zu zahlende Beträge müssen mit einem Minus als Vorzeichen versehen werden, da sonst das Ergebnis der Funktion als negative Zahl angezeigt wird.
Bw	Aktueller Gesamtwert zu Beginn der Zahlungen, meist 0.
F	Fälligkeit, d.h. erfolgen die Zahlungen am Anfang (1) oder am Ende des Monats (0).

Achten Sie auf einheitliche Zeitangaben, eventuell ist eine Umrechnung auf Monate erforderlich.

Hier eine kleine Übersicht über weitere Funktionen mit dem gleichen Aufbau wie die Funktion ZW. Beachten Sie, dass bei diesen Funktionen Steuern, Provisionen und sonstige Gebühren nicht berücksichtigt werden!

Finanzmathematische Funktionen.

Funktion	Beschreibung
RMZ	Ermittelt die konstante (regelmäßige Zahlung)
ZZR	Anzahl der Zahlungsperioden einer Investition (Zahlungszeitraum)
ZW	Ermittelt den Endwert (Zinswert) einer Investition
BW	Ermittelt den Anfangswert (Barwert) einer Investition

Werte runden

Mathematik und Trigonometrie ▾

Wenn Sie eine Zahl mit Dezimalstellen formatieren, wird die Zahl kaufmännisch gerundet mit der angegebenen Zahl Nachkommastellen angezeigt. Dies betrifft aber nur die Anzeige, verwenden Sie die Zahl für weitere Berechnungen, so erfolgen diese immer mit der gesamten Anzahl Nachkommastellen. Dies kann bei Nachberechnungen mit zwei Dezimalstellen zu Rundungsfehlern führen, daher sollten Sie in solchen Fällen die Funktion RUNDEN verwenden.

Weitere Berechnungen erfolgen mit der angegebenen Anzahl Dezimalstellen

Aufbau der Funktion: =RUNDEN(Zahl;Anzahl_Stellen)

Rundungsfehler vermeiden

Das Beispiel unten zeigt einen Vergleich zwischen gerundeter und nicht gerundeter Berechnung. Rechts wurden Skonto und MwSt.-Betrag mit zwei Nachkommastellen berechnet, links wurde die Formel ohne die Funktion RUNDEN eingegeben. Der Endbetrag weicht um 0,01 voneinander ab.

	E4	▾	_fx_	=RUNDEN(E2*E3;2)		
	A	B	C	D	E	F
1	**Nicht gerundet**			**Gerundet auf 2 Stellen**		
2	Preis Netto	9,19		Preis Netto	9,19	
3	Skonto	2,75%		Skonto	2,75%	
4	Skontobetrag	0,25272500		Skontobetrag	0,250000	
5	Ergebnis	8,94		Ergebnis	8,94	
6						
7	Mehrwertst.	7%		Mehrwertst.	7%	
8	MwSt. Betrag	0,62560925		MwSt. Betrag	0,630000	
9	Endbetrag	9,56		Endbetrag	9,57	
10						

Weitere Rundungsfunktionen:

Weitere Rundungsfunktionen

Funktion	Beschreibung
AUFRUNDEN	Rundet eine Zahl auf die angegebene Anzahl Stellen auf
ABRUNDEN	Rundet eine Zahl auf die angegebene Anzahl Stellen ab
KÜRZEN	Schneidet auf die angegebene Anzahl Stellen ab

Textfunktionen

VERKETTEN

Mit der Funktion VERKETTEN fügen Sie mehrere Zeichenfolgen aneinander. Beispiel: Sie möchten Nachname und Vorname aus zwei verschiedenen Spalten zu einer einzigen Zeichenfolge verbinden. Beachten Sie dabei, dass die beiden Zeichenfolgen nicht unmittelbar aneinandergefügt werden sollten. Sie müssen auch noch als weitere Zeichenfolge ein Leerzeichen dazwischen einfügen.

Text

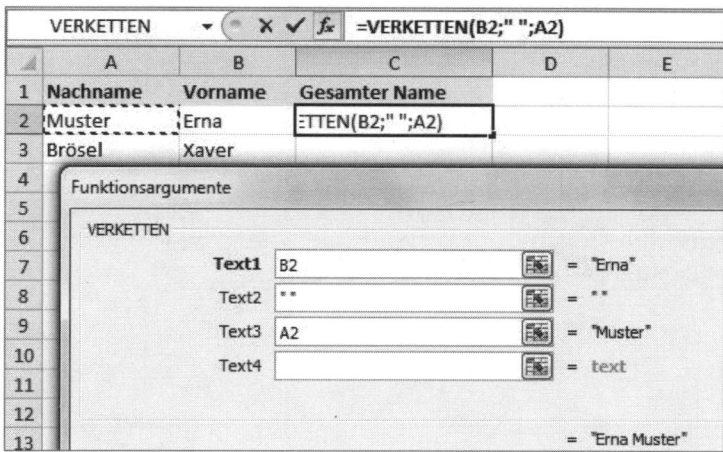

&-Operator verkettet Zeichenfolgen

Tipp: Sie können anstelle dieser Funktion auch mit dem Operator & mehrere Zeichenfolgen verketten. Zusätzliche Textelemente wie Leerzeichen müssen ebenfalls in Anführungszeichen (" ") eingeschlossen werden. Das gleiche Ergebnis würden Sie also auch mit dem folgenden Ausdruck erhalten =B2&" "&A2

TEXT

Die Funktion TEXT wandelt eine Zahl oder ein Datum nach der vorgegebenen Formatierung in Text um. Beispiele:

Zahlen oder Datum in Text umwandeln.

Funktion	Ergebnis
=TEXT(01.01.2008;"TTTT")	Dienstag
=TEXT(01.01.2008;"MMMM")	Januar

Einfache Datumsfunktionen

Die Datumsfunktionen finden Sie in der FUNKTIONSBIBLIOTHEK, Register FORMELN. Hier einige einfache Funktionen:

Funktion	Beschreibung	
HEUTE()	Zeigt das aktuelle Datum (Systemdatum) an. Diese Funktion benötigt keine weiteren Argumente	Datumsfunktionen
JETZT()	Liefert das aktuelle Datum zusammen mit der Uhrzeit	
TAG(Datum)	Ermittelt aus einem Datum den Tag als Zahl	
MONAT(Datum)	Ermittelt aus einem Datum den Monat als Zahl	
JAHR(Datum)	Ermittelt aus einem Datum das Jahr als Zahl	

Die Funktionen MONAT und JAHR leisten nützliche Dienste, wenn Sie für spätere Auswertungen aus einem Datum beispielsweise ausschließlich den Monat oder das Jahr benötigen. Auf diese Weise lässt sich im Beispiel unten anschließend mit der Funktion SUMMEWENN eine Auswertung nach Monaten erstellen.

E3	▼	f_x	=MONAT(B3)		
	A	B	C	D	E	F

	A	B	C	D	E	F
1						
2	Rechnung Nr.	Datum	Kunde	Umsatz	Monat	Jahr
3	10099	25.02.2008	Hintermüller GmbH	1.289,30	2	2008
4	10100	28.02.2008	Dr. Wirsing AG	891,45	2	2008
5	10101	01.03.2008	Flughafen Hof AG	5.022,00	3	2008
6	10267	28.05.2008	Klein-Kramer	20.655,00	5	2008
7	10288	14.07.2008	Hintermüller GmbH	56,00	7	2008
8	20306	18.02.2009	Klein-Kramer	1.077,00	2	2009
9	21567	14.03.2009	Flughafen Hof AG	90.234,00	3	2009
10	29011	03.08.2009	Dr. Wirsing AG	2.045,00	8	2009
11	29100	15.08.2009	Dr. Wirsing AG	123,00	8	2009

8.6. Zusammenfassung

- Zur Eingabe einer Funktion verwenden Sie entweder das Register FORMELN und wählen die benötigte Funktion aus der entsprechenden Kategorie. Sie können aber auch über das Symbol FUNKTION EINFÜGEN der Bearbeitungsleiste den Funktionsassistenten aufrufen und nach einer Funktion suchen.

- Die allgemeine Syntax einer Funktion lautet: =FUNKTIONSNAME(Argument1;Argument2;...). Als Argumente können Zellbezüge, Texte, Zahlen, Formeln oder weitere Funktionen verwendet werden. Auch wenn eine Funktion keine Argumente benötigt, müssen die Klammern trotzdem eingegeben werden. Fügen Sie als Funktionsargument eine weitere Funktion ein, so bezeichnet man dies auch als verschachtelte Funktion.

- Die Funktion WENN führt Berechnungen, abhängig von einer Bedingung aus. Liefert die Prüfung der Bedingung das Ergebnis WAHR, wird das Argument Dann_Wert ausgeführt, im anderen Fall das Argument Sonst_Wert.

- Die Logikfunktionen UND, ODER, NICHT werden als Argumente in Funktionen verwendet, um mehrere Bedingungen miteinander zu verknüpfen.

- In vielen Fällen kann anstelle mehrfach verschachtelter WENN-Funktionen auch die Verweis-Funktion SVERWEIS verwendet werden. Diese Funktion durchsucht die erste Spalte einer Matrix nach einem vorgegebenen Suchkriterium und liefert als Ergebnis den dazugehörigen Wert aus der angegebenen Spalte. Das Argument Bereich_Verweis legt fest, ob dabei exakte Übereinstimmung mit dem Suchkriterium erforderlich ist.

- Rundungsfunktionen benötigen Sie dann, wenn weitere Berechnungen ausschließlich mit der angegebenen Anzahl Dezimalstellen erfolgen sollen.

8.7. Übung

Aufgabe 1 - WENN-Funktion

Öffnen Sie eine neue, leere Arbeitsmappe und speichern Sie die Mappe unter dem Namen WENN-Funktion-Übung. Geben Sie die folgende Tabelle ein und formatieren Sie die Tabelle nach Ihren Vorstellungen.

Aufgabe WENN-Funktion

	A	B	C	D	E	F
1	Bestellungen					
2						
3	Versandkosten:					
4	Bestellwert ab	150,00 €	0,00			
5		75,00 €	6,50			
6		sonst	10,00			
7						
8	Bestell-datum	Kunde	Bestellwert Netto	Versand-kosten	Summe	
9	05.05.	Müller GmbH	220,30			
10	05.05.	Hinterhuber	16,94			
11	07.05.	Gröblich KG	145,20			
12	08.05.	Stark	360,00			
13	08.05.	Moser	96,30			
14	09.05.	Maulwurf Bau	37,78			
15	10.05.	Berger	111,50			
16	13.05.	Hügel	126,90			
17	17.05.	Neumeier	150,00			
18	18.05.	Jähner	76,00			

Die Höhe der Versandkosten ist abhängig vom Bestellwert: bei einem Bestellwert unter 75 Euro fallen 10 Euro Versandkosten an, ab 75 Euro werden 6,50 Euro und über 150 Euro Bestellwert werden keine Versandkosten berechnet. Erstellen Sie eine Formel zur Berechnung der Versandkosten, die Sie anschließend kopieren können. Berechnen Sie anschließend noch die Summe.

Bemerkungen:

_____

_____

_____

_____

Aufgabe 2 - Verweise und statistische Funktionen

Öffnen Sie eine neue, leere Arbeitsmappe. Speichern Sie die Mappe unter dem Namen Statistik-Funktionen-Übung und geben Sie die nachfolgenden Daten ein.

Aufgabe

	A	B	C	D	E	F	G
1	Aussendienst					Provisionstabelle	
2							
3	Mitarbeiter	Bezirk	Umsatz	Provision		Umsatz bis	Provision
4	Kleinlich	Nord	1.500	2,0%		0	1,2%
5	Hellschwing	Nord	3.500	4,0%		1.000	2,0%
6	Hurtig	Mitte	2.800	3,0%		2.000	3,0%
7	Zampano	Süd	4.500	5,0%		3.000	4,0%
8	Ehrlich	Nord	4.100	5,0%		4.000	5,0%
9	Müller-Franz	Süd	3.200	4,0%		5.000	5,0%
10	Süß	Mitte	5.100	5,0%		6.000	6,5%
11							

- Formatieren Sie die Tabelle nach Ihren Vorstellungen.
- Berechnen Sie für jeden Außendienstmitarbeiter die entsprechende Provision aus der Provisionstabelle.
- Legen Sie im selben Arbeitsblatt etwas unterhalb eine Auswertungstabelle an und berechnen Sie für jeden Bezirk: Anzahl der Mitarbeiter, die Umsatzsumme und den durchschnittlichen Umsatz je Mitarbeiter.

12				
13		Nord	Mitte	Süd
14	Anzahl Mitarbeiter			
15	Umsatzsumme			
16	Durchschnittlicher Umsatz			
17				

Lösungshinweise

Zur Berechnung der Provision verwenden Sie die Funktion SVERWEIS: Beachten Sie, dass Sie für die Provisionstabelle als Matrix absolute Zellbezüge benötigen, damit die Funktion anschließend kopiert werden kann.

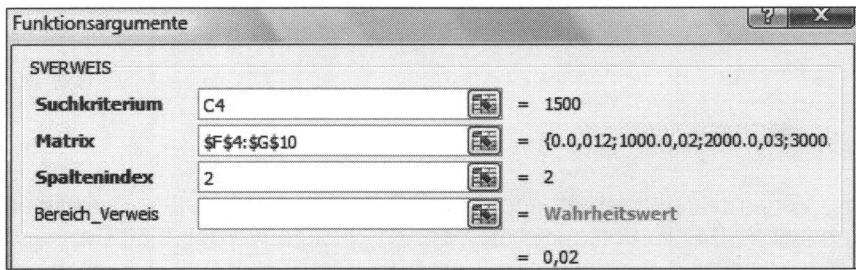

Für die Auswertungen benötigen Sie die Funktionen ZÄHLENWENN, SUMME-WENN und MITTELWERTWENN.

13		Nord		
14	Anzahl Mitarbeiter	=ZÄHLENWENN($B$4:$B$10;C13)		
15	Umsatzsumme	=SUMMEWENN($B$4:$B$10;C13;$C$4:$C$10)		
16	Durchschnittlicher Umsatz	=MITTELWERTWENN($B$4:$B$10;C13;$C$4:$C$10)		
17				

Bemerkungen:

_____

_____

_____

_____

_____

_____

_____

_____

9. Diagramme

- Diagramme erstellen
- Auswahl von Diagrammtypen
- Diagramme nachträglich bearbeiten

Was Sie für diese Lektion wissen sollten

- Formeln und Formatierungen

Mit Diagrammen lassen sich Zahlen und Zusammenhänge anschaulich grafisch darstellen, sie spielen daher besonders in Präsentationen eine wichtige Rolle. Excel stellt zur Erstellung und Bearbeitung von Diagrammen umfangreiche Werkzeuge zur Verfügung. Diagramme sind immer an eine Tabelle gebunden und werden bei Änderungen der Daten automatisch aktualisiert! Bei der Erstellung von Diagrammen sollten Sie außerdem beachten:

- Nicht jeder Diagrammtyp eignet sich für jeden Einsatzzweck und alle Arten von Daten. Die Wahl des Diagrammtyps sollte sich an der gewünschten Aussage orientieren.

- Vermeiden Sie in Diagrammen ein Zuviel an Informationen.

- Verzichten Sie auf unnötige Effekte, insbesondere bei Farbzusammenstellungen und Hintergründen. Dreidimensionale Darstellung erhöht nicht immer automatisch die Lesbarkeit.

Achten Sie auf gute Lesbarkeit von Diagrammen

9.1. Diagramme erstellen

Diagrammtypen

Im Register EINFÜGEN, Gruppe DIAGRAMME finden Sie die Grundformen für Diagramme. Hier eine Übersicht über die wichtigsten Typen.

Register EINFÜGEN

Diagramm	Beschreibung
Säule	Ein Säulendiagramm zeigt die Datenreihen als nebeneinander stehende Säulen an. Damit lassen sich die Werte miteinander vergleichen.
Balken	Ein Balkendiagramm unterscheidet sich von einem Säulendiagramm nur dadurch, dass die Werte als waagrechte Balken dargestellt werden. Dadurch ist die Achsenbeschriftung im Vergleich zum Säulendiagramm besser lesbar und bietet mehr Platz.
Kreis	Kreisdiagramme eignen sich vor allem zur Darstellung von Prozentanteilen, beispielsweise Stimmenanteile von Parteien bei einer Wahl. Es kann immer nur eine einzige Datenreihe dargestellt werden.
Linie	Liniendiagramme eignen sich am besten, wenn Sie Daten in zeitlicher Folge darstellen wollen, beispielsweise Aktienkurse oder Temperaturkurven.

Fläche

Im Gegensatz zu Liniendiagrammen heben Flächendiagramme den Bereich unterhalb der Linie farbig hervor. Bei mehreren Datenreihen kann dies dazu führen, dass kleinere Werte im Hintergrund verdeckt werden.

Diagramm aus markierten Zellen erstellen

Sie benötigen eine Tabelle mit den darzustellenden Zahlen und Beschriftungen

Zur Erstellung eines Diagramms benötigen Sie eine Tabelle mit den entsprechenden Daten. Sie können aus der Tabelle nicht nur Zahlen, sondern auch Zeilen- und Spaltenbeschriftungen in das Diagramm einbeziehen. Sollen die Werte im Diagramm auf- oder absteigend sortiert dargestellt werden, dann muss die Tabelle sortiert werden.

Beispiel: ein Kreisdiagramm erstellen

1. Markieren Sie den Zellbereich, aus dem Sie ein Diagramm erstellen möchten, dazu gehören neben den Zahlen auch die entsprechenden Beschriftungen.

2. Klicken Sie im Register EINFÜGEN, Gruppe DIAGRAMME auf die gewünschte Grundform Kreis. Zu jedem Typ gehören verschiedene Untertypen, beispielsweise 2D oder 3D. Klicken Sie auf den gewünschten Untertyp, in der oberen linken Ecke finden Sie den jeweiligen Standardtyp.

Zellbereich markieren

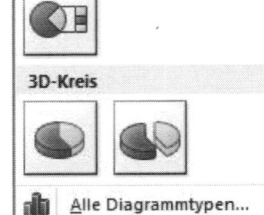

Untertyp auswählen

3. Das Diagramm wird neben der Tabelle in das Arbeitsblatt eingefügt und kann nun weiter bearbeitet werden.

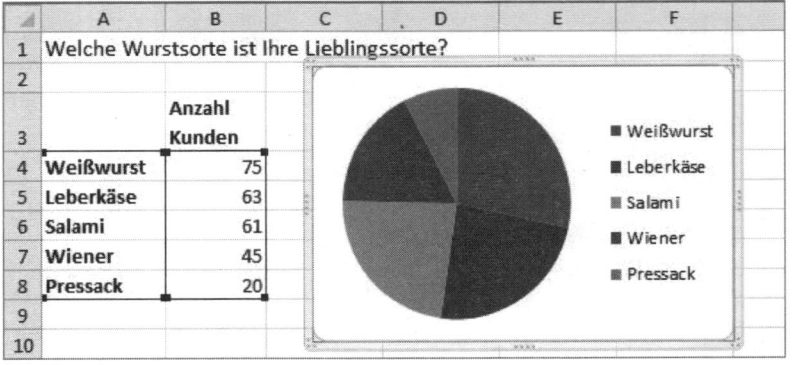

Diagramme mit mehreren Datenreihen

Zellen markieren

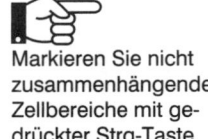
Markieren Sie nicht zusammenhängende Zellbereiche mit gedrückter Strg-Taste

Sie können in einem Diagramm auch mehrere Datenreihen darstellen. Nicht zusammenhängende Zellbereiche, wie im nachfolgenden Beispiel markieren Sie mit gedrückter Strg-Taste. Achten Sie darauf, dass immer die exakt zueinander passenden Zellen markiert werden müssen! Bei mehreren Reihen sollten Sie immer auch die dazugehörigen Beschriftungen markieren, aus ihnen erstellt Excel automatisch die Legende.

Beispiel: aus der unten abgebildeten Tabelle soll ein Balkendiagramm erstellt werden, das die Verkaufszahlen im Inland, innerhalb der EU und in den sonstigen Ländern vergleicht.

1. Markieren Sie alle benötigten Zellbereiche, einschließlich der Spaltenüberschriften, da Sie diese für die Legende benötigen.

	A	B	C	D	E	F
1	Turnschuhverkauf					
2				Absatz		
3	Modell Nr.	Produziert Stück	Inland	EU	Sonst. Länder	Absatz Gesamt
4	15-209	5.000	3.000	200	400	3.600
5	14-779	8.000	5.600	1.000		6.600
6	14-777	12.000	4.000	3.000	1.000	8.000
7	14-778	14.000	2.800	5.000	2.000	9.800
8						

2. Klicken Sie auf die Schaltfläche BALKENDIAGRAMM und wählen Sie einen Untertyp, in diesem Beispiel gestapelte 3D-Darstellung.

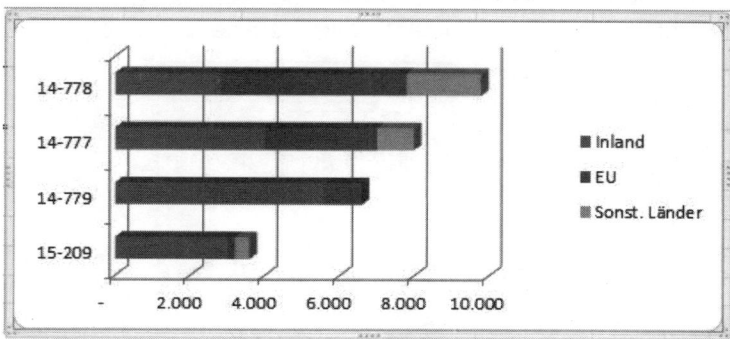

Zahlen als Achsenbeschriftung

Enthalten Zeilen- oder Spaltenüberschriften Zahlen, die Sie eigentlich als Achsenbeschriftung verwenden wollen, wie im Beispiel Zoobesucher die Jahreszahlen, dann achten Sie darauf, dass die Zelle in der oberen linken Ecke leer ist. Andernfalls werden die Jahreszahlen ebenfalls als Datenreihe im Diagramm dargestellt.

Beispiel: Vergleich von Besucherzahlen eines Zoos über drei Jahre:

	A	B	C	D
1	Zoobesucher			
2		2006	2008	2009
3	Erwachsene	25000	31000	38000
4	Kinder	35000	41000	60000
5				

Die Tabelle mit den markierten Zellen

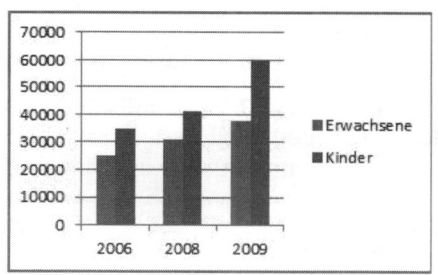

Ergebnis Säulendiagramm (2D gruppiert)

Diagrammuntertypen

Bei der Darstellung mehrerer Datenreihen spielt die Anordnung der Datenreihen eine wichtige Rolle. Sie können für jede Grundform zwischen verschiedenen Untertypen wählen. Nachfolgend eine Übersicht über die verschiedenen Untertypen eines normalen Säulendiagramms. Diese Beschreibungen gelten auch für Unterformen der Diagrammtypen Zylinder, Kegel oder Pyramide, sowie für Balkendiagramme.

Wählen Sie den Untertyp entsprechend der gewünschten Aussage

Übersicht Untertypen 2D- und 3D-Säulendiagramme:

Untertyp	Beschreibung
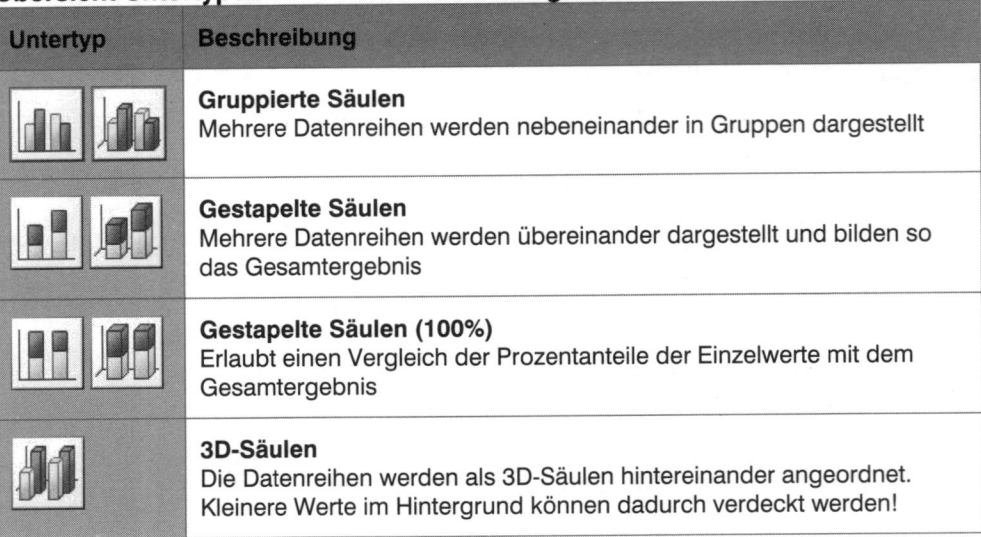	**Gruppierte Säulen** Mehrere Datenreihen werden nebeneinander in Gruppen dargestellt
	Gestapelte Säulen Mehrere Datenreihen werden übereinander dargestellt und bilden so das Gesamtergebnis
	Gestapelte Säulen (100%) Erlaubt einen Vergleich der Prozentanteile der Einzelwerte mit dem Gesamtergebnis
	3D-Säulen Die Datenreihen werden als 3D-Säulen hintereinander angeordnet. Kleinere Werte im Hintergrund können dadurch verdeckt werden!

Eine vollständige Übersicht über alle Diagrammformen und ihren Untertypen finden Sie im Dialogfeld DIAGRAMM ERSTELLEN. Öffnen Sie das Dialogfeld mit einem Mausklick auf das Symbol der Gruppe DIAGRAMME im Register EINFÜGEN.

Das Dialogfenster
DIAGRAMM EINFÜGEN

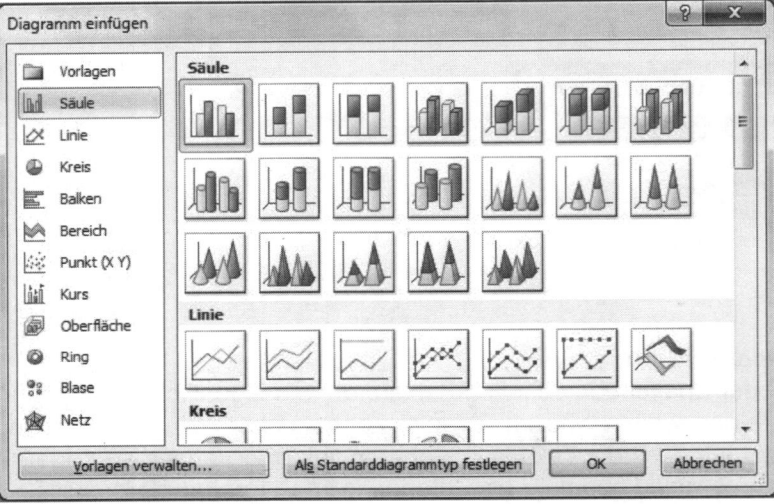

Mit einem leeren Diagramm beginnen

Sie können auch ein Diagramm einfügen, ohne dass zuvor Daten markiert wurden. In diesem Fall erstellt Excel ein leeres Diagramm, für das Sie im nächsten Schritt die Daten auswählen müssen.

Daten
auswählen

	A	B	C	D	E	F	G	H
1	Zoobesucher							
2		2006	2008	2009				
3	Erwachsene	25000	31000	38000				
4	Kinder	35000	41000	60000				
5								
6								
7								
8								

1. Klicken Sie im Register ENTWURF, Gruppe DATEN auf die Schaltfläche DATEN AUSWÄHLEN. Das Dialogfenster DATENQUELLE AUSWÄHLEN wird geöffnet. Klicken Sie unter LEGENDENEINTRÄGE (Reihen) auf die Schaltfläche HINZUFÜGEN.

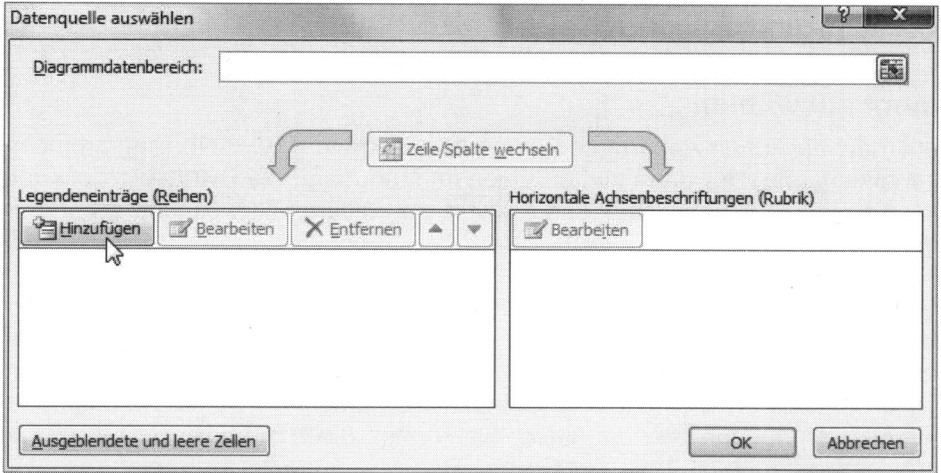

2. Geben Sie nun einen Namen für die Reihe ein oder markieren Sie im Tabellenblatt die entsprechende Zelle. Klicken Sie dann in das Eingabefeld REIHENWERTE, löschen Sie den Inhalt und markieren Sie im Tabellenblatt den Zellbereich, der die darzustellenden Werte enthält. Bestätigen Sie mit OK.

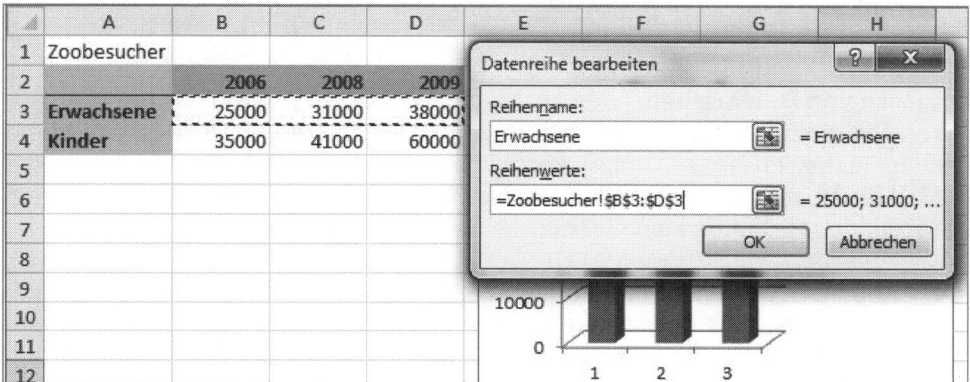

3. Klicken Sie erneut auf die Schaltfläche HINZUFÜGEN, um eine weitere Reihe hinzuzufügen und wiederholen Sie Schritt 2 für diese Datenreihe.

4. Nun fehlen noch die Beschriftungen für die Achse. Da nichts angegeben wurde, verwendet Excel als Achsenbeschriftung eine fortlaufende Nummerierung. Klicken Sie unter HORIZONTALE ACHSENBESCHRIFTUNGEN (Rubrik) auf die Schaltfläche BEARBEITEN und markieren Sie den entsprechenden Zellbereich, im abgebildeten Beispiel sind dies die Jahre in den Zellen B2 bis D2.

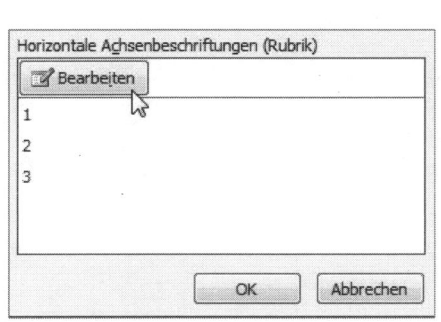

Achsenbeschriftung bearbeiten

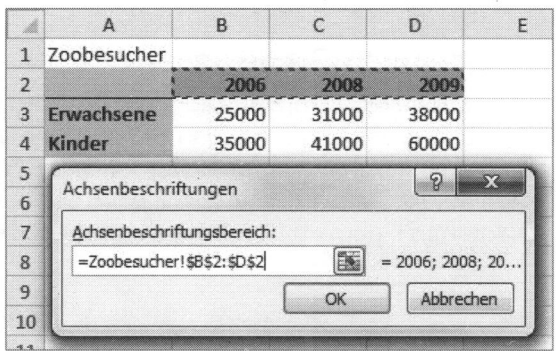

Beschriftungsbereich auswählen

Im Fenster DATENQUELLE AUSWÄHLEN können Sie auch nachträglich weitere Reihen hinzufügen oder Datenreihen aus dem Diagramm entfernen.

Datenreihen nachträglich bearbeiten

9.2. Diagramm bearbeiten

Element auswählen

Zur Bearbeitung müssen Sie das Diagrammelement markieren

Für alle nachträglichen Änderungen muss das Diagramm oder ein Diagrammelement markiert sein. Nur dann stehen Ihnen im Menüband die DIAGRAMMTOOLS mit den Registern ENTWURF, LAYOUT und FORMAT zur weiteren Bearbeitung zur Verfügung.

Das gesamte Diagramm markieren Sie mit einem Mausklick an eine freie Stelle innerhalb des Diagramms. Während Sie den Mauszeiger über das Diagramm bewegen, zeigt ein kurzer Infotext das jeweilige Element an, ein Mausklick markiert die Auswahl. Welches Element gerade markiert ist, erkennen Sie am Rahmen und an den Markierungspunkten. Als Alternative können Sie zum Markieren eines Diagrammelements auch die Liste der Gruppe AKTUELLE AUSWAHL im Register LAYOUT verwenden.

  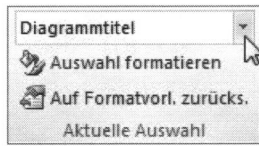

Markieren von Datenreihen

Unterscheiden Sie zwischen Datenreihe und Datenpunkt

Klicken Sie einmal an eine beliebige Stelle der Datenreihe, so markieren Sie die gesamte Reihe. Im ersten, unten abgebildeten Beispiel sind alle Kreissegmente mit Markierungspunkten versehen. Ein zweiter Klick (kein Doppelklick!) innerhalb der markierten Reihe markiert einen einzelnen Datenpunkt.

Tipp: Bei einem Kreisdiagramm können Sie zusätzlich einzelne Kreissegmente = Datenpunkte optisch herausstellen. Markieren Sie dazu den Datenpunkt und ziehen Sie ihn mit gedrückter linker Maustaste etwas nach außen. Genauso lässt sich ein Kreissegment auch wieder zurückschieben.

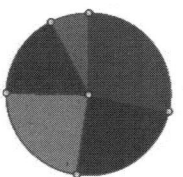 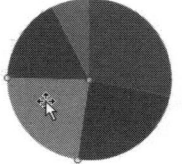 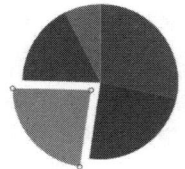

Datenreihe markieren   Datenpunkt markieren   Datenpunkt herausziehen

Position und Größe ändern

Verwenden Sie die Maus zum Verschieben innerhalb des Arbeitsblattes

Standardmäßig wird ein Diagramm im gleichen Arbeitsblatt wie die Tabelle eingefügt. Zum Verschieben zeigen Sie mit der Maus auf eine leere Stelle innerhalb des Diagramms. Am Mauszeiger werden vier Richtungspfeile sichtbar und es erscheint der Infotext DIAGRAMMBEREICH. Ziehen Sie nun mit gedrückter linker Maustaste das Diagramm innerhalb des Arbeitsblattes an die gewünschte Position.

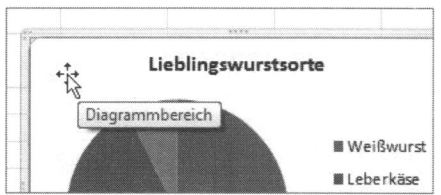 

Verschieben   Größe ändern

Zur Größenänderung zeigen Sie mit der Maus auf einen der Ziehpunkte in den Ecken oder der Mitte jeder Seite des Diagrammrahmens, als Mauszeiger erscheint ein Doppelpfeil. Ziehen Sie nun das Diagramm in die gewünschte Größe. Die Ziehpunkte sind durch eine Punktmarkierung gekennzeichnet.

Diagramm als gesondertes Blatt einfügen

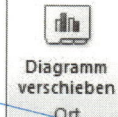

Möchten Sie das Diagramm als gesondertes Blatt in die Arbeitsmappe einfügen, dann verwenden Sie dazu im Register ENTWURF die Schaltfläche DIAGRAMM VER-SCHIEBEN. Wählen Sie die Option NEUES BLATT, hier können Sie auch gleich einen Namen für das Arbeitsblatt festlegen.

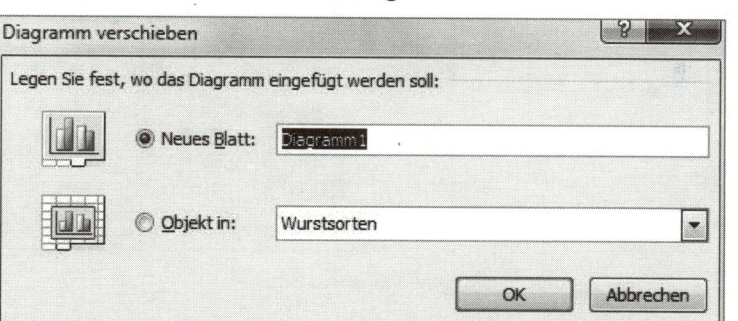

Diagramm drucken

Siehe Lektion 6

Wurde ein Diagramm als eigenes Blatt in die Mappe eingefügt, dann passt Excel das Diagramm beim Drucken automatisch an eine Druckseite im Format A4 an. Sie brauchen nur noch weitere Druckeinstellungen vornehmen, wie beispielsweise Kopf- und Fußzeile hinzufügen.

Befindet sich ein Diagramm dagegen als Objekt im Arbeitsblatt zusammen mit der Tabelle, dann hängt die Druckausgabe von der aktuellen Markierung ab. Kontrollieren Sie daher die Druckvorschau!

- Sind das Diagramm oder ein beliebiges Diagrammelement markiert, dann wird ausschließlich das Diagramm gedruckt.

- Markieren Sie dagegen eine beliebige Zelle des Arbeitsblattes, dann druckt Excel das Diagramm zusammen mit den übrigen Daten.

Diagrammtyp ändern

Um den Diagrammtyp nachträglich zu ändern, markieren Sie das Diagramm und klicken im Register ENTWURF, Gruppe TYP auf die Schaltfläche DIAGRAMMTYP ÄN-DERN. Wählen Sie den gewünschten Typ aus.

Diagrammtyp für die markierte Reihe ändern

Tipp: Sie können den Diagrammtyp nicht nur für das gesamte Diagramm, sondern auch für eine Datenreihe ändern und so beispielsweise Säulen und Linien in einem einzigen Diagramm kombinieren.

- Markieren Sie dazu die Datenreihe und klicken Sie auf die Schaltfläche DIA-GRAMMTYP.

- Wählen Sie einen Diagrammtyp und bestätigen Sie mit OK.

Zeilen und Spalten vertauschen

Datenreihe aus Zeilen oder Spalten bilden?

Wenn Sie ein Diagramm mit mehreren Datenreihen erstellt haben, dann können die Datenreihen sowohl aus den Werten der Zeilen, als auch aus den Werten der Spalten der Tabelle gebildet werden. Die Darstellung hängt von der gewünschten Aussage des Diagramms ab.

Als Beispiel ein Diagramm, das Kinder und erwachsene Zoobesucher über drei Jahre vergleicht.

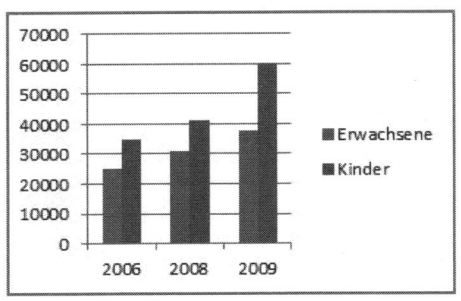

	A	B	C	D
1	Zoobesucher			
2		2006	2008	2009
3	Erwachsene	25000	31000	38000
4	Kinder	35000	41000	60000
5				

Zeile/Spalte wechseln

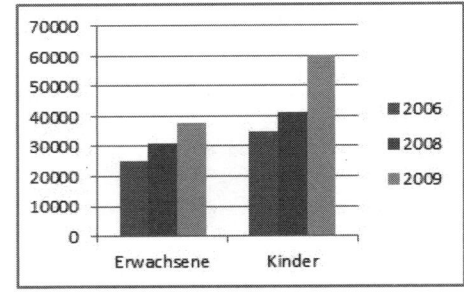

Datenreihe aus Zeilen

Datenreihe aus Spalten

Zum schnellen Wechseln verwenden Sie im REGISTER Entwurf, Gruppe DATEN die Schaltfläche ZEILE/SPALTE WECHSELN.

Daten auswählen

Siehe Diagramm erstellen

Datenreihen hinzufügen oder löschen

Klicken Sie auf die Schaltfläche DATEN AUSWÄHLEN, Register ENTWURF, Gruppe DATEN. Das Dialogfenster DATENQUELLE AUSWÄHLEN wird geöffnet und Sie können weitere Datenreihen hinzufügen, bzw. aus dem Diagramm entfernen. Wie Sie dabei vorgehen, wurde bereits zusammen mit der Diagrammerstellung beschrieben.

Register LAYOUT

Beschriftungen hinzufügen

Aussagefähige Beschriftungen sind wichtiger Bestandteil eines Diagramms. Die Beschriftung der Achsen sowie die Legende werden von Excel automatisch aus der Tabelle übernommen. Meist benötigen Sie aber auch noch eine Überschrift oder zusätzliche Achsenbeschriftungen. Die Befehlsschaltflächen zum Hinzufügen von Beschriftungen finden Sie im Register LAYOUT, Gruppe BESCHRIFTUNGEN.

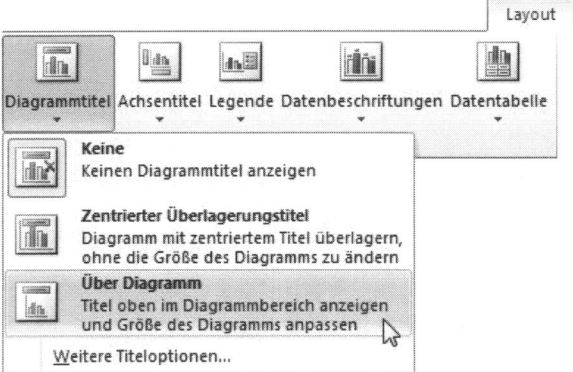

Beschriftung eingeben

Für jedes Beschriftungselement können Sie anhand von Optionen die genaue Position wählen. Alle Beschriftungen werden zunächst mit ihrer Bezeichnung im Diagramm eingefügt, das Element ist gleichzeitig markiert. Sobald Sie mit der Texteingabe beginnen, erscheint der Text in der Bearbeitungsleiste, nach dem Drücken der Eingabe-Taste wird der Text in das Diagramm übernommen. Auch nachträgliche Änderungen der Beschriftung sind auf diese Weise möglich.

Sie möchten...	Vorgehensweise
Inhalt überschreiben	Markieren Sie das Beschriftungselement. Geben Sie in der Bearbeitungsleiste den neuen Text ein und übernehmen Sie Ihre Eingabe durch Drücken der Eingabe-Taste.
Inhalt korrigieren	Markieren Sie das Beschriftungselement. Klicken Sie anschließend im Diagramm in den Text, der Cursor erscheint und Sie können Ihre Korrekturen vornehmen.

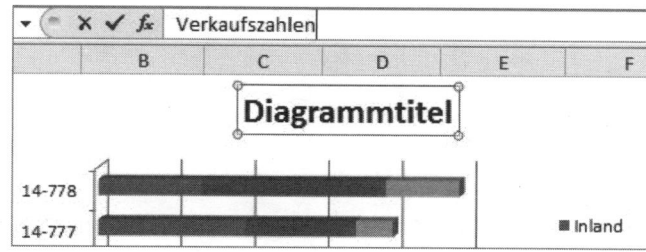
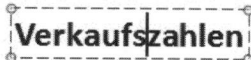

Beschriftungsposition

Beim Hinzufügen von Diagrammtitel und Legende können Sie über die jeweilige Schaltfläche nicht nur die Position wählen, sondern auch festlegen, ob dadurch das eigentliche Diagramm verkleinert werden soll oder ob das Beschriftungselement das Diagramm überlagern soll. In beiden Fällen können Sie durch Verschieben mit der Maus die Position später beliebig verändern.

Achsentitel

Genauso verfahren Sie, wenn Sie die Achsen mit zusätzlichen Beschriftungen versehen wollen. Klicken Sie auf die Schaltfläche ACHSENTITEL und wählen Sie Achse und Position des Titels.

Achsenbeschriftungen

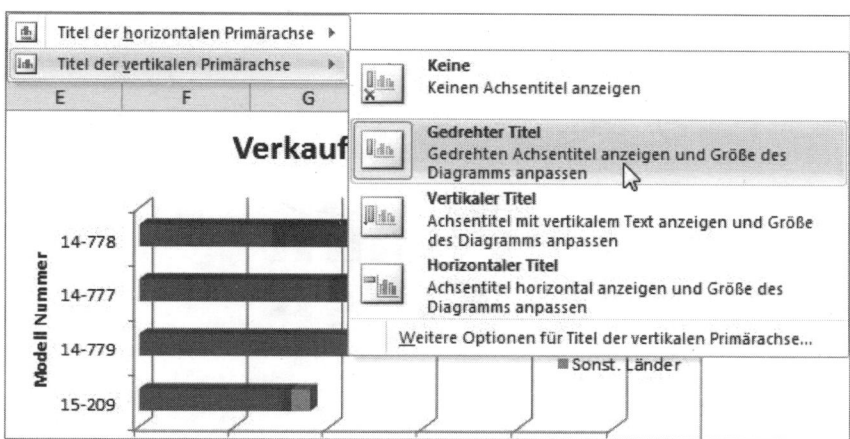

Legende

Enthält Ihr Diagramm mehr als eine einzige Datenreihe, dann benötigen Sie eine Legende zur Identifizierung der Reihen. Standardmäßig wird eine Legende immer rechts neben dem Diagramm eingefügt. Mit der Schaltfläche LEGENDE können Sie eine andere Position festlegen, bzw. eine nicht benötigte Legende deaktivieren.

Position und Anzeige der Legende

Datenbeschriftungen

Über die Schaltfläche DATENBESCHRIFTUNGEN fügen Sie dem Diagramm eine Anzeige der Werte hinzu. Ein Kreisdiagramm bietet außerdem die Möglichkeit, über WEITERE DATENBESCHRIFTUNGSOPTIONEN... die Prozentanteile, sowie die Beschriftung der Datenpunkte (RUBRIKENNAME) anzuzeigen.

DATENBESCHRIFTUNGS-OPTIONEN: Prozentanteile und Text im Diagramm anzeigen

Diagramm formatieren

Formatvorlagen für
Datenreihen

Verschiedene Vorlagen zum schnellen Formatieren des gesamten Diagramms finden Sie im Register ENTWURF in der Gruppe DIAGRAMMFORMATVORLAGEN.

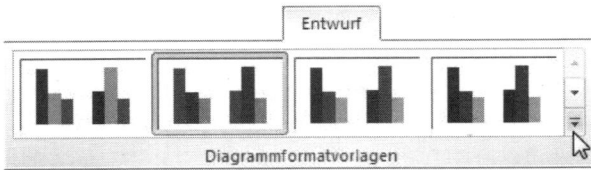

Darüber hinaus können Sie jedes einzelne Diagrammelement beliebig formatieren. Neben den Formaten im Register START stehen Ihnen auch die Schaltflächen des Registers DIAGRAMMTOOLS - FORMAT zur Verfügung. Über die Schaltflächen der Gruppe FORMENARTEN können Sie nicht nur die markierte Datenreihe oder einen Datenpunkt mit verschiedenen 3D- und Schatteneffekten versehen, sondern auch als Fülleffekte Farbverläufe oder ein Bild wählen.

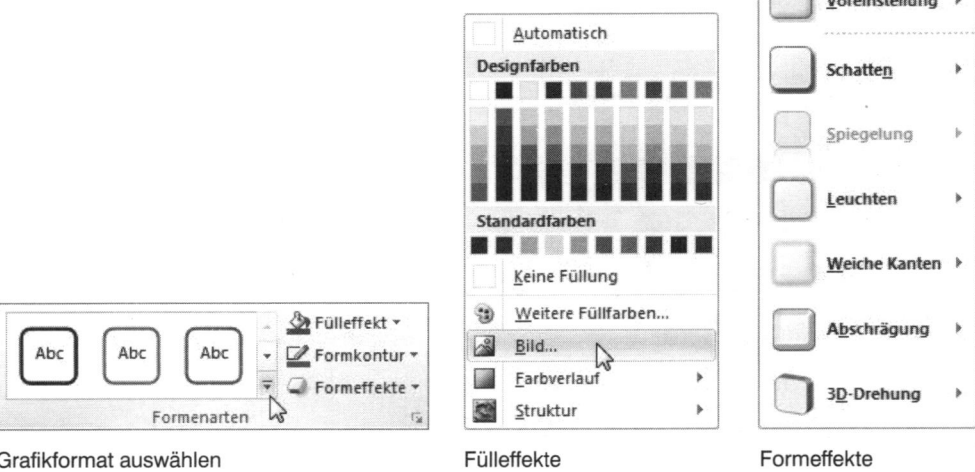

Grafikformat auswählen   Fülleffekte   Formeffekte

Standardfarben ändern

Farben ändern

Eine weitere Möglichkeit der Farbauswahl bietet die Schaltfläche FARBEN im Register SEITENLAYOUT, Gruppe DESIGNS. Hier können Sie aus verschiedenen Farbzusammenstellungen wählen und so gleichzeitig die Standardfarben ändern.

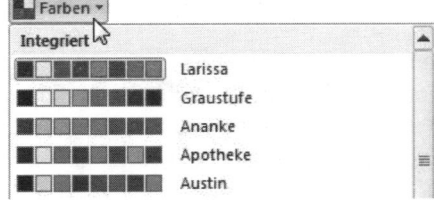

9.3. Sparklines einfügen

Eine Diagrammvariante sind die Sparklines, Minidiagramme ohne Beschriftungen, die in einer einzigen Zelle Platz finden und schnell einen grafischen Überblick oder Vergleich mehrerer Messwerte erlauben. Im Beispiel unten dienen sie zum Temperaturvergleich.

Minidiagramme in einer Zelle

◢	A	B	C	D	E	F	G	H	I	J	K	L	M	N
1	Max. Temperaturen													
2		Jan	Feb	Mrz	Apr	Mai	Jun	Jul	Aug	Sep	Okt	Nov	Dez	
3	Kreta	15	15	17	20	23	27	29	28	26	23	20	17	
4	Brasilien	29	30	29	28	26	25	25	25	25	26	27	29	

Zum Erstellen klicken Sie im Register EINFÜGEN, Gruppe SPARKLINES auf die gewünschte Darstellung. Wählen Sie anschließend den Datenbereich aus sowie die Zelle, in die die Sparkline eingefügt werden soll.

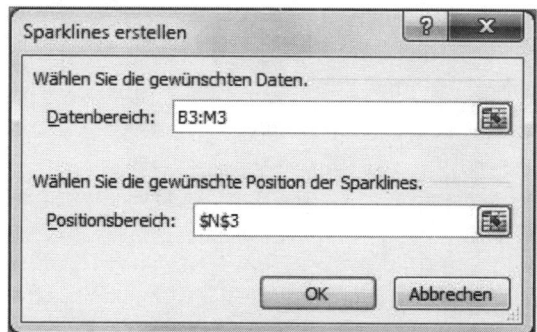

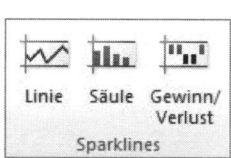

Tipp: Sparklines lassen sich wie Formeln in angrenzende Zellen kopieren.

Auch für Sparklines stellt Excel mit dem Register SPARKLINETOOLS - ENTWURF verschiedene Formatvorlagen und Farben zur Verfügung. Zum Entfernen einer Sparkline markieren Sie die Zelle und klicken im Register START, Gruppe BEARBEITEN auf die Schaltfläche LÖSCHEN.

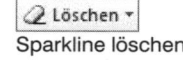

Sparkline löschen

9.4. Zusammenfassung

- Mit Diagrammen lassen sich Zahlen grafisch darstellen. Zu diesem Zweck verfügt Excel über eine Zusammenstellung verschiedener Diagrammtypen mit weiteren Untertypen. Welchen Diagrammtyp, bzw. Untertyp Sie wählen, hängt von der gewünschten Aussage ab.

- Achten Sie bei der Erstellung und nachträglichen Bearbeitung von Diagrammen auf Lesbarkeit und verzichten Sie auf aufwändige Effekte. Bei der Darstellung mehrerer Datenreihen sollten Sie außerdem darauf achten, ob die Datenreihen aus den Zeilen oder Spalten der Tabelle gebildet werden sollen.

- Zur Erstellung eines Diagramms markieren Sie alle benötigten Zahlen und Beschriftungen in der Tabelle. Achten Sie bei nicht zusammenhängenden Zellbereichen darauf, exakt die zusammengehörenden Beschriftungen und Zahlen zu markieren.

- Ein Diagramm wird standardmäßig im gleichen Arbeitsblatt wie die Tabelle eingefügt und kann dort mit der Maus vergrößert, verkleinert und verschoben werden. Um ein Diagramm in ein anderes Arbeitsblatt einzufügen, verwenden Sie den Befehl DIAGRAMM VERSCHIEBEN.

- Beschriftungselemente fügen Sie nachträglich hinzu. Achten Sie darauf, das Diagramm oder ein Element des Diagramms zu markieren. Nur dann stehen Ihnen die Register LAYOUT und ENTWURF für die Bearbeitung zur Verfügung.

9.5. Übung

Ein aufstrebender Ferienort möchte eine Übersicht über die Entwicklung der Übernachtungszahlen der letzten Jahre. Geben Sie in einer neuen, leeren Arbeitsmappe die nachfolgenden Werte ein und formatieren Sie die Tabelle nach Ihren Vorstellungen.

	A	B	C	D	E	F
1	Bad Hinterhausen - Übernachtungszahlen					
2	Aufenthaltsdauer					
3			Jahre			
4		2006	2007	2008	2009	
5	bis 3 Tage	800	1.500	4.000	5.000	
6	bis 7 Tage	500	1.200	2.000	2.500	
7	bis 14 Tage	800	1.400	1.000	700	
8	länger	300	500	300	500	
9	Gesamt	2.400	4.600	7.300	8.700	
10						

Aufgabe 1

- Berechnen Sie in B9 bis E9 für jedes Jahr die Summe der Übernachtungszahlen.

- Erstellen Sie ein 3D-Balkendiagramm, das für die Jahre 2006 bis 2009 die Entwicklung der Übernachtungszahlen anzeigt. Fügen Sie das Diagramm unterhalb der Tabelle ein und versehen es mit den erforderlichen Beschriftungen, Beispiel siehe unten. Formatieren Sie die Balken mit Grafikeffekten nach Ihren Vorstellungen.

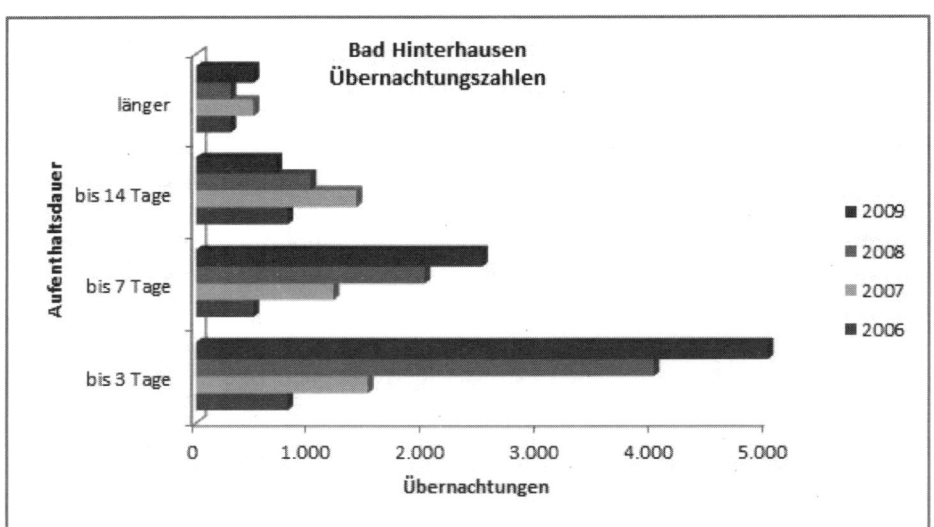

Bemerkungen:

_____

_____

_____

Aufgabe 2

Erstellen Sie ein zweites Diagramm, das für das Jahr 2009 in einem Kreisdiagramm die prozentuale Aufteilung der Übernachtungen nach Aufenthaltsdauer anzeigt. Verschieben Sie das Diagramm in ein gesondertes Blatt unter dem Namen "Übernachtungen-2009". Versehen Sie die Diagrammfläche mit einem beliebigen Bild als Fülleffekt und ändern Sie das Diagramm so, dass es etwa der Abbildung unten entspricht. Achten Sie auf gute Lesbarkeit!

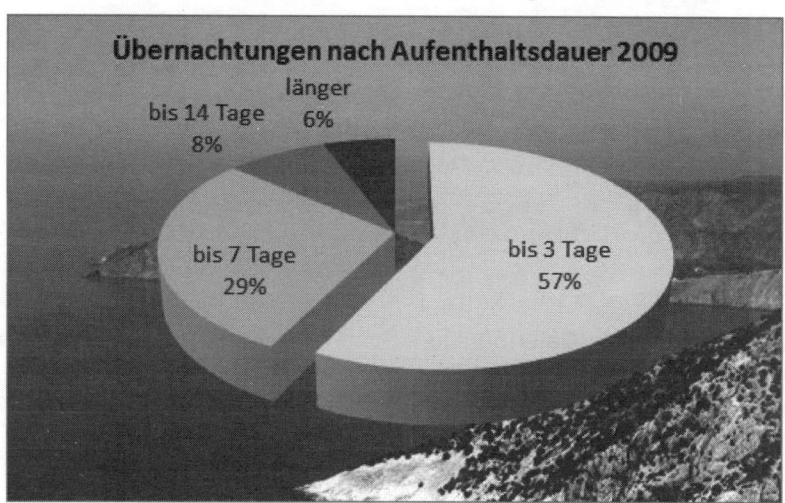

Bemerkungen:

_____

_____

_____

_____

_____

_____

_____

_____

10. Arbeiten mit umfangreichen Tabellen (Datenbanken)

In dieser Lektion lernen Sie

- Wie Sie eine kleine Datenbank mit Excel anlegen
- Daten sortieren und filtern
- Zeichenfolgen suchen und ersetzen

Was Sie für diese Lektion wissen sollten

- Tabellen formatieren

Excel verfügt über grundlegende Datenbankfunktionen wie Filtern und Sortieren, sowie verschiedene Auswertungsmöglichkeiten und kann daher auch zur Verwaltung größerer Datenmengen eingesetzt werden. Im Gegensatz zu Datenbankprogrammen, wie beispielsweise Microsoft Access, unterstützt Excel aber keine Schutzmechanismen gegen unbeabsichtigtes Ändern und Löschen von Daten. Für umfangreiche Datenmengen sollte daher besser ein Datenbankprogramm verwendet werden.

10.1. Was ist eine Datenbank?

Zusammenhängende Datenbereiche werden von Excel meist automatisch erkannt

Eine Datenbank speichert und verwaltet Daten in strukturierter Form in einer Tabelle. Relationale Datenbanken (dazu gehört Microsoft Access) verwalten die Daten zur Vermeidung von Mehrfachspeicherung verteilt in mehreren Tabellen. Mit Excel ist dies nur mit einer einzigen Tabelle möglich. Größere zusammenhängende Datenbereiche werden von Excel normalerweise automatisch erkannt. Daher ist es auch für die meisten Befehle zur Datenverwaltung nicht erforderlich, dass Sie die gesamte Tabelle markieren. Es genügt normalerweise, wenn Sie eine einzelne, beliebige Zelle innerhalb der Tabelle markieren.

Datensatz:
Eine Zeile der Tabelle

Datenfeld:
Eine Spalte der Tabelle

In einer Datenbank werden die Zeilen einer Tabelle, mit Ausnahme der Überschriftzeile als Datensätze bezeichnet. Die Spalten bezeichnet man als Datenfelder.

Folgende Regeln sollten Sie beim Aufbau einer Datenbanktabelle beachten:

- Die erste Zeile einer Tabelle enthält die Spaltenüberschriften, diese werden auch als Feldnamen bezeichnet.

- Eine Datenbank darf keine Leerzeilen oder leeren Spalten enthalten, auch nicht zwischen Überschriftzeile und den folgenden Datensätzen. Achten Sie also beim Löschen darauf, dass keine Leerzeilen zurückbleiben! Einzelne leere Zellen sind dagegen zulässig.

- Ein Datensatz darf sich nicht über mehrere Zeilen erstrecken.

- Vermeiden Sie die mehrfache Eingabe und Speicherung von Daten (Datenredundanz). So kann beispielsweise das Alter aus dem Geburtsdatum berechnet werden, eine zusätzliche Speicherung ist daher nicht sinnvoll.

- Der Inhalt einer Spalte sollte nicht weiter zerlegbar sein. Damit können Sie später Ihre Datensätze einfacher sortieren und filtern. Speichern Sie etwa Vorname und Nachname zusammen in einer einzigen Spalte, beispielsweise

Xaver Hintermoser, dann ist später keine Sortierung der Datenbank nach Nachnamen möglich.

- Wenn Sie die Daten als Datenquelle für einen Seriendruck mit Word verwenden möchten, dann sollte die Tabelle in der ersten Zeile des Arbeitsblattes beginnen.

In einer Datenbanktabelle bewegen und markieren

Die folgenden Tastenkombinationen verwenden Sie, um sich in einer umfangreichen Tabelle zu bewegen, bzw. um Zellbereiche zu markieren.

Tasten	Beschreibung
Strg+Pfeil ab	Markiert in der aktuellen Spalte die Zelle in der letzten Zeile einer Liste
Strg+Pfeil auf	Markiert in der aktuellen Spalte die Zelle in der ersten Zeile einer Liste
Strg+Pfeil rechts	Markiert in der aktuellen Zeile die Zelle in der letzten Spalte einer Liste
Strg+Pfeil links	Markiert in der aktuellen Zeile die Zelle in der ersten Spalte einer Liste
Strg+Umschalt+Pfeil ab	Markiert ab der aktuellen Position die gesamte Spalte einer Liste.
Strg+Umschalt+Pfeil rechts	Markiert ab der aktuellen Position die gesamte Zeile einer Liste
Strg+Umschalt+*	Markiert die gesamte, zusammenhängende Liste
Strg+Pos1	Markiert die Zelle A1

10.2. Fenster einfrieren

Beim Bearbeiten oder der Eingabe in sehr umfangreichen Tabellen sind beim Verschieben des Bildschirmausschnitts (Scrollen) auch die Spaltenüberschriften nicht mehr sichtbar. Um dies zu vermeiden, können Sie die Position von Zeilen und/ oder Spalten im Fenster einfrieren, d.h. diese bleiben auch dann sichtbar, wenn Sie den Bildschirmausschnitt verschieben.

Spaltenüberschriften im Fenster fixieren

Sorgen Sie dafür, dass die Spaltenüberschriften in der ersten Zeile des Fensters sichtbar sind und klicken Sie im Register ANSICHT, Gruppe FENSTER auf die Schaltfläche FENSTER EINFRIEREN. Wählen Sie aus, ob Sie der erste Zeile und/ oder die erste Spalte einfrieren möchten. Über die gleiche Schaltfläche können Sie die Fixierung auch wieder aufheben.

Fenster einfrieren ▾

Oberste Zeile einfrieren	Die erste sichtbare Zeile des Arbeitsblattes bleibt sichtbar
Erste Spalte einfrieren	Die erste sichtbare Spalte des Arbeitsblattes bleibt sichtbar
Fenster einfrieren	Alle sichtbaren Zeilen über und links neben der markierten Zelle werden fixiert

Beispiel: Die Zeilen 1 bis 3 und die Spalte A sollen immer sichtbar bleiben.

1. Sorgen Sie dafür, dass die Zeilen 1 bis 3 und Spalte A sichtbar sind. Markieren Sie die Zelle B4, klicken Sie auf die Schaltfläche FENSTER EINFRIEREN und wählen Sie FENSTER EINFRIEREN.

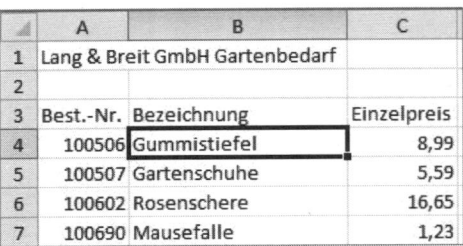

	A	B	C
1	Lang & Breit GmbH Gartenbedarf		
2			
3	Best.-Nr.	Bezeichnung	Einzelpreis
4	100506	Gummistiefel	8,99
5	100507	Gartenschuhe	5,59
6	100602	Rosenschere	16,65
7	100690	Mausefalle	1,23

Markieren Sie Zelle B4

	A	B	C
1	Lang & Breit GmbH Gartenbedarf		
2			
3	Best.-Nr.	Bezeichnung	Einzelpreis
10	200666	Rasendünger, 5 kg	4,59
11	300555	Vogelfutter	2,99
12	300559	Meisenködel 3 St.	1,66
13	300569	Fischfutter	12,99

Die Zeilen 1 bis 3 und Spalte A bleiben sichtbar

2. Die Linien im Arbeitsblatt zeigen an, wo das Fenster fixiert wurde. Zum Aufheben der Fixierung klicken Sie im Register ANSICHT, Gruppe FENSTER auf die Schaltfläche FENSTER EINFRIEREN und wählen den Befehl FIXIERUNG AUFHEBEN.

10.3. Sortieren

Siehe Lektion 10.4

Eine Tabelle kann nach Texteinträgen, Zahlen, Datum und Uhrzeit, sowie auch nach mehreren Kriterien gleichzeitig sortiert werden. Schaltflächen zum Sortieren finden Sie sowohl im Register START, Gruppe BEARBEITEN als auch im Register DATEN, Gruppe SORTIEREN UND FILTERN. Sortiermöglichkeiten stehen Ihnen auch zusammen mit dem AutoFilter zur Verfügung.

Als Tabelle formatieren ▾

Siehe Lektion 5.4

Wenn Sie mit der Schaltfläche ALS TABELLE FORMATIEREN (Register START) Ihrer Tabelle eine Formatvorlage zugewiesen haben, dann stehen Ihnen die beschriebenen Sortiermöglichkeiten und Filter automatisch zur Verfügung.

Einfache Sortierung

 Aufsteigend

 Absteigend

Möchten Sie schnell nach den Inhalten einer einzigen Spalte sortieren, dann markieren Sie eine beliebige Zelle innerhalb dieser Spalte und klicken Sie im Register DATEN auf die gewünschte Sortierreihenfolge. Eine Überschriftzeile wird normalerweise von Excel erkannt und nicht in die Sortierung mit einbezogen. Enthält Ihre Tabelle mehrere Überschriftzeilen oder Summen, dann sollten Sie besser die benutzerdefinierte Sortierung verwenden.

⚠ Achten Sie darauf, die gesamte Tabelle zu sortieren

Vorsicht: Markieren Sie zum Sortieren niemals eine einzige Spalte der Tabelle. In diesem Fall erfolgt die Sortierung ausschließlich innerhalb der markierten Spalte. Die Datensätze (Zeilen) werden nicht vollständig sortiert!

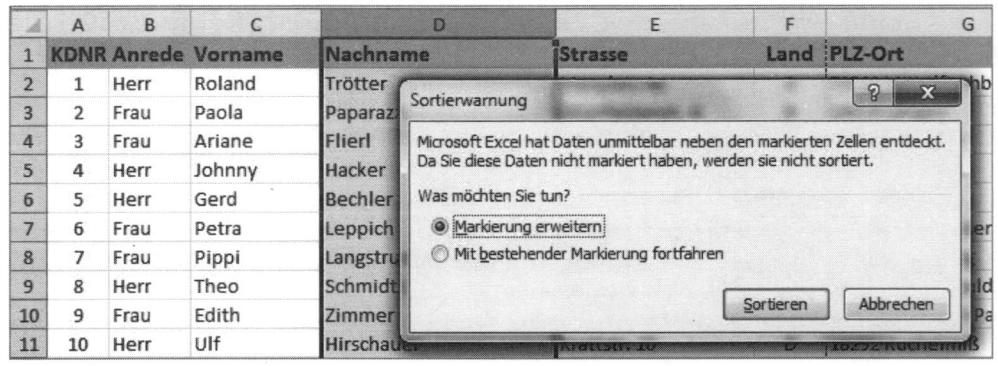

Excel macht Sie mit einer Sortierwarnung darauf aufmerksam, wenn Daten nicht mit sortiert werden, wählen Sie in diesem Fall die Option MARKIERUNG ERWEITERN.

Mehrere Sortierkriterien verwenden

Wollen Sie die Liste nach mehreren Kriterien sortieren, beispielsweise wie in einem Telefonbuch nach Nachname und bei gleichen Nachnamen auch nach Vornamen, dann verwenden Sie die benutzerdefinierte Sortierung. Markieren Sie eine beliebige Zelle innerhalb der Tabelle und klicken auf die Schaltfläche SORTIEREN. Enthält Ihre Tabelle mehrere Überschriftzeilen, die in der Sortierung nicht berücksichtigt werden sollen, dann müssen Sie zuvor den gesamten Tabellenbereich markieren.

Benutzerdefinierte Sortierung

1. Kontrollieren Sie, ob die Überschriftzeile erkannt wurde, in der oberen rechten Ecke befindet sich das Kontrollkästchen DATEN HABEN ÜBERSCHRIFTEN.

Kontrollieren Sie, ob Excel die Spaltenüberschriften berücksichtigt

2. Klicken Sie im Feld SORTIEREN NACH auf den DropDown-Pfeil und wählen Sie das Hauptsortierkriterium. Daneben legen Sie die Reihenfolge (aufsteigend oder absteigend) fest.

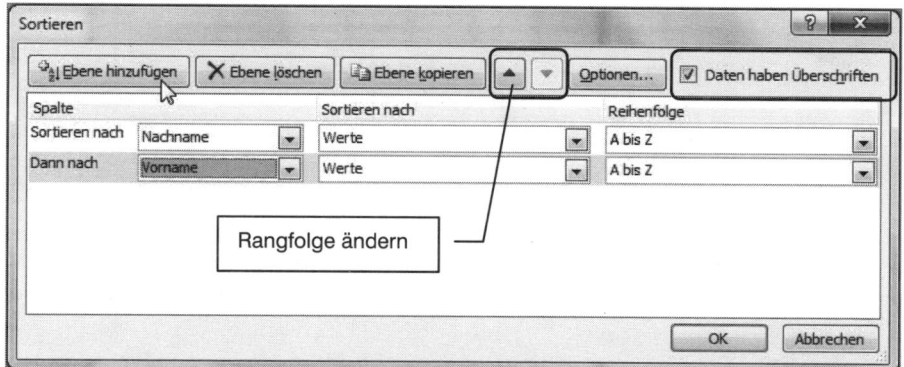

3. Möchten Sie noch nach einem weiteren Feld sortieren, so klicken Sie auf die Schaltfläche EBENE HINZUFÜGEN und wählen Sie das zweite Sortierkriterium.

4. Bei Bedarf verwenden Sie die Pfeile, um die Rangfolge der Sortierkriterien zu ändern, mit der Schaltfläche EBENE LÖSCHEN entfernen Sie eine Sortierung wieder.

Rangfolge der Sortierung ändern

Über die Schaltfläche OPTIONEN können Sie noch festlegen, ob Groß- und Kleinschreibung berücksichtigt werden soll. Eine andere Möglichkeit stellt die Sortierung nach Spalten anstelle von Zeilen dar.

10.4. Filtern

AutoFilter

Filtern bedeutet, es werden nur bestimmte Datensätze angezeigt, alle anderen sind vorübergehend ausgeblendet. Am einfachsten und schnellsten verwenden Sie dazu den einfachen Filter oder AutoFilter. Markieren Sie eine beliebige Zelle der Tabelle und klicken Sie auf die Schaltfläche FILTERN. Enthält die Tabelle leere Zeilen oder Spalten, dann müssen Sie zuvor den gesamten Tabellenbereich markieren. In der ersten Zeile erscheint zu jeder Überschrift ein Drop-Down-Pfeil.

Filtern

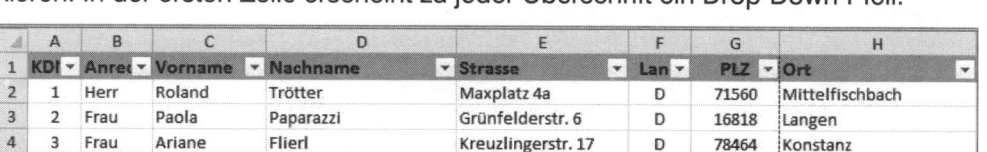

	A	B	C	D	E	F	G	H
1	KDI	Anre	Vorname	Nachname	Strasse	Lan	PLZ	Ort
2	1	Herr	Roland	Trötter	Maxplatz 4a	D	71560	Mittelfischbach
3	2	Frau	Paola	Paparazzi	Grünfelderstr. 6	D	16818	Langen
4	3	Frau	Ariane	Flierl	Kreuzlingerstr. 17	D	78464	Konstanz
5	4	Herr	Johnny	Hacker	Brückenstrasse 79	D	60314	Frankfurt

Wählen Sie das ge-
wünschte Filterkriterium
aus

Mit einem Mausklick auf den Pfeil öffnen Sie ein Feld, das Ihnen zusammen mit
verschiedenen Filtermöglichkeiten auch eine Sortierung nach dieser Spalte anbie-
tet. Möchten Sie nach einem bestimmten Inhalt der Spalte filtern, z.B. nach einem
bestimmten Land oder nach der Anrede Frau, dann deaktivieren Sie zunächst
einmal das Kontrollkästchen ALLES AUSWÄHLEN und klicken dann auf den gewünschten Eintrag Frau.

Filterkriterien definieren

Allerdings eignet sich diese Methode nicht für alle Inhalte. Bei Zahlenwerten ist es
meist sinnvoller, die Filterkriterien selbst zu definieren. Möchten Sie zum Beispiel
alle Kunden mit einem Umsatz von 5.000 oder mehr herausfiltern, dann klicken Sie
auf den Drop-Down-Pfeil der Umsatzspalte, zeigen Sie auf den Eintrag ZAHLENFIL-
TER, wählen GRÖßER ODER GLEICH… und geben den Vergleichswert ein.

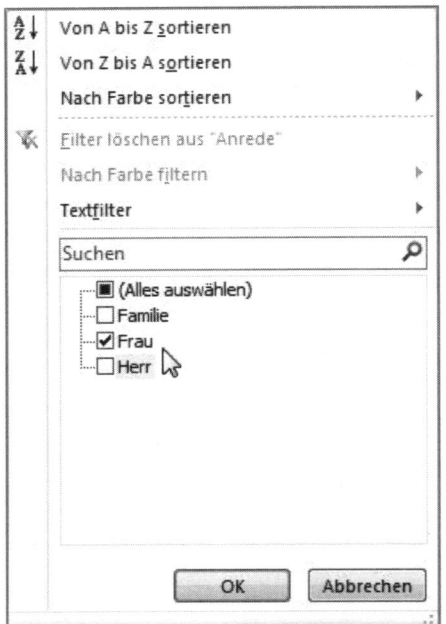

Filter auswählen

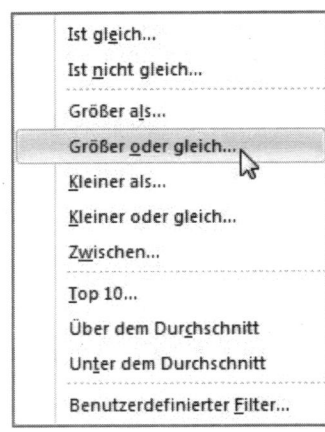

Zahlenfilter verwenden

Siehe Lektion 5.3

Enthält eine Spalte Text oder Datumswerte, dann können Sie über den DropDown-
Pfeil entsprechende Text- oder Datumsfilter mit verschiedenen Möglichkeiten auswählen. Beispiel Postleitzahlbereiche: Postleitzahlen sollten normalerweise als
Text formatiert eingegeben werden, damit auch Postleitzahlen, die mit 0 beginnen
korrekt angezeigt werden. Klicken Sie auf den DropDown-Pfeil, zeigen Sie auf
TEXTFILTER und wählen Sie BEGINNT MIT…. Geben Sie die erste oder die beiden
ersten Stellen des Postleitzahlenbereichs ein. Sie können auch zwei Kriterien verwenden, das abgebildete Beispiel unten liefert alle Postleitzahlen, die mit 8 oder 9
beginnen.

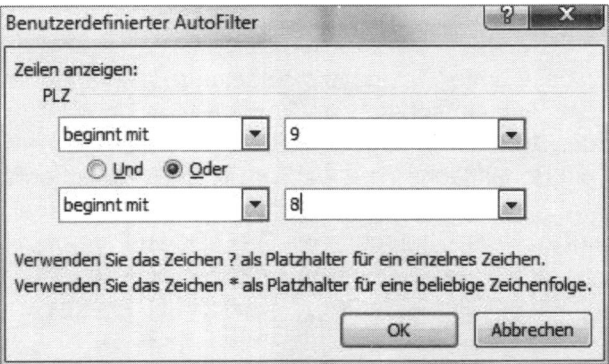

Am Symbol erkennen
Sie einen aktiven Filter

Einen aktiven Filter erkennen Sie am Symbol neben der Spaltenüberschrift. Die
verwendeten Filterkriterien werden als Infofeld angezeigt, wenn Sie mit der Maus
darauf zeigen.

Zum Entfernen eines Filters klicken Sie entweder im Menüband auf das FILTERN-Symbol oder auf das Symbol neben der Spaltenüberschrift. Klicken Sie auf FILTER LÖSCHEN.

Filter wieder entfernen

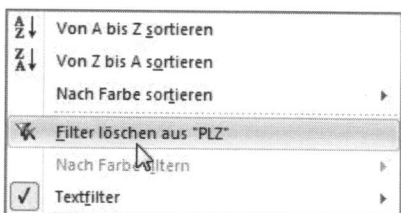

Filterinfo anzeigen   Filter löschen

In Filterkriterien können auch die Platzhalterzeichen * und ? verwendet werden, wenn Sie beispielsweise alle Kunden, deren Nachname mit dem Buchstaben M beginnt herausfiltern möchten.

Die Platzhalterzeichen * und ? verwenden

Zeichen	Beschreibung	Beispiel
*	Steht für eine beliebige Anzahl von Zeichen	M* Liefert Maier, Müller-Lüdenscheid
?	Steht für genau 1 Zeichen	M???? Liefert Meier, Moser, nicht aber Moosbauer

Spezialfilter

Der Spezialfilter erlaubt das Filtern einer Tabelle unter Verwendung eines gesonderten Kriterienbereichs. Dieser kann sich oberhalb oder unterhalb der eigentlichen Tabelle, oder aber in einem weiteren Arbeitsblatt befinden. Auf diese Weise lassen sich Filterkriterien, im Gegensatz zum AutoFilter auch zusammen mit der Arbeitsmappe speichern und später schnell wieder aufrufen.

Die Spaltenüberschriften im Kriterienbereich müssen mit der Tabelle übereinstimmen

Die Spaltenüberschriften im Kriterienbereich müssen mit den Spaltenüberschriften in der Tabelle exakt übereinstimmen, daher kopieren Sie am einfachsten die Zeile mit den Überschriften. Geben Sie dann unterhalb der kopierten Überschriften Ihre Filterkriterien ein.

Beispiel: Alle Adressen in München oder Nürnberg mit einem Umsatz von über 1.000 Euro.

1. Geben Sie die beiden Orte zusammen mit dem Umsatz unterhalb der jeweiligen Spaltenüberschriften ein.

2. Markieren Sie anschließend eine beliebige Zelle innerhalb der Tabelle, die Sie filtern möchten und klicken Sie im Register DATEN, Gruppe SORTIEREN UND FILTERN auf die Schaltfläche ERWEITERT.

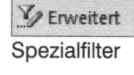

Spezialfilter

	A	B	C	D
1	Ort	Telefon	Erfassdatum	Umsatz
2	München			>1000
3	Nürnberg			>1000

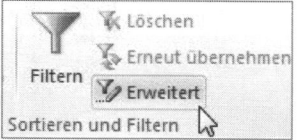

Der Kriterienbereich

3. Der Listenbereich wird normalerweise von Excel automatisch erkannt, als Kriterienbereich geben Sie den Zellbereich einschließlich der Überschrift an, der Ihre Kriterien enthält. In diesem Beispiel befindet sich der Kriterienbereich in einem gesonderten Tabellenblatt mit dem Namen "Kriterien".

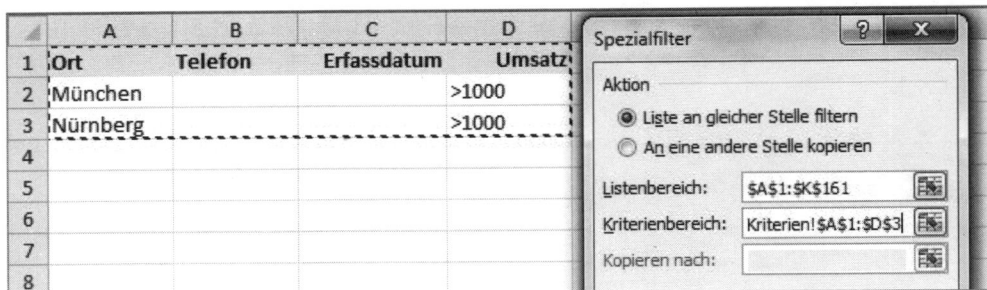

Liste an andere Stelle kopieren

Die gefilterten Daten können an eine andere Stelle kopiert werden

Unabhängig davon, ob Sie Ihre Daten mit Hilfe des AutoFilters oder des Spezialfilter gefiltert haben, können Sie die gefilterte Tabelle anschließend markieren und an eine beliebige Stelle kopieren. Auf diese Weise können Sie beispielsweise für die Verwendung in Word-Serienbriefen die benötigten Datensätze filtern und anschließend in eine zweite Arbeitsmappe kopieren.

Eine zweite Möglichkeit bietet der Spezialfilter mit der Option AN EINE ANDERE STELLE KOPIEREN. Allerdings kann dann die Kopie nur im selben Blatt, in dem sich auch die Originaldaten befinden, wieder eingefügt werden.

Duplikate ausschließen

Duplikate = mehrfach vorkommende Datensätze

Möchten Sie dabei Duplikate, also mehrfach vorkommende Datensätze ausschließen, dann aktivieren Sie das Kontrollkästchen KEINE DUPLIKATE.

10.5. Suchen und ersetzen

Suchen

Nach Zeichenfolgen suchen

Sie können entweder einen markierten Bereich oder die gesamte Tabelle nach einer Zeichenfolge durchsuchen und bei Bedarf auch durch eine andere Zeichenfolge ersetzen lassen. Die Befehlsschaltfläche dazu finden Sie im Register START, Gruppe BEARBEITEN. So gehen Sie dabei vor:

Markierte Spalte oder Tabellenblatt durchsuchen?

1. Soll die Suche ausschließlich innerhalb einer einzigen Spalte erfolgen, dann markieren Sie die entsprechende Spalte. Möchten Sie dagegen den gesamten Tabellenbereich durchsuchen, dann genügt es, wenn innerhalb einer zusammenhängenden Tabelle eine einzige Zelle markiert ist.

2. Klicken Sie auf die Schaltfläche SUCHEN UND AUSWÄHLEN und auf SUCHEN…

3. Das Dialogfenster SUCHEN UND ERSETZEN wird geöffnet. Geben Sie im Feld SUCHEN NACH das gewünschte Suchkriterium ein. Sie können dabei auch die Platzhalterzeichen * und ? verwenden, siehe S.127.

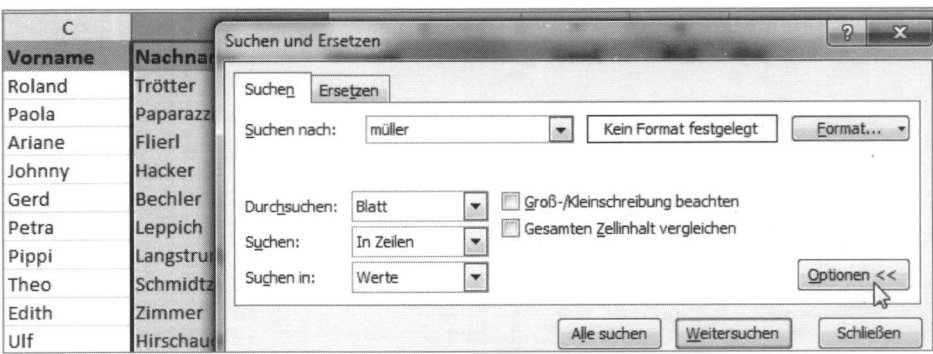

Über die Schaltfläche OPTIONEN stehen weitere Suchoptionen zur Verfügung:

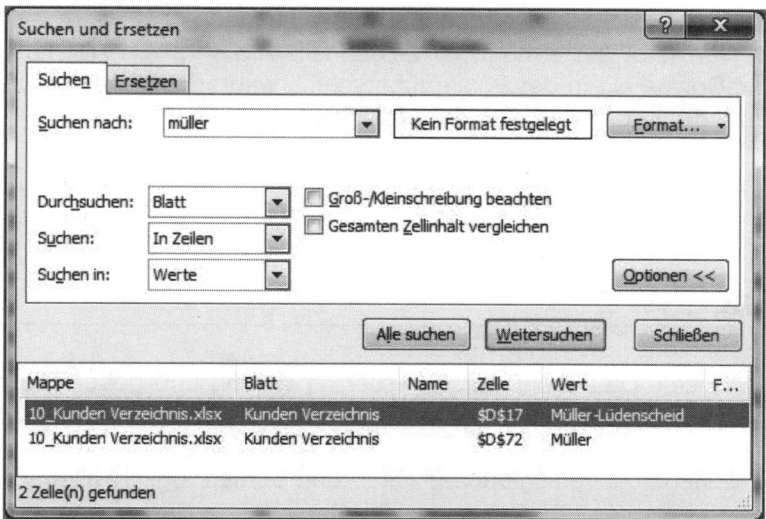

Beachten Sie die
Suchoptionen

- Die Kontrollkästchen legen fest, ob zwischen Groß- und Kleinschreibung unterschieden werden soll. GESAMTEN ZELLINHALT VERGLEICHEN bedeutet, Excel ignoriert Zellen, bei denen sich die gesuchte Zeichenfolge innerhalb einer anderen befindet. Ist dieses Kästchen deaktiviert, werden bei der Suche nach "eiche" auch "Teiche" oder "Speicher" gefunden.

- Sie können auch zusätzlich oder ausschließlich nach einem bestimmten Format suchen, das Sie über die Schaltfläche FORMAT näher definieren.

4. Mit WEITERSUCHEN markiert Excel die erste Fundstelle in der Tabelle, ein erneuter Mausklick auf WEITERSUCHEN setzt die Suche fort. Die Schaltfläche ALLE SUCHEN listet die gefundenen Werte in einem gesonderten Bereich des Dialogfensters auf.

Zeichenfolgen ersetzen

Soll die gesuchte Zeichenfolge gleichzeitig durch eine andere ersetzt werden, dann wählen Sie aus der Liste den Befehl ERSETZEN.... Verwenden Sie die gleichen Suchoptionen, wie oben unter SUCHEN beschrieben und geben Sie zusätzlich an, durch welche Zeichenfolge die gefundenen Inhalte ersetzt werden sollen.

Zeichenfolgen in Spalte
oder Tabelle ersetzen

- Mit WEITERSUCHEN starten Sie die Suche, mit dieser Schaltfläche können Sie auch eine Fundstelle ohne Ersetzung übergehen.

- Die Schaltfläche ERSETZEN ersetzt die Zeichenfolge der Fundstelle und markiert automatisch die nächste Stelle.

- Mit der Schaltfläche ALLE ERSETZEN werden alle vorkommenden Zeichenfolgen automatisch ohne vorherige Rückfrage ersetzt.

ALLE ERSETZEN: ohne
Rückfrage ersetzen

10.6. Zusammenfassung

- Eine Excel-Datenbank verwaltet größere Datenmengen in Tabellenform. Eine Zeile der Tabelle wird als Datensatz bezeichnet, eine Spalte als Datenfeld. Die erste Zeile einer Datenbank muss die Spaltenüberschriften enthalten. Die Tabelle darf zwar einzelne leere Zellen, aber keine vollständig leeren Spalten oder Zeilen enthalten, da die Datenbank sonst nicht von Excel automatisch erkannt wird.

- Markieren Sie zum Sortieren einer Tabelle eine beliebige Zelle innerhalb der Spalte, nach der Sie sortieren wollen und verwenden Sie die Symbole AUF- / ABSTEIGEND SORTIEREN. Achtung: markieren Sie nicht eine einzelne Spalte, da die Sortierung sonst ausschließlich innerhalb der Markierung und nicht über die gesamte Tabelle erfolgt!

- Zum Filtern einer Tabelle verwenden Sie entweder den AutoFilter oder den Spezialfilter. Der AutoFilter ermöglicht die schnelle Auswahl von Filterkriterien über ein DropDown-Feld in der Spaltenüberschrift, während für den Spezialfilter ein zusätzlicher Kriterienbereich erforderlich ist.

10.7. Übung

Aufgabe

Erstellen Sie eine kleine Datenbank zur Adressenverwaltung und geben Sie mindestens 20 beliebige Adressen ein.

Testen Sie anschließend die verschiedenen Filter- und Sortiermöglichkeiten.

Tipps:

- Damit Sie auch in einer größeren Tabelle bei der Eingabe die Übersicht behalten, sollten Sie die Spaltenüberschriften fixieren.

Siehe Lektion 5.3

- Um Probleme bei der Eingabe von Postleitzahlen mit einer führenden 0 zu vermeiden, sollten Sie entweder alle Postleitzahlen als Text formatieren oder ein entsprechendes Sonderformat verwenden.

- Wenn Sie die Adressen später für Word-Serienbriefe verwenden wollen, dann sollten Sie mit den Spaltenüberschriften in der ersten Zeile beginnen.

Bemerkungen:

_____

_____

_____

_____

_____

11. Weiterführende Techniken

In dieser Lektion lernen Sie

- Kommentare einfügen
- Arbeitsblätter schützen
- Mustervorlagen erstellen
- Grafik- und Zeichnungsobjekte einfügen

Was Sie für diese Lektion wissen sollten

- Zellen formatieren, Arbeiten mit Formeln und Funktionen

Excel verfügt über verschiedene Möglichkeiten, um das Arbeiten mit Tabellenblättern effektiver zu gestalten. Dazu gehört die Verwendung von Mustervorlagen. Diese sind vergleichbar mit Vordrucken für neue Arbeitsblätter, die Sie beliebig oft einfügen können. Vorlagen können nicht nur Text und Formatierungen, sondern auch Formeln und Funktionen enthalten. Damit Formeln nicht versehentlich gelöscht oder überschrieben werden, sollte eine Vorlage geschützt werden und nur bestimmte Zellen zur Eingabe freigegeben werden.

11.1. Kommentare

Für Hinweise zur Eingabe oder zur Bearbeitung können einzelne Zellen mit Kommentaren versehen werden. Alle Befehle zur Verwaltung von Kommentaren finden Sie im Register ÜBERPRÜFEN, Gruppe KOMMENTARE.

ÜBERPRÜFEN, Gruppe KOMMENTAR

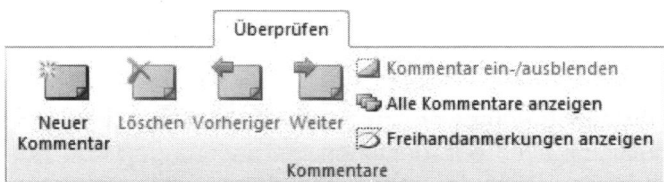

Um eine Zelle mit einem Kommentar zu versehen, markieren Sie die Zelle und klicken auf die Schaltfläche NEUER KOMMENTAR. Geben Sie anschließend Ihren Text ein. Kommentare werden automatisch mit Ihrem Benutzernamen versehen. Standardmäßig wird der Kommentar ausgeblendet, sobald Sie anschließend auf eine andere Zelle klicken.

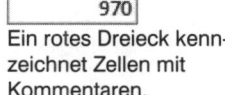

Ein rotes Dreieck kennzeichnet Zellen mit Kommentaren.

⊿	A	B	C	D	E	F
1						
2	Wert 1	550				
3	Wert 2	420	970	Manni Muster: Zwischenergebnis		
4						
5						
6						

Zellen mit Kommentaren erkennen Sie am roten Dreieck in der oberen rechten Ecke. Der dazugehörige Kommentar erscheint automatisch, sobald Sie mit der Maus auf die Zelle zeigen. Bereits vorhandene Kommentare ändern Sie über die Schaltfläche KOMMENTAR BEARBEITEN, zum Löschen klicken Sie auf die Schaltfläche LÖSCHEN.

Die Schaltflächen VORHERIGER/ WEITER verwenden Sie, um innerhalb der Arbeitsmappe den nächsten, bzw. vorherigen Kommentar anzuzeigen. Mit der Schaltfläche KOMMENTAR EIN-/AUSBLENDEN können Sie den Kommentar zur markierten Zelle dauerhaft ein- und auch wieder ausblenden, die Schaltfläche ALLE KOMMENTARE ANZEIGEN blendet dagegen alle Kommentare dauerhaft im Arbeitsblatt ein.

Kommentare drucken

Kommentare zusammen mit der Tabelle drucken

Kommentare können zusammen mit dem Arbeitsblatt ausgedruckt werden. Die Einstellungen dazu finden Sie im Register BLATT des Dialogfensters SEITE EINRICH-TEN, das Sie im Register SEITENLAYOUT mit einem Mausklick auf die Schaltfläche der Gruppe BLATTOPTIONEN öffnen. Wählen Sie aus, wie Ihre Kommentare auf dem Ausdruck erscheinen sollen. Achtung: wenn Sie die Option WIE AUF DEM BLATT ANGEZEIGT wählen, dann müssen die Kommentare dauerhaft eingeblendet sein!

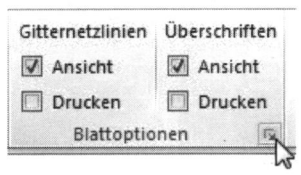 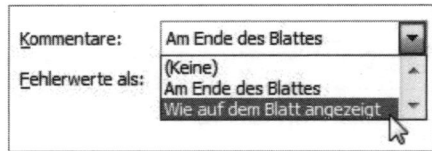

Verschieben Sie Kommentarfelder

Tipp: Sollten durch Kommentare andere Zellen verdeckt werden, so klicken Sie auf die Schaltfläche Kommentar bearbeiten. Zeigen Sie auf den Rahmen, bis der Mauszeiger mit vier Richtungspfeilen sichtbar wird. Damit können Sie mit gedrückter Maustaste den Kommentar verschieben.

11.2. Arbeitsblätter und Zellen schützen

Formeln und Zellinhalte vor Löschen und Überschreiben schützen

Häufig dienen einmal erstellte Arbeitsblätter als Vorlagen für weitere Tabellen (siehe nächster Abschnitt). Damit dabei Zellinhalte, insbesondere Formeln, nicht versehentlich gelöscht oder überschrieben werden, können Sie ein Arbeitsblatt schützen. In einem geschützten Arbeitsblatt sind alle Zellen gesperrt, es sind also keine Eingaben oder Änderungen möglich. In den meisten Fällen ist aber eine Eingabe in bestimmten Zellen erforderlich. Von diesen Zellen müssen Sie zuerst die Sperrung entfernen, bevor Sie das Blatt schützen.

In einem geschützten Arbeitsblatt sind alle Zellen gesperrt

So gehen Sie am Beispiel eines einfachen Rechnungsformulars dabei vor:

1. Erstellen Sie das Formular mit allen erforderlichen Formatierungen und Formeln. Testen Sie eventuell das Formular, indem Sie einige Daten eingeben, die Sie anschließend wieder löschen.

Deaktivieren Sie die Sperrung für alle Zellen, in denen eine Eingabe erforderlich ist

2. Im nächsten Schritt müssen Sie dafür sorgen, dass nicht alle Zellen gesperrt sind, wenn das Arbeitsblatt geschützt wird. Markieren Sie alle Zellen im Arbeitsblatt, in denen später eine Eingabe möglich sein soll.

	A	B	C	D	E	F
1	Rechnungsformular					
2				Bitte bei Bezahlung angeben:		
3				Kunden-Nr.		
4				Rechnung-Nr.		
5				Datum		
6						
7	Bestell Nr.	Bezeichnung		Einzelpreis	Anzahl	Gesamt
8						
9						
10						
11						
12						
13						
14				Zwischenumme		
15				19%	MwSt.	
16				Rechnungsbetrag		

3. Klicken Sie im Register START, Gruppe ZELLEN auf die Schaltfläche FORMAT und anschließend auf ZELLE SPERREN.

Format
Zelle sperren/ nicht sperren

4. Nun können Sie das Tabellenblatt schützen: klicken Sie im Register ÜBERPRÜFEN, Gruppe ÄNDERUNGEN auf die Schaltfläche BLATT SCHÜTZEN. Wenn Sie ein Kennwort angeben dann ist ein Aufheben des Schutzes nur nach Kennworteingabe möglich. Falls erforderlich, können Sie noch genauer definieren, welche Aktionen von Benutzern des Blattes ausgeführt werden können, sorgen Sie aber in jedem Fall dafür, dass nicht gesperrte Zellen ausgewählt werden dürfen.

Blatt schützen

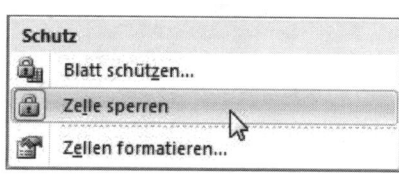

Die markierte Zelle ist gesperrt

Tabellenblatt schützen

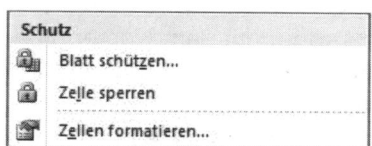

Die markierte Zelle ist nicht gesperrt

Das gesamte Tabellenblatt wird mit Ausnahme der nicht gesperrten Zellen geschützt. **Tipp:** wenn Sie bei der Eingabe in geschützten Arbeitsblättern die Tab-Taste verwenden, so markiert Excel automatisch die nächste nicht gesperrte Zelle.

> Standardmäßig sind in einem Tabellenblatt zunächst alle Zellen gesperrt. Diese Sperrung wirkt sich aber nur dann aus, wenn das Blatt geschützt wurde. Die Sperrung von Zellen kann nur in einem nicht geschützten Blatt aufgehoben werden.

Blattschutz aufheben
Zum Aufheben des Blattschutzes klicken Sie im Register ÜBERPRÜFEN, Gruppe ÄNDERUNGEN auf die Schaltfläche BLATTSCHUTZ AUFHEBEN.

Blattschutz aufheben

11.3. Benutzerdefinierte Mustervorlagen

Mustervorlagen sind Vordrucke für Arbeitsblätter, die Sie entweder anstelle einer neuen, leeren Arbeitsmappe verwenden oder als Arbeitsblatt in eine bestehende Mappe einfügen können. Vorlagen können Texte, Zahlen, Formeln und Formatierungen enthalten und werden als eigenständige Datei vom Dateityp **Excel-Vorlage** in einem gesonderten Ordner gespeichert.

Vordrucke für neue Arbeitsmappen oder Arbeitsblätter

Vorlage speichern

Zur Erstellung einer Mustervorlage können Sie entweder eine vorhandene Arbeitsmappe verwenden oder mit einer neuen Mappe beginnen. Nehmen Sie alle erforderlichen Eingaben und Formatierungen vor und testen Sie die Tabelle.

- Löschen Sie anschließend alle nicht benötigten Angaben und leeren Arbeitsblätter der Arbeitsmappe.

Löschen Sie nicht benötigte Arbeitsblätter

- Schützen Sie eventuell das Arbeitsblatt (siehe vorheriger Abschnitt).

- Öffnen Sie das Dialogfenster SPEICHERN UNTER (Register DATEI), geben Sie unter DATEINAME den Namen an, unter dem die Vorlage gespeichert werden soll und klicken Sie unter DATEITYP auf den DropDown-Pfeil. Wählen Sie Excel-Vorlage (mit der Dateinamenserweiterung .xltx), wenn die Vorlage auch mit Excel 2003 oder einer älteren Version verwendet werden soll, dann müssen Sie Excel 97-2003-Vorlage auswählen.

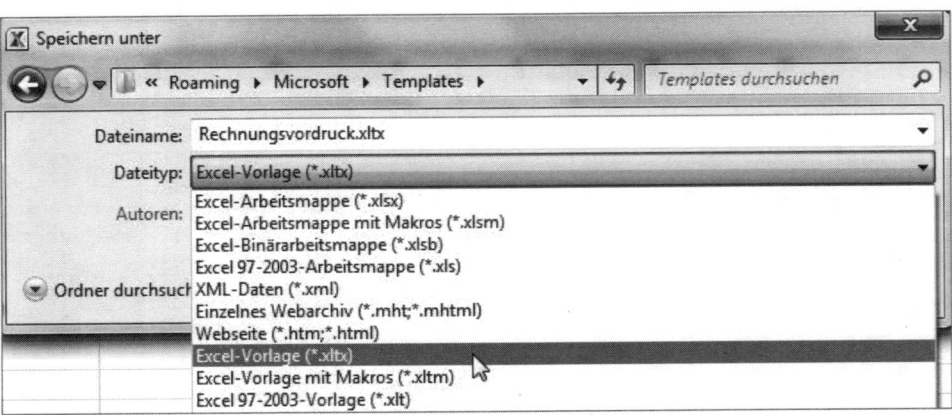

Excel speichert Vorlagen in einem gesonderten Ordner

Vorlagen werden automatisch in einem eigenen Ordner mit dem Namen Vorlagen oder Templates auf der Festplatte gespeichert, der Name und genaue Ort dieses Ordners sind abhängig vom jeweiligen Betriebssystem.

Damit Vorlagen in einem Netzwerk auch von mehreren Benutzern verwendet werden können, müssen Sie einen anderen Speicherort auswählen.

Eine Vorlage für eine neue Arbeitsmappe verwenden

Vorlage für eine neue Arbeitsmappe verwenden

Benutzerdefinierte Vorlagen, die im Ordner Vorlagen auf der Festplatte gespeichert wurden, finden Sie über den Befehl NEU des DATEI-Registers. Klicken Sie auf MEINE VORLAGEN. Wählen Sie die gewünschte Vorlage aus und klicken Sie auf OK.

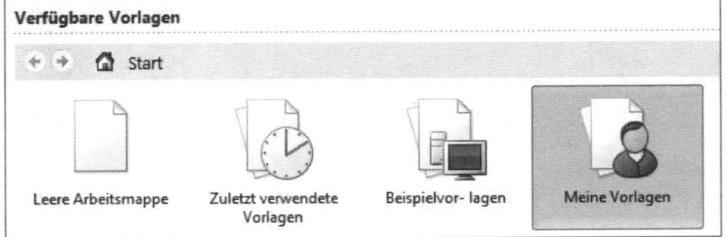
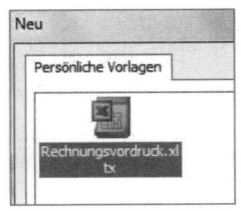

Doppelklick auf das Symbol erzeugt und öffnet eine Kopie

Wenn Ihre Vorlage in einem anderen Ordner gespeichert ist, beispielsweise allgemein zugänglich auf einem Server, dann genügt im Windows-Explorer ein Doppelklick auf das Dateisymbol. Damit wird automatisch eine Kopie der Vorlage erzeugt und geöffnet. Excel Vorlagen sind leicht am Dateisymbol zu erkennen.

Symbol	Beschreibung
Prämienber echnung	Normale Excel Arbeitsmappe, ein Doppelklick auf das Symbol öffnet die Mappe.
Rechnungs vordruck	Excel-Vorlage, ein Doppelklick öffnet eine Kopie der Vorlage. Diese kann anschließend wie eine normale Excel-Mappe gespeichert werden. Die Original-Vorlage wird nicht verändert.

Eine Vorlage als Tabellenblatt einfügen

Sie können eine Vorlage auch als einzelnes Arbeitsblatt in eine Mappe einfügen. Dazu klicken Sie mit der rechten Maustaste in das Blattregister und wählen den Befehl EINFÜGEN... Das Dialogfenster EINFÜGEN wird geöffnet und Sie können Ihre Vorlage auswählen.

Vorlage als Arbeitsblatt einfügen

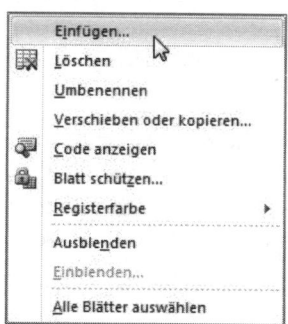

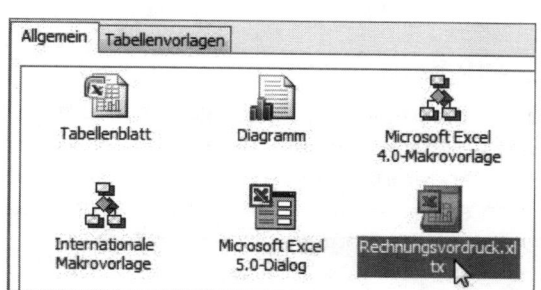

11.4. Grafik- und Zeichnungsobjekte einfügen und bearbeiten

Grafik einfügen

Wie in ein Microsoft Word-Dokument, können Sie auch in ein Excel-Arbeitsblatt eine beliebige Grafik, beispielsweise ein Firmenlogo oder verschiedene Zeichnungselemente einfügen. Die Befehle finden Sie im Register EINFÜGEN, Gruppe ILLUSTRATIONEN.

Firmenlogo einfügen

Clipart einfügen

Office 2010 verfügt über eine umfangreiche Sammlung von kleinen Grafiken, den so genannten ClipArts, auf die alle Office-Anwendungen zugreifen können. Zum Einfügen einer ClipArt-Grafik klicken Sie im Register EINFÜGEN auf die Schaltfläche CLIPART.

Die ClipArt Sammlung von Microsoft Office verwenden

Am rechten Bildschirmrand erscheint der Aufgabenbereich CLIPART in dem Sie nach einer geeigneten Grafik suchen können. Geben Sie einen Suchbegriff ein und klicken Sie auf die Schaltfläche OK. Über den DropDown-Pfeil des Feldes ERGEBNISSE können Sie den Typ einschränken. Wenn Ihr PC mit dem Internet verbunden ist, dann können Sie über das Kontrollkästchen auch noch online auf Office.com verfügbare Inhalte in die Suche mit einbeziehen.

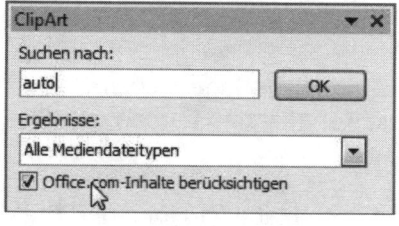

Suchbegriff eingeben

Die Suchergebnisse

Eine Vorschau auf die Suchergebnisse erscheint darunter. Zum Einfügen klicken Sie einfach auf das gewünschte Bild.

© BILDNER Verlag GmbH – Passau
Kopien – auch auszugsweise – nicht gestattet

135

Grafik muss als Datei
gespeichert sein

Grafik aus Datei einfügen

Verwenden Sie die Schaltfläche GRAFIK, wenn Sie eine Grafik einfügen wollen, die als Datei auf der Festplatte Ihres Computers gespeichert ist. Das Dialogfenster GRAFIK EINFÜGEN wird geöffnet. Wählen Sie den Ordner, in dem sich die Datei befindet, markieren Sie die Grafik und bestätigen Sie mit der Schaltfläche EINFÜGEN.

Grafik bearbeiten

Zum nachträglichen Bearbeiten markieren Sie die Grafik mit einem Mausklick an eine beliebige Stelle innerhalb des Bildes. Eine markierte Grafik erkennen Sie an den Markierungspunkten in den Ecken und der Mitte jeder Seite. Gleichzeitig steht Ihnen ein Register FORMAT zur Verfügung, über das Sie die eingefügte Grafik weiter bearbeiten können.

Achten Sie bei Verschieben und Größenänderung auf den Mauszeiger

Verschieben

Zum Verschieben zeigen Sie auf eine beliebige Stelle innerhalb der Grafik. Am Mauszeiger werden vier Richtungspfeile sichtbar: ziehen Sie die Grafik mit gedrückter linker Maustaste an die gewünschte Position.

Größe ändern

Zum Vergrößern oder Verkleinern zeigen Sie mit der Maus auf einen der Eckpunkte der markierten Grafik. Sobald als Mauszeiger ein Doppelpfeil sichtbar wird, können Sie mit gedrückter Maustaste die Grafik in die gewünschte Größe ziehen.

Mit der Entf-Taste
löschen Sie eine Grafik

Grafik löschen

Markieren Sie die Grafik und drücken Sie auf der Tastatur die Entf-Taste.

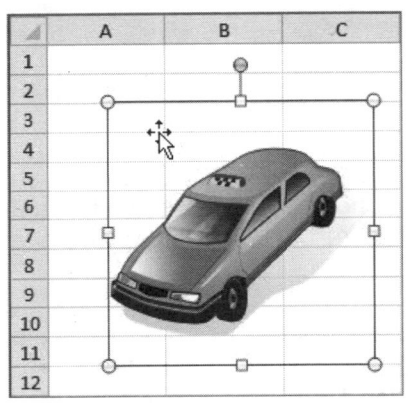

Verschieben

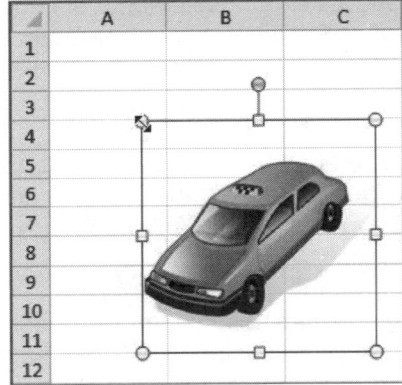

Größe ändern

Das Register FORMAT
erscheint nur, wenn
eine Grafik markiert ist

Grafik formatieren

Zusammen mit einer markierten Grafik steht Ihnen das Register BILDTOOLS - FORMAT zur Formatierung zur Verfügung.

Zur schnellen Formatierung wählen Sie eine der Bildformatvorlagen. Über Schaltflächen der Gruppe ANPASSEN können Sie Helligkeit, Kontrast und Farben der Grafik ändern.

Exakte Maße festlegen

In der Gruppe SCHRIFTGRAD können Sie bei Bedarf exakte Maße für Höhe und Breite festlegen.

Zeichnungselemente einfügen

Mit der Schaltfläche FORMEN lassen sich schnell Zeichnungselemente, wie Pfeile, Rechtecke oder geschweifte Klammern in ein Arbeitsblatt einfügen.

Zeichnungselemente einfügen

1. Wählen Sie mit einem Mausklick das gewünschte Element aus.

2. Klicken Sie nun mit der Maus im Arbeitsblatt an die Stelle, an der das Element eingefügt werden soll oder zeichnen Sie durch Ziehen mit gedrückter linker Maustaste das Element in der gewünschten Größe.

3. Zeichnungselemente lassen sich anschließend auf die gleiche Weise wie Grafiken oder ClipArts nachträglich im Arbeitsblatt verschieben, vergrößern, verkleinern oder über den grünen Punkt frei drehen.

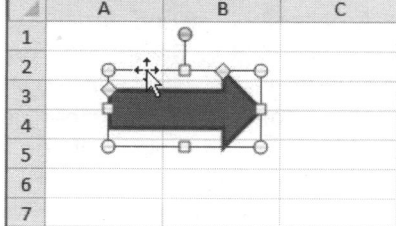

Verschieben

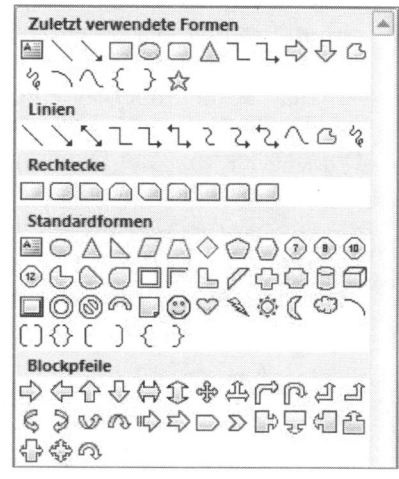

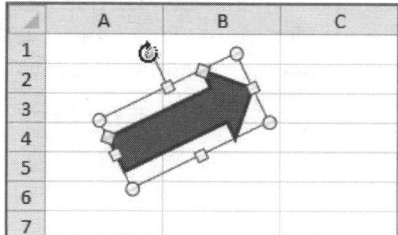

Frei drehen

Formenkatalog

Tipp: drücken Sie die Umschalt- (Shift) Taste der Tastatur und halten Sie die Taste während des Zeichnens gedrückt, um exakt waagrechte oder senkrechte Linien, bzw. einen Kreis zu zeichnen.

Ziehen Sie mit gedrückter Umschalt-Taste

Zeichnungselemente formatieren

Sobald Sie ein Zeichnungselement markiert haben, stehen Ihnen mit dem Register FORMAT umfangreiche Werkzeuge zur Formatierung zur Verfügung.

Siehe auch Lektion 9.2, Diagramm formatieren

Zeichnungselemente beschriften

Dazu markieren Sie die Grafik und klicken im Register ZEICHENTOOLS - FORMAT auf die Schaltfläche TEXTFELD. Geben Sie anschließend Ihren Text ein. Als Alternative können Sie auch aus dem Kontextmenü der rechten Maustaste den Befehl TEXT BEARBEITEN verwenden.

Beschriftung im Zeichnungselement einfügen

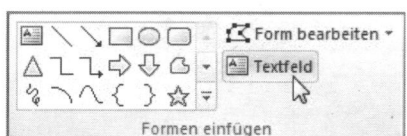

11.5. Zusammenfassung

- Zellen können zusätzlich mit Kommentaren versehen werden. Sie erkennen Zellen mit Kommentaren am roten Dreieck. Kommentare erscheinen standardmäßig nur dann, wenn Sie mit der Maus auf die Zelle zeigen, sie können aber auch dauerhaft eingeblendet oder zusammen mit der Tabelle gedruckt werden.

- Wenn Sie ein Excel-Arbeitsblatt schützen, so verhindern Sie damit, dass Zellinhalte, insbesondere Formeln, versehentlich gelöscht oder überschrieben werden. Optional können Sie beim Schützen auch ein Kennwort vereinbaren. Standardmäßig sind in einem geschützten Arbeitsblatt alle Zellen gesperrt. Für Zellen, in denen trotzdem eine Eingabe möglich sein soll, muss zuvor die Sperrung aufgehoben werden.

- Mustervorlagen sind Vordrucke für neue Arbeitsmappen und Arbeitsblätter. Beim Speichern einer Vorlage geben Sie alle benötigten Daten und Formeln ein und wählen als Dateityp Excel-Vorlage aus. Vorlagen werden in einem gesonderten Ordner gespeichert und stehen dann beim Erstellen einer neuen Arbeitsmappe unter MEINE VORLAGEN zur Verfügung. Wurde eine Vorlage in einem beliebigen Ordner gespeichert, so wird im Windows-Explorer mit einem Doppelklick auf das Dateisymbol automatisch eine Kopie der Vorlage geöffnet. Diese Kopie kann als normale Excel-Mappe gespeichert werden.

- Grafik, ClipArt-Objekte und Zeichnungselemente fügen Sie über das Register EINFÜGEN hinzu. Diese Objekte können Sie mit der Maus vergrößern, verkleinern und verschieben. Zum Formatieren von Zeichnungselementen steht das Register FORMAT zur Verfügung.

11.6. Übung

Aufgabe 1

Erstellen Sie in einer neuen Arbeitsmappe ein Formular für ein Kassenbuch nach dem unten abgebildeten Muster. Formatieren Sie das Blatt nach Ihren Vorstellungen und geben Sie alle erforderlichen Formeln ein.

E10	▾	f_x	=WENN(UND(C10="";D10="");"";E9+C10-D10)		
	A	B	C	D	E	F
1	Kassenbuch					
2	Monat	Januar				
3						
4	Tag	Text	Einnahme	Ausgabe	Saldo	
5	1.	Übertrag Vormonat			178,30 €	
6	1.	Benzin		56,00 €	122,30 €	
7	2.	Porto		75,00 €	47,30 €	
8	2.	Zeitschriften		10,50 €	36,80 €	
9	2.	Bank	500,00 €		536,80 €	
10						
11						
12						
13						
14						
15						
16						
17		Summen	500,00 €	141,50 €		
18						

Die Formel zur Berechnung des Saldos sollte so eingegeben werden, dass Sie die Formel auch im leeren Kassenbuch in alle Zeilen kopieren können, eine Berechnung aber erst dann erfolgt, wenn eine Einnahme oder Ausgabe eingegeben wurde. Testen Sie mit beliebigen Zahlenwerten.

Ändern Sie das Formular so, dass nur noch in den Zellen ohne Füllfarbe eine Eingabe möglich ist. Löschen Sie anschließend alle nicht benötigten Daten und Arbeitsblätter und speichern Sie das Formular als Vorlage ab.

Bemerkungen:

_____

_____

_____

_____

_____

_____

_____

Aufgabe 2
Fügen Sie in die Vorlage ein Zeichnungselement ein, das Sie entsprechend der Abbildung unten beschriften und formatieren.

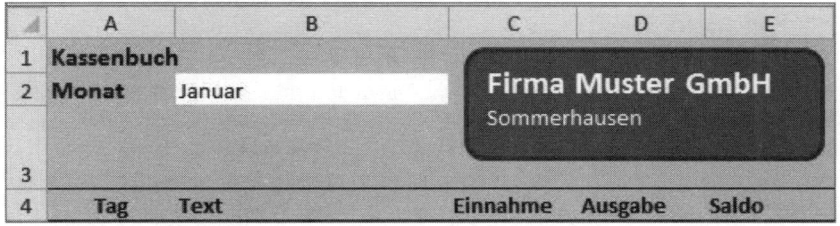

Bemerkungen:

_____

_____

_____

_____

_____

_____

12. Glossar

Absolute Zellbezüge	Absolute Zellbezüge benötigen Sie in Formeln, wenn Sie verhindern wollen, dass beim Kopieren der Formel der Zellbezug automatisch angepasst wird. Absolute Zellbezüge sind durch das $ Zeichen vor der Spalten- und/oder Zeilenangabe gekennzeichnet. Mit der Funktionstaste F4 können Sie schnell relative Zellbezüge in absolute Zellbezüge umwandeln.
Arbeitsmappe	Eine Excel-Datei bezeichnet man auch als Arbeitsmappe. Sie enthält einzelne Arbeitsblätter, die Tabellen. Arbeitsblätter können bei Bedarf hinzugefügt oder gelöscht werden. Alle Arbeitsblätter einer Mappe werden unter einem gemeinsamen Dateinamen mit der Erweiterung .xlsx gespeichert.
Argumente	Als Argumente bezeichnet man notwendige Angaben für die Berechnung mit Excel-Funktionen. Argumente können Zellbezüge, Bereichsangaben, Text, Zahlen, Formeln oder Funktionen sein. Texte als Argumente müssen in Anführungszeichen (" ") eingeschlossen werden.
AutoAusfüllen	Das Kästchen AutoAusfüllen befindet sich in der unteren, rechten Ecke eines Markierungsrahmens. Damit können entweder Formeln in angrenzende Zellen kopiert, oder Reihen ausgefüllt werden.
Bearbeiten-Modus	Während der Eingabe oder nachträglichen Bearbeitung eines Zellinhalts befindet sich Excel im Bearbeiten-Modus. Sie müssen erst die Eingabe abschließen, damit Sie mit der weiteren Tabellenbearbeitung fortfahren können.
Datenbank	Datenbanken speichern und verwalten Daten in strukturierter Form als Tabelle. Die Zeilen einer Datenbank bezeichnet man als Datensätze, die Spalten als Datenfelder.
Datenfeld	In einer Datenbank speichert eine Spalte immer die gleichen Informationen, beispielsweise den Namen. Jede Spalte benötigt in der ersten Zeile einer Tabelle einen eindeutigen Namen und wird als Datenfeld bezeichnet.
Datenpunkt	In einem Diagramm bezeichnet man einen einzelnen Wert innerhalb einer Datenreihe als Datenpunkt.
Datenredundanz	Mehrfachspeicherung von Daten.
Datenreihe	Ein Diagramm stellt immer mehrere Werte aus einer Tabelle dar. Diese Werte bezeichnet man auch als Datenreihe. Eine Datenreihe kann entweder aus den Zeilen oder den Spalten der Tabelle gebildet werden.
Datensatz	In einer Datenbank stellt ein Datensatz ein vollständiges Element einer Tabelle dar. Speichert eine Datenbank beispielsweise Kunden, so wird für jeden Kunden ein Datensatz gebildet. Ein Datensatz entspricht gleichzeitig einer Zeile der Datenbank-Tabelle.
DropDown-Pfeil	Kleine, nach unten weisende Dreiecke, die auf Mausklick eine Auswahl von Optionen oder Befehlen anzeigen, auch als Auswahlpfeil bezeichnet.
Druckbereich	Der Druckbereich legt denjenigen Ausschnitt eines Arbeitsblattes fest, der auf dem Ausdruck erscheinen soll. Standardmäßig legt Excel den Druckbereich so fest, dass alle Inhalte gedruckt werden.
Duplikate	Als Duplikate werden in Datenbanken mehrfach vorkommende, identische Datensätze bezeichnet.

Editieren	Als Editieren bezeichnet man die nachträgliche Bearbeitung von Zellinhalten, entweder in der Bearbeitungsleiste oder mit Doppelklick auf die Zelle.
Fixeren	Überschriftzeilen und Spaltenbeschriftungen können in großen Tabellen zur besseren Übersicht fixiert werden. Damit bleiben auch beim Scrollen die Überschriften immer im Fenster sichtbar.
Funktion	Funktionen sind in Excel vordefinierte Formeln, einschließlich dem Gleichheitszeichen (=). Sie werden für komplexe Berechnungen eingesetzt und erfordern nur noch die Eingabe der Funktionsargumente.
Funktionen verschachteln	In einer Funktion können als Argumente auch weitere Formeln oder Funktionen verwendet werden.
Gemischte Zellbezüge	Gemischte Zellbezüge setzen sich zusammen aus einem relativen Bezug und einem absoluten Bezug. So bedeutet beispielsweise $A5 einen absoluten Spaltenbezug und einen relativen Zeilenbezug.
Gruppieren	Sie können mehrere Arbeitsblätter markieren und zu einer Gruppe zusammenfassen. Dazu klicken Sie mit gedrückter Umschalt-Taste auf die Blattregister. Die Bearbeitung und Eingabe erfolgt in allen gruppierten Blättern gleichzeitig.
Kommentare	Kommentare bieten eine Möglichkeit, Zellen mit zusätzlicher Beschriftung zu versehen. Sie erscheinen nur dann, wenn Sie die Maus über die Zelle bewegen.
Kompatibilitätsmodus	Excel-Arbeitsmappen die mit einer früheren Version von Excel gespeichert wurden, werden von Excel 2010 im Kompatibilitätsmodus geöffnet. In diesem Modus stehen nicht alle Möglichkeiten von Excel 2010 zur Verfügung.
Matrix	Excel bezeichnet einen Tabellenbereich aus mehreren Zeilen und Spalten auch als Matrix.
Mehrfachmarkierung	Nicht zusammenhängende Zellbereiche mit gedrückter Strg-Taste markieren. Dazu markieren Sie den ersten Zellbereich. Drücken Sie dann die Strg-Taste der Tastatur und halten Sie die Taste gedrückt, während Sie weitere Zellbereiche markieren.
Mustervorlage	Eine Mustervorlage verwenden Sie in Excel als Vorlage für neue Arbeitsmappen oder Arbeitsblätter. Mustervorlagen werden als eigener Dateityp gespeichert.
Namen	Anstelle der Verwendung von Absoluten Zellbezügen können Sie für Zellen oder Zellbereiche auch Namen vergeben.
Namenfeld	Das Namenfeld befindet sich am linken Rand der Bearbeitungsleiste und zeigt entweder die Adresse oder den Namen der markierten Zelle an.
PDF	Portable Document Format, ein Dateiformat in dem alle Formatierungen beibehalten werden und das unabhängig vom Betriebssystem auf jedem Computer gelesen werden kann. Voraussetzung ist ein Leseprogramm, beispielsweise der kostenlose Adobe Reader. Nachträgliche Änderungen am Inhalt sind nur mit spezieller Software möglich.
Platzhalterzeichen	Zum Filtern in Tabellen können Sie die Zeichen * und ? als Platzhalter verwenden. * steht für beliebig viele Zeichen, ? für genau 1 Zeichen.
Register	Das Menüband von Excel 2010 fasst Befehlsschaltflächen für verschiedene Aufgaben in Gruppen zusammen. Jede Gruppe kann schnell über Register (vergleichbar einer Kartei) durch Anklicken mit der Maus aufgerufen werden.

Relative Zellbezüge	Relative Zellbezüge in Formeln werden beim Kopieren automatisch angepasst.
Runden	Beim Formatieren einer Zahl mit einer bestimmten Anzahl Nachkommastellen wird kaufmännisch gerundet. Dies betrifft aber nur die Anzeige, für weitere Berechnungen werden alle Dezimalstellen verwendet. Um eine Zahl dauerhaft mit einer festen Anzahl Dezimalstellen zu versehen, müssen Sie die Funktion RUNDEN verwenden.
Seitenansicht	Die Seitenansicht zeigt eine Excel-Tabelle so, wie sie später gedruckt wird. Damit können Sie Tabellen vor dem Drucken kontrollieren. In der Seitenansicht können Sie die Seitenränder, sowie die Spaltenbreiten ggf. anpassen.
Seitenumbruch	Ein Seitenumbruch, der Wechsel zwischen zwei Druckseiten wird automatisch eingefügt, wenn Sie eine Tabelle drucken oder in der Seitenansicht kontrollieren. In der Ansicht Seitenumbruchvorschau können Sie einen Umbruch verschieben.
Skalierung	Mit der Skalierung können Sie eine Excel-Tabelle beim Drucken verkleinern oder vergrößern, um sie an eine Druckseite anzupassen.
Smarttags	Kleine Symbole, die nach der Ausführung bestimmter Aktionen, beispielsweise nach dem EINFÜGEN erscheinen, bezeichnet Excel als Smarttags. Sie bieten Optionen zum gerade ausgeführten Befehl an und verschwinden automatisch wieder nach der nächsten Aktion.
Spaltenkopf	Der Bereich der Spaltennummerierung am oberen Rand eines Tabellenblattes wird auch als Spaltenkopf bezeichnet.
Sparklines	Sparklines sind Minidiagramme ohne Beschriftungselemente, die in eine Zelle eingefügt werden können. Sie lassen sich wie Formeln kopieren.
Statusleiste	Die Statusleiste befindet sich am unteren Rand des Excel-Fensters und zeigt den aktuellen Bearbeitungsstatus an.
XLSX	Office 2010 verwendet als Dateiformat das Office Open XML Format. Diese Dateiformate erleichtern die Anpassung an externe Datenquellen. Dieses XML-basierte Dateiformat erkennen Sie an der Dateinamenserweiterung .xlsx (im Gegensatz zum früheren Dateiformat .xls).
XML	Extensible Markup Language, eine Auszeichnungssprache zur Darstellung hierarchisch strukturierter Daten in Form von Textdateien. XML gewinnt für den Datenaustausch zunehmend an Bedeutung.
Zwischenablage	Die Zwischenablage speichert ausgeschnittene oder kopierte Elemente.

13. Stichwortverzeichnis

Anhang: Tastatur

Deutsche Computer-Tastatur: Schreibmaschinentasten und Sondertasten

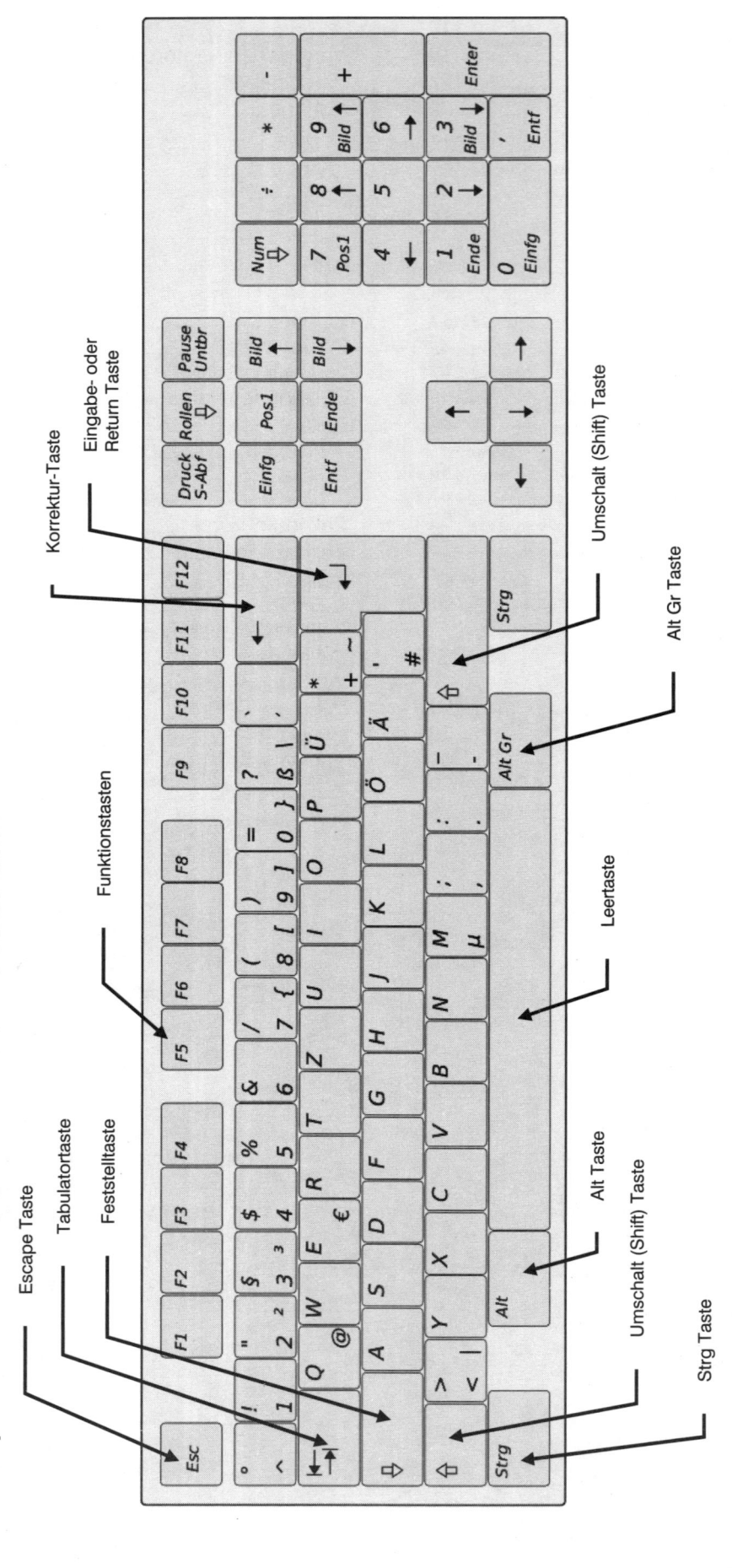

Zeilenanfang

Bildschirmseite nach oben

Einfügen
engl. INS (Insert)

Schaltet den Ziffernblock
ein und aus

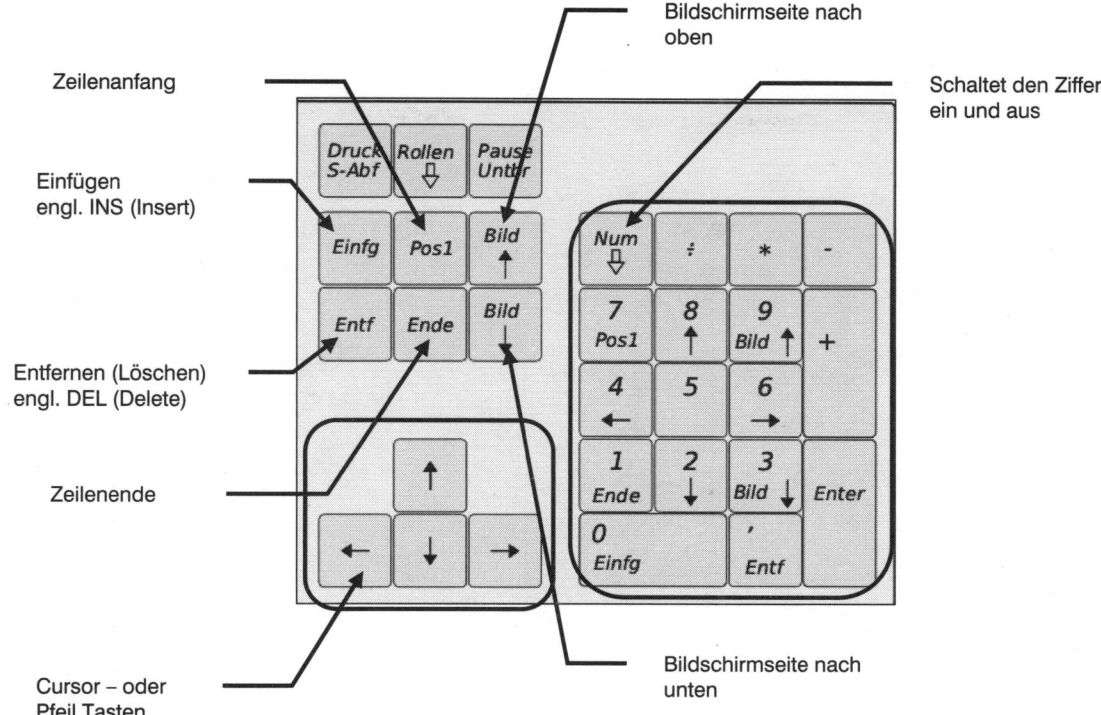

Entfernen (Löschen)
engl. DEL (Delete)

Zeilenende

Cursor – oder
Pfeil Tasten

Bildschirmseite nach
unten